Basiswissen Pädagogik

Reformpädagogische Schulkonzepte

Band 4

Montessori-Pädagogik

Herausgegeben von

Inge Hansen-Schaberg / Bruno Schonig

Schneider Verlag Hohengehren GmbH

Umschlaggestaltung:
Regina Herrmann, 73730 Esslingen

Die Deutsche Bibliothek – CIP-Einheitsaufnahme

Basiswissen Pädagogik : reformpädagogische Schul-
konzepte / hrsg. von Inge Hansen-Schaberg und
Bruno Schonig. —
Baltmannsweiler : Schneider-Verl. Hohengehren
    ISBN 3-89676-504-3

Bd. 4. Montessori-Pädagogik. – 2002
    ISBN 3-89676-501-9

© Schneider Verlag Hohengehren, 2002
    Printed in Germany. Druck: Frech, Stuttgart

Inhaltsverzeichnis

Band IV: Montessori-Pädagogik

INGE HANSEN-SCHABERG

Der Turm – Umgangsweisen mit der Montessori-Pädagogik

In einem Seminar nicht nur theoretisch zu arbeiten, sondern den Studierenden eine Anschauung und handelnde Auseinandersetzung mit den unterschiedlichen pädagogischen und didaktischen Theorien und Unterrichtsmethoden zu vermitteln, ist meiner Meinung nach erstrebenswert, aber schwer zu realisieren. Manchmal glückt ein solches Vorhaben, so daß erfahrungsbezogene Erkenntnisse über die jeweiligen Implikationen unterschiedlicher Ansätze gewonnen werden können. Für die Einführung in die Montessori-Pädagogik bot es sich an, einiges aus dem Sortiment der Sinnesmaterialien mit in das Seminar zu nehmen und die Studierenden damit experimentieren zu lassen. Besonders die zehn rosa Holzwürfel fanden für unterschiedlichste Baukonstruktionen Verwendung. Nach einiger Zeit schritt ich in dieses kreative Geschehen ein und erklärte, daß fast alle das Material falsch benutzten; nur diejenigen hätten richtig gehandelt, die den größten Würfel als Grundfläche für einen sich nach oben verjüngenden Turm verwendeten. Damit lagen erste Erfahrungen mit der Bedeutung, der Stellung und der Funktion des Materials in der Montessori-Pädagogik vor. Deutlich wurde auch, was nicht darunter zu verstehen ist und welche Vorschriften und Einschränkungen neben den vorgegebenen Erkenntnissen und Übungen bestehen. Mit dem Bild des Turms läßt sich zum einen die Faszination, die von dem Material ausgeht, erklären. Zum anderen symbolisiert der Turm das Dogma, in dem das Material zur Anwendung kommt. Die Auseinandersetzung mit diesem Dogma zieht sich durch die Geschichte und die Entwicklung der Montessori-Pädagogik und ist auch in der Konzeption dieses Bandes bestimmend.

1. Zwischen Dogma und Emanzipation – zur Rezeption der Montessori-Pädagogik in Deutschland

Maria Montessori (siehe den Beitrag von Horst Speichert)[1] war lange Zeit die einzige Pädagogin, die in einem Atemzug neben Hermann Lietz, Georg Kerschensteiner, Paul Geheeb und anderen bedeutenden Pädagogen genannt wurde. Es drängt sich die Frage auf, wie es ihr gelungen ist, sich diese Anerkennung zu verdienen und ihre Pädagogik mit einem Markenzeichen zu versehen, und welche Hilfen sie hatte. Als erstes muß für die deutsche Rezeption die Publikation ihres Buch „Selbsttätige Erziehung im frühen Kindesalter" (1913) in der Übersetzung von Otto Knapp gewürdigt werden. In seinem Vorwort schreibt er, daß ihr Werk „wie die Sonne eines neuen Tages heraufleuchtet über das vielfache Dunkel und den alten Jammer unserer Kindererziehung." (Knapp 1913, S. VI) In der Tat muß es im Kaiserreich revolutionär geklungen haben, für das Kind „das Recht der *Freiheit*, d. h. der spontanen Entwicklung seiner geistigen und sittlichen Kräfte an der Hand einer zweckmäßigen Leitung" zu fordern (ebd. S. VI, Hervorhebung i. O.) und die Entmachtung der Lehrkräfte durch das selbsttätige Kind herbeizuführen: „Das Unterrichtsmaterial ist so beschaffen, daß es dem Kind die Möglichkeit gibt, sich selbst zu verbessern. So soll die aufzwingende Autorität des Lehrers oder der Lehrerin, das Drängen und Treiben, das Tadeln und Ermahnen, unter denen Freude und Selbsttätigkeit und Willensregung ersticken, völlig verschwinden." (ebd. S. VI)

Daß hinter dieser neuen Freizügigkeit die Vorstellung eines genetisch vorgegebenen Bauplans steht, der durch eine „vorbereitete Umgebung" zu besserer Entfaltung kommt, wird in dem Beitrag von Horst Speichert ausgeführt.[2] Ich möchte hier nur

---

[1] Siehe auch die biographischen Untersuchungen von Helmut Heiland 1991, Rita Kramer 1977 und Marjan Schwegman (2000).

[2] Eine sehr gute Übersicht über die Schlüsselbegriffe der Montessori-Pädagogik kann durch das von Ulrich Steenberg herausgegebene Handlexikon zur Montessori-Pädagogik (1998) gegeben werden.

auf das methodische Konzept eingehen, das im „Turm" zu Ausdruck kommt. Ein Kapitel in Maria Montessoris „Selbsttätiger
Erziehung" befaßt sich mit der „Erziehung der einzelnen Sinne
und Beschreibung des Unterrichtsmaterials" und hier speziell
auch mit der „Übung des Auges im Unterscheiden der Dimen-
sionen". Neben festen Einsatzfiguren, das sind Zylinder unterschiedlicher Größe, die in ausgestanzte Öffnungen richtig eingesetzt werden müssen, sind „große Stücke in abgestufter Größe" (Montessori 1913, S. S. 180) als Unterrichtsmaterial vorge-
sehen. Hier kommt es darauf an, die Dicke, die Länge und die
Größe zu unterscheiden. Der Turm besteht aus zehn rosage-
färbten Holzwürfeln, von denen der größte eine Basis von
10 cm, der kleinste von 1 cm hat. Nach der Anleitung von Maria Montessori soll er folgendermaßen für Kinder unter drei

Abb. 1

Jahren benutzt werden: „Das Spiel besteht darin, daß die Würfel in der Reihenfolge ihrer Größe aufeinander gesetzt und zu
einem kleinen Turm aufgebaut werden, wobei der größte die
Grundfläche, der kleinste die Spitze bildet. [...] Die Nachprü-
fung liegt in der regelmäßigen Abnahme des Turmes gegen die
Spitze. Ein falsch gelegter Würfel unterbricht die Linie und
enthüllt so den Fehler. Ein sehr gewöhnlicher Fehler ist anfangs
der, daß die Kinder den zweiten Würfel zur Basis machen und
den ersten darauf legen, also die beiden größten verwechseln."
(ebd. S. 181 f.) Für Vier- bis Fünfjährige empfiehlt sie eine Ge-
dächtnisübung einzubauen, bei der das Sinnesmaterial in einiger Entfernung vom Bauplatz des Turmes ausgelegt wird: „Indem das Kind den Körper hinbefördert, muß es gehen, ohne
seine Aufmerksamkeit sich zerstreuen zu lassen, da es die Größe des nächsten zu suchenden Stücks im Gedächtnis behalten
muß." (ebd. S. 182)

Dieses „lustige Spiel", wie Maria Montessori es nennt, ist heute in jedem Kinderzimmer in unterschiedlichsten Ausführungen vorhanden und wird meist ohne diese Anleitung benutzt.
Aber man kann auch den Original-Turm für 188,37 DM (Preis-
liste 1995/96) kaufen. Im Katalog des Lehrmittelhauses Riedel
wird in Zusammenarbeit mit der Firma Nienhuis Montessori
International die Montessori-Kollektion angeboten. Dort
heißt es in der Beschreibung zum rosa Turm: „Das Material besteht aus 10 rosa Kuben aus Massivholz, die sich dreidimensio-
nal verändern. Der kleinste Kubus hat eine Kantenlänge von
1 cm, der größte von 10 cm. Das junge Kind baut den Turm
auf- und wieder ab, das ältere entdeckt Variationsmöglichkei-
ten im Aufbau der Reihe, liebt Gedächtnisspiele, entdeckt Dis-
harmonien und bildet Ordnungsstrukturen." (Katalog 1995/
96, S. 13) Es stellt sich als erstes die Frage, was im Laufe des 20.
Jahrhunderts passiert ist, daß zum einen das originäre Material
unverändert angeboten wird, daß zum anderen aber dem älteren Kind Variationen im Umgang mit den Kuben zugestanden
werden. Es geht zwar weiter um den Aufbau der Reihe, so daß
die kreative Benutzung der Holzstücke zum Brücken- oder
Hausbau ausgeschlossen ist, aber möglich ist es z. B., den Turm

auf die Spitze zu stellen. Die hiermit angedeuteten drei möglichen Spielarten des Umgangs mit dem Material eignen sich auch für die Betrachtung der Entwicklung der Montessori-Pädagogik in Deutschland. Es finden sich dogmatische Strömungen und offenere Ansätze und auch die kreative Weiterentwicklung der pädagogischen Ideen und Materialien Maria Montessoris. Die beiden letzteren Formen sind für die Konzeption dieses Bandes herangezogen worden. Sie lassen sich aus der für die Interpretation der Montessori-Pädagogik in Deutschland wichtigen Pädagogin Clara Grunwald (siehe den Beitrag von Waltraud Harth-Peter) und aus die Arbeit der Deutschen Montessori Gesellschaft (DMG) begründen. Reibungs- und konfliktlos ist die von Clara Grunwald vorgenommene Einordnung der Montessori-Pädagogik in die reformpädagogische Bewegung der Weimarer Republik nicht von Maria Montessori hingenommen worden (siehe den Beitrag von Inge Hansen-Schaberg).

Es kam durch den Bruch zwischen Clara Grunwald und Maria Montessori kurzfristig zu einer Spaltung der Montessori-Bewegung, die jedoch durch das generelle Verbot beider Vereine und aller Montessori-Einrichtungen während der Zeit des Nationalsozialismus in der Nachkriegszeit zunächst beigelegt wurde. Allerdings setzten sich die gegensätzlichen Ansätze und Interpretationen fort, und die Festigung und Ausformulierung der Montessori-Pädagogik dauert bis heute an. Darauf weist die Tatsache hin, daß es eine große Anzahl von Montessori-Vereinigungen in Deutschland gibt; in diesem Band werden mit den Darstellungen der Deutschen Montessori Gesellschaft (im Beitrag von Waltraut Harth-Peter), der Montessori-Vereinigung und der Aktionsgemeinschaft Deutscher Montessori-Vereine die unterschiedlichen Umgangsweisen mit der Tradition vorgestellt.

Die Rezeptionsgeschichte nach 1945 kann meines Erachtens durch drei Phasen gekennzeichnet werden. In der ersten Phase ging es zum einen um das Bekanntmachen der Schriften und Vorträge Maria Montessoris durch die von Helene Helming, Günter Schulz-Benesch und Paul Oswald geleistete Editions-

arbeit[3] und zum anderen um die Darstellung und Interpreta-
tion der Montessori-Pädagogik unter Einbeziehung der pädagogischen Praxis vor allem im Kinderhaus und in der Grund-
schule (Helming 1958, [13]1989; Oswald / Schulz-Benesch [15]1997.
In der zweiten Phase (ca. ab 1960) stand die kritische Auseinandersetzung mit der Montessori-Pädagogik, der Naturalismus,
Individualismus und Intellektualismus vorgeworfen wurde, im
Vordergrund (siehe Schulz-Benesch [2]1962; 1979; Böhm 1969).
Ca. ab 1980 hat die dritte Phase begonnen, in der eine vertiefte
Diskussion mit den Erkenntnissen, pädagogischen Prinzipien
und Methoden Maria Montessoris geführt wird, wobei meist
Untersuchungen zu Einzelaspekten und unter Berücksichti-
gung der veränderten Lebenswelt der Kinder und Jugend-
lichen sowie unter Einbeziehung und Erweiterung auf die
Sekundarstufen vorgelegt werden (z.B. Holtstiege 1977, 11.
Auflage 1998; 1986; 1987; 1997; Ludwig 1999; Meisterjahn-
Knebel 1996; Tielkes 1991). Heute wird die Montessori-Päd-
agogik wie in den 20er Jahren in den Kontext der Reformpäd-
agogik gestellt, z.B. von Harald Ludwig [3]2000, und es gibt eine
Reihe vergleichender Arbeiten mit anderen pädagogischen
Ansätzen (z.B. Klein-Landeck [2]1998; Kratochwil 1992) sowie
Überblicksdarstellungen zur Theorie und Praxis der Reform-
pädagogik (z.B. Eichelberger 1997, Hellmich / Teigeler [2]1994;
Klaßen / Skiera [2]1993; Seyfarth-Stubenrauch / Skiera 1996).

Die Montessori-Pädagogik erfreut sich einer ständig wachsenden Bedeutung für das allgemeinbildende und sonderpä-
dagogische Schulwesen, wie Helga L. Schatz in einer von ihr

---

[3] Es liegt bis heute keine deutsche und auch keine anderssprachige Gesamt-
ausgabe der Schriften und Vorträge Maria Montessoris vor. Günter
Schulz-Benesch kommt das Verdienst zu, die erste internationale Montessori-Bibliographie (2. Auflage 1962) erstellt zu haben. Heute kann auf die
von Winfried Böhm 1999 herausgegebene internationale Bibliographie
verwiesen werden, die den Zeitraum von 1896 bis 1996 erfaßt. Eine For-
schungsdokumentation, welche die Schriften Maria Montessoris sowie
Sekundärliteratur zur Montessori-Pädagogik (über 10 000 Titel) umfaßt,
bietet das Montessori-Zentrum der Universität Münster unter Leitung
von Harald Ludwig an. Informationen unter: www.uni-muenster.de//
Montessorizentrum

zusammengestellten Übersicht aufzeigt (siehe die Tabelle in ihrem Beitrag über die Aktionsgemeinschaft Deutscher Montessori-Vereine). Insbesondere in Integrationsklassen der Grundschule ist ein Unterricht ohne Montessori-Materialien kaum noch denkbar.[4] Damit drängt sich als nächste Frage auf, wie es zu erklären ist, daß „echte" Montessori-Pädagogik nur mit den von Maria Montessori und ihrem Sohn Mario entwickelten Materialien und nur durch speziell ausgebildete Lehrkräfte mit Montessori-Diplom erteilt werden kann. Wie Hélène Leenders nachweist, gehörte es von 1920 an zur Durchsetzungsstrategie Maria Montessoris den „Markennamen" zu kontrollieren: Dies „betraf sowohl die Anwendung der Methode, die Materialien, die Erlaubnis für eine Schule oder eine CASA DEI BAMBINI das Prädikat 'MONTESSORI' führen zu dürfen, als auch die Ausbildung der 'MONTESSORI'-Lehrerinnen. Diese Markenkontrolle wurde nicht nur angewandt, um das eigene Produkt vor Imitation zu schützen, sondern auch zur Zentrierung der Macht und zur Sicherstellung des Gewinns." (Rang / Leenders 1998, S. 384f.). Das ist meiner Meinung nach auch der Hintergrund des Konfliktes zwischen Clara Grunwald und Maria Montessori. Nicht unwesentlich war hier die Tatsache, daß in Berlin in den zwanziger Jahren Ausbildungskurse mit missionarischem Eifer angeboten wurden. Die begeisterten Lehrerinnen und Lehrer griffen zu Säge und Hobel und bauten die Materialien nach, schufen auch neue Arbeitsmittel und pflegten einen freien Umgang mit der Methode. Als unternehmerisch tätige Pädagogin mußte Maria Montessori auf die Einhaltung des Echtheitsprädikats und auf den Markenartikel achten und damit die wirtschaftlichen Aspekte über die pädagogischen dominieren lassen. Es handelt sich also im Prinzip um ein geschlossenes methodisches Konzept, das in jeder Hinsicht gewinnbringend ist.

Der Montessori-Pädagogik wohnen aber auch Tendenzen zur Öffnung inne. Insbesondere durch die Ausweitung ihrer Pädagogik über das Kleinkindalter und über die Grundschulzeit hinaus zeichnet sich ein emanzipatorischer Effekt ab. Das liegt

---

[4] Zum Aspekt der Integration siehe z. B. Herbert Haberl 1994.

vermutlich zum einen daran, daß hier nicht mehr das teure Material ausschlaggebend ist, sondern die Ideen Maria Montessoris wie der „Erdkinderplan" und die „Kosmische Erziehung" sowie die Projektarbeit im Vordergrund stehen (siehe den Beitrag von Michael Klein-Landeck).[5] Zum anderen ist hier aber auch ein Ernstnehmen der Verpflichtung spürbar, die Maria Montessori allen erzieherisch und unterrichtlich Tätigen auferlegte: „Man hielt und hält sich an Montessoris Forderung, daß das Kind, der junge Mensch, mit seinen Entwicklungs- und Bildungsbedürfnissen den entscheidenden Maßstab pädagogischen Handelns bilden müsse. Angesichts einer sich wandelnden Welt ist eine ständige Weiterentwicklung unabdingbar. Montessori selbst drückte das am Ende ihres Lebens einmal so aus: 'Es ist nicht nötig, daß die Untersuchungsarbeit ganz vollendet wird. Es genügt, die Idee zu verstehen und nach ihren Angaben voranzuschreiten.'" (Ludwig 1996, S. 250)[6]

2. Zur Konzeption des Bandes „Montessori-Pädagogik"

Während der erste Band der „Reformpädagogischen Schulkonzepte" unter dem Titel „Reformpädagogik – Geschichte und Rezeption" die Grundlagen des Denkens, der Planung und schulpraktischen Umsetzung in der pädagogischen Reformbewegung der Weimarer Republik und darüber hinaus vorstellt, haben dieser und die weiteren vier Bände die Aufgabe, die heute aktuellen ausdifferenzierten pädagogischen Ansätze zu behandeln. Das sind neben der hier vorgestellten Montessori-Pädagogik (Band 4) die Landerziehungsheim-Pädagogik (Band 2), die Jenaplan-Pädagogik (Band 3), die Freinet-Pädagogik (Band 5) und die Waldorf-Pädagogik (Band 6). Dabei wird jeweils, von biographischen und konzeptionellen Aspek-

---

[5] Zur Montessori-Pädagogik unter Einbeziehung der Sekundarstufen siehe auch die Monographie von Gudula Meisterjahn-Knebel 1996; siehe auch: Monika Tielkes 1991, S. 181–191; Hildegard Holtstiege 1997, S. 188–197.

[6] Harald Ludwig zitiert Maria Montessori: Über die Bildung des Menschen. Freiburg 1966, S. 28.

ten der „Schulen"-Begründung ausgehend, die historische Entwicklung sowie die aktuelle Bedeutung der Konzeption und Erziehungs- und Unterrichtspraxis bearbeitet. Alle Sammelbände geben den jetzigen Forschungsstand wieder und ermöglichen durch die Auswahl repräsentativer Quellentexte eine intensive Einarbeitung in die unterschiedlichen reformpädagogischen Ansätze und die Auseinandersetzung mit ihrer Geschichte und kreativen Weiterentwicklung.

Im Vordergrund stehen die Entwicklung der Grundzüge und Prinzipien der Montessori-Pädagogik, die in enger Anlehnung an lebensgeschichtliche Situationen und Erfahrungen Maria Montessoris aufgezeigt werden (siehe den Beitrag von Horst Speichert). Da die deutsche Montessoribewegung ihren Ausgangspunkt in Berlin während der Weimarer Republik hatte und Clara Grunwald von großer Bedeutung für die deutsche Rezeption der Montessori-Pädagogik war, wird auch ihr in diesem Sammelband die gebührende Stellung eingeräumt (siehe den Beitrag von Waltraut Harth-Peter) sowie der Konflikt zwischen Clara Grunwald und Maria Montessori beleuchtet (siehe den Beitrag von Inge Hansen-Schaberg).

Neben den Darstellungen zur Entstehungs- und Wirkungsgeschichte werden aktuelle Aufgabenfelder der Montessori-Pädagogik benannt und in Kenntnis der schulorganisatorischen und ausstattungsbedingten Probleme Anregungen für die Sekundarstufe und die Lehrerbildung gegeben (siehe den Beitrag von Michael Klein-Landeck). Die Selbstdarstellungen der Deutschen Montessori Gesellschaft (verfaßt von Waltraut Harth-Peter), der Montessori-Vereinigung Aachen (verfaßt von Raymund Dernbach) und der Aktionsgemeinschaft Deutscher Montessori-Vereine (verfaßt von Helga L. Schatz) geben Hinweise auf die Entwicklung, auf das unterschiedliche Verständnis von der Montessori-Pädagogik und auf die Perspektiven. Die Auswahl der Quellentexte erfolgte nach den Kriterien, Textauszüge von Maria Montessori und auch von Clara Grunwald zu präsentieren, die Einblicke in die Konzeption, in den Lehrplan, in die Methodik und in Beispiele des Unterrichts ermöglichen und dabei, angefangen beim Kinderhaus und der Arbeit in der Grundschule, auch die Ideen für die Sekundarstufen berücksichtigen.

Quellen und Literatur

Böhm, Winfried (Hrsg.): Maria Montessori. Bibliographie 1896–1996. Internationale Bibliotgraphie der Schriften und der Forschungsliteratur. Bad Heilbrunn 1999.

Böhm, Winfried: Maria Montessori. Hintergrund und Prinzipien ihres pädagogischen Denkens. Bad Heilbrunn 1969, [2]1991.

Eichelberger, Harald: Freiheit für die Schule. Ein Dis-Kurs-Buch. Wien 1997.

Haberl, Herbert (Hrsg.): Integration und Montessori-Pädagogik. Freiburg, Basel, Wien 1994.

Heiland, Helmut: Maria Montessori – mit Selbstzeugnissen und Bilddokumenten dargestellt. Reinbek bei Hamburg 1991.

Hellmich, Achim / Teigeler, Peter (Hrsg.): Montessori-, Freinet-, Waldorfpädagogik. Konzeption und aktuelle Praxis. Weinheim, Basel [2]1994.

Helming, Helene: Montessori-Pädagogik. Ein moderner Bildungsweg in konkreter Darstellung. Freiburg, Basel, Wien 1958, [13]1989.

Holtstiege, Hildegard: Modell Montessori. Grundsätze und aktuelle Geltung der Montessori-Pädagogik. Freiburg, Basel, Wien 1977, [11]1998.

Holtstiege, Hildegard: Maria Montessori und die reformpädagogische Bewegung. Studien zur Montessori-Pädagogik. Bd. 1. Freiburg, Basel, Wien 1986.

Holtstiege, Hildegard: Maria Montessoris Neue Pädagogik: Prinzip Freiheit – 'Freie Arbeit'. Studien zur Montessori-Pädagogik. Bd. 2. Freiburg, Basel, Wien 1987.

Holtstiege, Hildegard: Freigabe zum Freiwerden. Interpretationen zur Montessori-Pädagogik. Freiburg, Basel, Wien 1997.

Katalog des Lehrmittelhauses Riedel: die Montessori Kollektion. Reutlingen 1995/96.

Klaßen, Theodor F. / Skiera, Ehrenhard: Handbuch der reformpädagogischen und alternativen Schulen in Europa. Baltmannsweiler [2]1993.

Klein-Landeck, Michael: Freie Arbeit bei Maria Montessori und Peter Petersen. Münster [2]1998.

Knapp, Otto: Einleitung des Übersetzers. In: Maria Montessori 1913, S. V–VI.

Kramer, Rita: Maria Montessori. Leben und Werk einer großen Frau. München 1977.

Kratochwil, Leopold: Pädagogisches Handeln bei Hugo Gaudig, Maria Montessori und Peter Petersen. Donauwörth 1992

Ludwig, Harald: Die Montessori-Schule. In: Seyfarth-Stubenrauch / Skiera 1996, Bd. 2, S. 237–252.

Ludwig, Harald (Hrsg.): Montessori-Pädagogik in der Diskussion. Aktuelle Forschungen und internationale Entwicklungen. Freiburg, Basel, Wien 1999.

Ludwig, Harald (Hrsg.): Erziehen mit Maria Montessori – Ein reformpädagogisches Konzept in der Praxis. Freiburg, Basel, Wien [3] 2000.

Meisterjahn-Knebel, Gudula: Montessori-Pädagogik und Bildungsreform
im Schulwesen der Sekundarstufe. Frankfurt a. M. 1995.

Montessori, Maria: Selbsttätige Erziehung im frühen Kindesalter. Stuttgart
1913.

Oswald, Paul / Schulz-Benesch, Günter (Hrsg.): Grundgedanken der Montessori-Pädagogik. Aus Maria Montessoris Schrifttum und Wirkkreis zu-
sammengestellt. Freiburg, Basel, Wien [15] 1997.

Rang, Britta / Leenders, Hélène: Die politische Karriere der MONTESSO-
RI-Pädagogik in Italien, den Vereinigten Staaten und den Niederlanden
im Interbellum. In: Rülcker, Tobias / Oelkers, Jürgen (Hrsg.): Politische
Reformpädagogik. Frankfurt a. M. 1998, S. 379–426.

Schulz-Benesch, Günter: Der Streit um Maria Montessori. Kritische Nach-
forschung zum Werk einer katholischen Pädagogin von Weltruf mit einer
internationalen Montessori-Bibliographie. Freiburg, Basel, Wien [2] 1962.

Schulz-Benesch, Günter: Montessori. Erträge der Forschung. Darmstadt
1979.

Schwegman, Marjan: Maria Montessori 1870–1952. Kind ihrer Zeit, Frau
von Welt. Darmstadt 2000.

Seyfarth-Stubenrauch, Michael / Skicra, Ehrenhard (Hrsg.): Reformpädagogik und Schulreform in Europa. Grundlagen, Geschichte, Aktualität. Bd. 1: Historisch-systematische Grundlagen; Bd. 2: Schulkonzep-
tionen und Länderstudien. Baltmannsweiler 1996.

Steenberg, Ulrich (Hrsg.): Handlexikon zur Montessori-Pädagogik. Ulm
1998.

Tielkes, Monika: Der „Pädagogische Versuch" Maria Montessoris. Untersuchungen zu seinem Ausgangspunkt, seiner Methode und seinen Ergebnissen in Hinblick auf eine Ausarbeitung der Montessori-Pädagogik
im Bereich der Sekundarstufe. Amersfoort 1991.

HORST SPEICHERT

Maria Montessori – Aus ihrem Leben, ihre Sicht auf das Kind und ihre Vorschläge für den Umgang mit Kindern

„Hilf mir, es selbst zu tun"[1]

Abb. 1

Maria Montessori war die erste Frau, die in Italien Ärztin wurde und den Doktor der Medizin machte. Hierfür waren nicht nur eine brillante Intelligenz, sondern vor allem ein unglaublich starker Wille, zähes und unbeugsames Durchsetzungsvermögen unabdingbar.

Wer nach den Wurzeln für beidem in ihrer Kindheit suchen will, findet Material bei der Journalistin Rita Kramer, einer langjährigen Mitarbeiterin des „New York Magazine", die drei Jahre intensiver Recherchearbeit auf die Erforschung von Leben und Werk der Maria Montessori verwandt hat.

Die professionelle Journalistin hat bei ihren Recherchen mehr Quellen erschlossen und ausgewertet als jede andere biographische Arbeit über die große Ärztin und Erziehungswissenschaftlerin.

---

[1] Der folgende Text basiert auf Teilen des Buchs „Montessori für Eltern", das der Autor zusammen mit Helga Biebricher im Rowohlt Taschenbuch Verlag Reinbek 1999 veröffentlicht hat.

Rita Kramer hat zahlreiche Gespräche mit dem Sohn Maria Montessoris, Mario Montessori, sowie mit dem Enkel, dem Psychoanalytiker Dr. Mario Montessori jr., sowie dessen Frau Ada Montessori geführt. Sie hat in Zeitungsarchiven der ganzen Welt Artikel über die Vorkämpferin für die Frau und das Kind gesichtet, zahllose Zeitschriftenaufsätze ausgewertet und Zeitzeugen interviewt.

Als Ergebnis legte sie 1975 in einem New Yorker Verlag eine im Deutschen über 460 Seiten umfassende Biographie der Maria Montessori vor (Kramer 1995).

Die Mutter Maria Montessoris, Renilde Stoppani, geboren 1840, entstammte einer Gutsbesitzerfamilie der norditalienischen Provinzstadt Chiaravalle, einem Städtchen im Tal des Flusses Esino, war gebildet, las viel und hing – was damals sehr fortschrittlich war – den Idealen des erwachenden Nationalbewußtseins der Italiener, der Freiheit und der Einheit, an.

1865 kam ein Bücherrevisor des Finanzministeriums nach Chiaravalle, um die Tabakmanufakturen auf ihre Steuerehrlichkeit zu prüfen. Der Mann hieß Alessandro Montessori. Er hatte hatte Rhetorik und Arithmetik studiert. Steuereintreiber zu werden, war damals die einzige Chance für einen studierten Mathematiker. 1848 hatte er sich an einer vergeblichen Befreiungsschlacht gegen Österreich beteiligt und war dafür ein Jahr später dekoriert worden. Er war – wie die Oberschicht auch – antiklerikal, liberal und patriotisch.

Die Hochzeit zwischen Renilde Steppani und dem Abgesandten des Finanzministeriums fand im Frühling 1866 statt. 1870 wurde Maria geboren. Sie sollte das einzige Kind der emanzipierten Renilde bleiben.

1873 – Maria ist drei Jahre alt – zieht die Familie nach Florenz.

1875 wird der Vater als Revisor erster Klasse nach Rom gerufen. Alessandro Montessori bleibt dort bis zu seiner Pensionierung im Jahre 1891. Die Familie ist am Ziel.

Für die kleine Maria haben die Jahre 73 und 75 zwei völlige Ortswechsel bedeutet – mit Abschied von der gewohnten Umgebung, ganz sicher auch verbunden mit schmerzlicher Trennung und dem Verlust geliebter Menschen, die für sie eine Rolle gespielt haben.

Leider wissen wir über diese beiden Umzüge und ihre Bedeutung nichts Konkretes, nicht die geringsten biographischen Da-
ten sind überliefert. Aber wir vermuten in diesen beiden Um-
zügen und den damit verbundenen Verlusten von festen Orten
und Personen biographische Wurzeln für die besondere Sensibilität, mit der Maria Montessori auf Kinder reagierte und ihre
Bedürfnisse erspürte.

Wir sehen hier auch Wurzeln für den in der Montessori-Pädagogik so wichtigen Begriff der „vorbereiteten Umgebung", die in
allen Einrichtungen der Montessori-Pädagogik in gewisser
Weise gleich ist.

Ganz besonders deutlich zeigt sich die Verunsicherung durch
die Umzüge in der Wahrnehmung der kindlichen „sensiblen
Phase für Ordnung", auf die Maria Montessori als erste aufmerksam machte.

Kehren wir zurück in die Kindheit der Maria Montessori.

Als die Familie – nach einem einmonatigen Ferienaufenthalt –
in den eigenen Haushalt zurückkommt, quengelt Maria, sie habe Hunger und wolle was zu essen. Die Mutter sagt, es sei
nichts da, sie müsse noch warten. Als Maria aber weiterquen-
gelt, findet die Mutter ein vier Wochen altes Stück Brot im
Schrank und gibt es ihr mit den Worten: „Wenn du nicht warten
kannst, nimm dies." (Kramer 1995, S. 28)

Die Biographin kommentiert mit den Worten: „Sie (die Mutter) glaubte auch, Kindern tue eine strenge Zucht not."

Als Beleg für „strenge Zucht„ kann man aber diese Anekdote
nicht nehmen.

Vielmehr zeigt sich hier ein Ernstnehmen des Kindes und der
eigenen Situation, wie sie auch für die Montessori-Pädagogik
kennzeichnend ist.

Indem die Mutter sich nicht eilfertig zur Pudding kochenden
Sklavin degradiert, aber doch etwas für den strengen Hunger
des Kindes findet, bewahrt sie ihre eigene Würde ebenso wie
die Würde des Kindes.

Das Kümmern um Benachteiligte und Arme, wie es später für
Maria Montessori ein Leben lang wichtig ist, geht offenbar auf
die Mutter zurück.

Diese ließ sie täglich für die Armen stricken, und auf ihr Geheiß ging Maria oft mit einem buckeligen Kind aus der Nachbarschaft spazieren.

Hier kommt eine Haltung der Mutter zum Vorschein, die die Tochter gewiß auch in vielen anderen nicht überlieferten Situationen gespürt und erlebt hat und die angesichts der großen Bedeutung, die die Mutter für ihre Tochter hatte, nicht ohne Folgen bleiben konnte.

Eine letzte Anekdote aus der Vorschulzeit von Maria Montessori:

„Die kleine Maria verordnete sich selbst, immer eine bestimmte Zahl von Fliesen zu schrubben, wenn der Fußboden gereinigt werden mußte; es scheint, als habe sie daran Freude gehabt, und es erinnert auffallend an das, was später in der Montessori-Schule als ‘Übungen des praktischen Lebens’ bekannt wurde." (Kramer 1995, S. 29)

Ja, diese Anekdote erinnert an noch mehr Prinzipien der Montessori-Pädagogik:

Zunächst einmal läßt diese Situation an den berühmten Satz denken, der den Kern der Montessori-Pädagogik ausmacht: „Hilf mir, es selbst zu tun." Wir ziehen es vor, diesen Satz etwas freier aus dem Italienischen zu übersetzen: „Schaffe mir Bedingungen, damit ich es selbst tun kann." Die Mutter war nicht ungeduldig, ihre Tochter an ihrer Arbeit teilhaben zu lassen, wie wir das so oft bei gestreßten und beim Putzen oder anderen Dingen sehr genauen Frauen finden. Nein, Renilde Stoppani gab ihrer Tochter Raum, teilzuhaben, mitzumachen. Sie schaffte ihr Bedingungen, damit die Tochter „es selbst tun" konnte.

„Es scheint, als habe sie daran Freude gehabt."

Woher kam diese Freude?

Rückmeldung oder „Erfolgskontrolle"

Damit sind wir bei einem zweiten wichtigen Prinzip der Montessori-Pädagogik, nämlich der Rückmeldung oder – wie ich sie nenne – „Erfolgskontrolle".

Was „Rückmeldung" bedeutet, wird mehr als deutlich, wenn durch die Arbeit des Kindes aus einer matten Fliese eine Fläche entsteht, in der es sich spiegeln kann.

Für alle Materialien, die Maria Montessori entwickelte, hat sie sich etwas überlegt, das sie „Fehlerkontrolle" nannte und das in den Darstellungen des Montessorimaterials auch heute noch so genannt wird.

Maria Montessori betont vielfach, daß das Hinlenken des Kindes auf den *Fehler* für den Lernprozeß schädlich ist. So schreibt sie bei der Darstellung der „Drei-Stufenlektion": „Wenn sich das Kind allerdings geirrt hat, so bedeutet dies, daß es in diesem Moment nicht zu der psychischen Assoziation bereit war, die in ihm hervorgerufen werden sollte; folglich ist ein anderer Augenblick zu wählen. Würden wir dann beim Korrigieren zum Beispiel sagen: 'Nein, du hast dich geirrt, es ist so', dann würden – da es sich um einen Vorwurf handelt – all diese Wörter das Kind stärker beeindrucken als die anderen (zum Beispiel glatt, rauh), im Geiste des Kindes haften bleiben und so das Erlernen der Namen verzögern." (Montessori 1997, S. 176) Wir handeln daher gewiß im Sinne der großen Pädagogin, wenn wir den Begriff „*Fehler*kontrolle" durch den Begriff „*Erfolgs*kontrolle" ersetzen.

Alle Materialien in der vorbereiteten Umgebung haben eine solche eingebaute „Erfolgskontrolle" – genauso wie beim Fliesenreinigen direkt zu sehen ist, wie der Schmutz verschwindet, der Erfolg sich einstellt, man sich nunmehr in der spiegelnden Fliese selber anschauen kann.

Schulerfahrungen

Mit sechs Jahren kam Maria Montessori in die Schule.

Das war für sie offenkundig ein sehr einschneidendes Erlebnis. Das jedenfalls läßt sich einem Text entnehmen, mit dem Maria Montessori ihr Buch *Kinder sind anders* abschließt. Dieser Text ist zwar scheinbar sehr allgemein gehalten. Die vielen Details, mit denen sie einfühlsam das Empfinden des Kindes schildert, legen aber nahe, daß dieser Text auf ganz persönliches Erleben der kleinen Maria zurückgeht:

„Die Schule war für das Kind (man lese: **für mich**) die Stätte größter Trostlosigkeit. Jene ungeheuren Gebäude scheinen für eine Menge von Erwachsenen errichtet. Alles ist hier auf den Erwachsenen zugeschnitten: die Fenster, die Türen, die langen Gänge, die kahlen, einförmigen Klassenzimmer [...] Die Familie ließ das Kind (**mich**) allein, verließ es (**mich**) an der Schwelle jenes Gebäudes ... Und das Kind (**ich**) schien, weinend, hoffnungslos und von Furcht bedrückt, über jenem Tor Dantes Hölleninschrift zu lesen: 'Durch mich gelangt man in die Stadt der Schmerzen, in die Stadt, wo das verlorene Volk wohnt, das Volk, von dem die Gnade sich abgewandt hat.'

Eine strenge, drohende Stimme forderte das Kind (**mich**) samt vielen unbekannten Gefährten auf, hereinzukommen, wobei man alle zusammen als böse Geschöpfe betrachtete, die Strafe verdient hatten: 'Weh euch, ihr bösen Seelen ...' Da sitzt nun das Kind in seiner (**sitze ich nun in meiner**) Bank, ständig gestrengen Blicken ausgesetzt, die zwei Füßchen und zwei Händchen dazu nötigen, ganz unbewegt zu bleiben, so, wie die Nägel den Leib Christi an die Starrheit des Kreuzes zwangen. Und wenn dann in jenes nach Wissen und Wahrheit dürstende Gemüt die Gedanken der Lehrerin entweder mit Gewalt oder auf irgendeinem anderen gut befundenen Weg hineingepreßt sind, dann wird es sein, als blute dieses kleine, gedemütigte Haupt wie unter einer Dornenkrone." (Montessori 1980, S. 301–303)

Man braucht nicht viel Phantasie, um in dieser Schilderung die Situation der Einschulung zu erkennen, in der die Familie sich vor dem Schultor verabschiedet und das sensible Kind in einer bedrohlichen, fremden Welt seinem Schicksal überläßt.

Sie war eingeschüchtert, und folgerichtig erhielt sie im ersten Schuljahr eine Auszeichnung für gutes Betragen. Und im zweiten Schuljahr wurde sie in Nähen und anderen Handarbeiten belobigt. Aber der Ort Schule blieb ihr gleichgültig. Als eine Klassenkameradin weinte, weil sie nicht versetzt wurde, soll sie geäußert haben, das sei doch egal, ein Klassenzimmer sei schließlich wie das andere.

Ihre kritische Haltung der Schule und dem darin praktizierten Lernen gegenüber (*„wenn dann in jenes nach Wissen und*

Wahrheit dürstende Gemüt die Gedanken der Lehrerin entweder mit Gewalt oder auf irgendeinem anderen gut befundenen
Weg hineingepreßt sind") ist nicht erst in der Rückschau entstanden. Das zeigt folgende Geschichte, die Maria Montessori
berichtet. Eine offenbar blaustrümpfige Lehrerin ließ sie die
Lebensgeschichten bedeutender Frauen auswendig lernen.
Und sie forderte die Schülerinnen auf, sich an ihnen ein Vorbild
zu nehmen. Worauf die kleine Maria antwortete, ihr täten die
zukünftigen Schüler zu leid, als daß sie der Reihe von Biographien noch eine weitere hinzufügen möchte. (Was sie ironi-
scherweise dann doch nicht verhindern konnte.) Das war ein
deutlicher und gezielter Affront gegen das Hineinpressen von
Wissen in die kleinen Hirne – eine Erkenntnishaltung, die Maria Montessori nie aufgegeben und die sich als ein Grundpfeiler
nicht nur ihrer eigenen Psychologie, sondern der modernen
Lernpsychologie insgesamt behauptet hat. Dennoch war sie
auch in dieser Hinsicht eine gute Lernerin und behauptete sich
auch in der Nürnberger-Trichter-Schule.

Dabei kam ihr zugute, daß sie außerhalb der Schule – selbstbe-
stimmt und aus eigener Neigung in den Fußstapfen ihrer gebildeten Mutter – viele Bücher verschlang. Sie entwickelte darüber hinaus eine Leidenschaft für Mathematik, auch nicht ver-
wunderlich, war ihr Vater doch studierter Mathematiker und
arbeitete in der staatlichen Finanzverwaltung.

Nach Aussagen ihres Enkels soll sie dieser Disziplin so zugetan
gewesen sein, daß sie das Mathematikbuch sogar ins Theater
mitnahm, um während der Vorstellung im Halbdunkel darin zu
lernen.

Wegsuche

Nach der Grundschule – Maria war zwölf – beschloß sie, was
für ein Mädchen ganz unüblich war, auf eine technische Schule
zu gehen. Das fand ausschließlich die Zustimmung ihrer Mutter, während der Vater eher verbittert zuließ, daß seine Tochter
im Herbst 1883 in die *Regia Scuola Tecnica Michelangelo Buo-
narroti* eintrat.

Auch die Leidenschaft für Mathematik und Naturwissenschaft ist für das Werk Maria Montessoris von Bedeutung und hat in ihm deutliche Spuren hinterlassen. Während in der Pädagogik oft recht unscharf geschrieben und gedacht wird, ist das in der Montessori-Pädagogik anders: Die Präzision, mit der die große Pädagogin ihre einfühlsamen Beobachtungen von Kindern interpretiert und auswertet, ist am mathematisch-naturwissenschaftlichen Beispiel geschult. Und das bringt sie in die Nähe eines anderen großen Psychologen unseres Jahrhunderts, Jean Piaget, der vieles mit noch verfeinerten Methoden nachvollzieht und bestätigt, was Maria Montessori herausgefunden, beschrieben und zur Grundlage ihres Systems gemacht hat.

Richtungswechsel: Dr. med.

Im Herbst 1890 schreibt sich die zwanzigjährige Maria nach dem Abschluß ihrer Ausbildung am *Regio Istituto Tecnico Leonardo da Vinci* als Studentin der Physik, Mathematik und der Naturwissenschaften an der Universität Rom ein. Das Ziel, Techniker zu werden, hatte sie aufgegeben. Der neue Berufswunsch war – zum Ärger des Vaters – noch verwegener: Jetzt wollte sie Medizin studieren und Ärztin werden.

Wie es zu diesem Entschluß kam, beschreibt die Freundin Anna Maccheroni folgendermaßen: „Sie ging auf der Straße, als sie einer Frau mit einem Baby begegnete, das einen langen, schmalen, roten Papierstreifen in der Hand hielt. Ich habe Dr. Montessori mehrmals diese kleinen Straßenszene beschreiben hören, ebenso den Entschluß, der ihr dabei in den Sinn kam. In solchen Momenten trat ein langer, tiefer Blick in ihre Augen, als suche sie nach Dingen, die weit über Worte hinausgingen. Dann pflegte sie zu sagen 'Warum?' und mit einer kleinen ausdrucksvollen Handbewegung anzudeuten, daß seltsame Dinge in uns geschehen, die uns zu einem Ziel führen, das wir nicht kennen." (zit. nach Standing, S. 24)

Gerade haben wir die naturwissenschaftlich geschulte Denkart der Maria Montessori betont, hier kommt nun der Gegenpol zum Tragen, ein tiefes Vertrauen in das eigene Unbewußte, das

wichtige Lebensentscheidungen in einem fruchtbaren Moment
fällt, der scheinbar so wenig mit der Entscheidung zu tun hat,
wie man nur denken mag.

Und dennoch, so scheint uns, ist angesichts dessen, bei welchen
Zielen die junge Frau in ihrem Leben letztlich ankam, die Sze-
ne mit dem Kind auf dem Arm seiner Mutter und mit dem roten
Papierstreifen in der Hand auch ein plausibler Wegweiser.

Und in der Tat: 1892 erwirbt sie mit Bestehen ihrer Prüfungen
die Berechtigung, Medizin zu studieren.

Die „Leere im Herzen"

Der erste Seziertermin war eine emotionale Katastrophe. Sie
beschreibt das „Gefühl der Leere im Herzen", die „zitternden
Knie" und ihre Versuche, damit umzugehen, in einem Brief,
den sie nach der Promotion zum Dr. med. im Jahre 1896 an eine
Freundin namens Clara richtete.

Am selben Abend redet sie – noch außer Fassung – mit ihren Eltern.

„Mein Vater sagte: 'Es ist sinnlos, dich zu zwingen, du kannst es
nicht". Und meine Mutter: 'Es ist schlecht für dich, mein Kind,
geh nicht wieder hin.' 'Aber es war das erstemal,' sagte ich,
'vergeßt doch nicht, es war das erstemal […], wenigstens bin
ich nicht ohnmächtig geworden.'" (Kramer 1995, S. 50–52)

Wer weiß, vielleicht hätten bemühte Durchhalteappelle der
ganzen Sache eine andere Wendung gegeben. Aber gewiß haben die besorgten, gutgemeinten Ratschläge zum Aufhören
Maria Montessoris letzte Kräfte mobilisiert.

Allein schon der Umstand, einzige Frau in einer Männerdomä-
ne zu sein, rückt die junge Studentin immer wieder in den Mittelpunkt öffentlicher Aufmerksamkeit. 1894 gewinnt sie einen
medizinischen Preis und im nächsten Jahr den Wettbewerb um
eine Assistentenstelle im Krankenhaus *Santo Spirito*.

Bei dem öffentlichen Vortrag, den sie wie jeder Student vor Abschluß des Studiums halten mußte, drängelte sich das Publi-
kum – weniger, wie Standing bemerkt, aus Interesse am Thema

als vielmehr aus Hoffnung auf einen Skandal, der aber ausblieb. Statt dessen kam es bei diesem Termin zur Versöhnung mit dem Vater, der sich – so die Legende – von einem Bekannten widerwillig zu der Vorlesung hatte mitschleppen lassen. Nach dem großartigen Vortrag, an dessen Ende es Ovationen gab, sollen viele der anwesenden Akademiker Alessandro Montessori umringt und ihn zu „dieser Tochter" beglückwünscht haben.

In den beiden letzten Jahren vor dem Abschluß spezialisiert sie sich auf Kinderheilkunde. Hier kommen das Interesse für das Kind und die Identifikation mit dem Kind, die wir schon einige Male beobachten konnten, wieder hervor.

Im Frühjahr 1896 wird sie mit dem Thema *Ein klinischer Beitrag zum Studium des Verfolgungswahns* und hervorragendem Ergebnis promoviert.

In dem schon erwähnten Brief an Clara erklärt sie:

„Meine Berühmtheit kommt so zustande: Ich wirke zart und ziemlich schüchtern, und man weiß, daß ich Leichen ansehe und berühre, daß ich ihren Geruch gleichgültig ertrage, daß ich nackte Körper ansehe (ich – ein Mädchen, allein unter so vielen Männern!), ohne ohnmächtig zu werden. Daß mich nichts erschüttert, nichts [...].

Ich bin nicht berühmt wegen meines Könnens oder meiner Klugheit, sondern wegen meines Mutes und meiner Kaltblütigkeit gegen alles." (zit. nach Kramer 1995, S. 60)

Vielbeschäftigte junge Ärztin und Kämpferin für die Sache der Frau

Die junge Frau Doktor hatte – in einer Zeit, da viele Akademiker, auch Mediziner, arbeitslos waren – alle Hände voll zu tun.

Fast zum selben Zeitpunkt, als sie promoviert wurde, erschien ihre erste medizinische Forschungsarbeit *Die Bedeutung der Leydener Kristalle beim Bronchialasthma* in einer wissenschaftlichen Zeitschrift.

Sogleich nach der Promotion bot man ihr am Krankenhaus *San Giovanni,* das der Universität angeschlossen war, eine Assistentenstelle an. Daneben gründete sie eine Privatpraxis.

Fast selbstverständlich, daß die Frauenbewegung, die ihr soviel verdankte, sie auch beschäftigte. Als es darum ging, eine Delegierte für den *Frauenkongreß* Ende September 1896 in Berlin zu bestimmen, fiel die einmütige Wahl auf sie.

Ihre beiden Vorträge gerieten zu einem persönlichen Triumph für die junge Ärztin aus Rom, die – wie sie betonte – für sechs Millionen italienischer Frauen sprach, zu einem „Triumph italienischer weiblicher Grazie" (*Il Corriere della Sera*).

Obwohl ihr Charme durchaus auch der Sache dienlich war, konnte sie sich mit den Berichten über ihre Grazie und Anmut nicht anfreunden: „Niemand wird es mehr wagen, meinen sogenannten Zauber noch einmal zu besingen. Ich werde ernsthafte Arbeit tun." (nach Kramer 1995, S. 69)

Zu Hause ging die Arbeit weiter. Im November berief man sie an das Krankenhaus *Santo Spirito* als Chirurgieassistentin, wo sie ein Jahr zuvor zum Mißfallen ihrer vielen männlichen Kommilitonen beim alljährlichen Wettbewerb eine vorgezogene Assistenz gewonnen hatte.

Da sie außerdem noch gelegentlich am *Frauen- und Kinderkrankenhaus* arbeitete, hatte sie mit ihrer Privatpraxis und der Assistenz am *Giovanni* nun insgesamt vier Arbeitsplätze.

Und daneben setzte sie noch ihre Forschungsarbeit an der *Psychiatrischen Klinik* der Uni fort, aufgrund derer sie ihre Dissertation verfaßt hatte.

1897 wurde sie Assistentin an dieser Klinik. Sie erhielt u. a. die Aufgabe, in römischen Irrenanstalten nach geeigneten Patientinnen für die universitäre Psychiatrie Ausschau zu halten.

Begegnungen mit Kindern und Suche bei den großen Pädagogen

Dabei traf sie immer wieder auf schwachsinnige Kinder – Begegnungen, die sie sehr berührten. Einmal führte man ihr in

einem Raum eine Gruppe schwachsinniger Kinder vor, die dort
wie Gefangene gehalten wurden.

Wie Maria Montessori berichtet, bekamen die Kinder dort nie-
manden außer einander zu sehen, hatten nichts zu tun, außer
zu essen und zu schlafen. Sie starrten in die Luft. Die Wärterin
erzählte mit Abscheu, daß die Kinder nach dem Essen auf dem
Boden nach schmutzigen Brotbrocken grabschten. „Maria
Montessori hörte zu und dachte über die Kinder nach, die nach
den Brotbrocken griffen, sie in den Händen quetschten und im
Mund herumbewegten. Sie sah sich in dem kahlen, leeren
Raum um. Und ihr ging auf [...], daß die Kinder nicht nach
Brot hungerten, sondern nach Erfahrungen. In ihrer Umge-
bung war nichts, was sie berühren, befühlen oder woran sie ihre
Hände und Augen üben konnten." (Kramer 1995, S. 71/72)

Einige dieser Kinder nahm sie mit in ihre Klinik, um mit ihnen
zu arbeiten. Sie las über geistig behinderte Kinder und ihre Erziehung. Dabei entdeckte sie die Werke zweier Franzosen,
Jean-Marc-Gaspard Itard und seines Schülers *Edouard Séguin*.
Séguin, Jahrgang 1812, hielt die normale Schulerziehung für
„verdummend", da sie lediglich das menschliche Gedächtnis
anspreche und alle anderen geistigen Fähigkeiten verkümmern
ließe. „Die Achtung vor der Individualität ist der erste Prüf-
stein für einen Lehrer." (ebd., S. 75)

Er arbeitete mit Materialien, von denen die meisten „eingebaute Erfolgskontrollen" enthielten. So konnten die Kinder
selbst feststellen, daß sie es „richtig" gemacht hatten. Er be-
nutzte beispielsweise verschieden große Nägel, die in Löcher
auf ein Brett paßten, geometrische Figuren, die in entsprechende Aussparungen gehörten, Perlen zum Aufziehen, farbige Kugeln und dazugehörige gleichfarbige Behältnisse undsofort.

Vieles, was Séguin machte und vorschlug, entsprach dem, was
Maria Montessori aufgrund ihrer eigenen Beobachtungen und
Schlußfolgerungen für notwendig hielt. Sie kam zu dem
Schluß, „daß die geistige Minderwertigkeit hauptsächlich ein
pädagogisches, nicht so sehr ein medizinisches Problem sei."
(ebd. 1995, S. 76)

Im Wintersemester 1897/98 begann sie nicht nur, Pädagogik-
vorlesungen an der Universität zu hören, sondern auch Werke
der Erziehungstheorie der letzten zweihundert Jahre zu lesen,
u. a.:

- Jean-Jacques Rousseau, dessen „Émile" noch heute gelesen
  wird,

- Johann Heinrich Pestalozzi (Jahrgang 1746) und

- Friedrich Fröbel, den Erfinder des Kindergartens (welche –
  man vergißt es allzu leicht – 1848 von der preußischen Regierung geschlossen wurden, weil sie zu „revolutionär" waren).

Bei diesen Studien gelangte sie zu der Überzeugung, daß man
besondere Schulen für die geistig zurückgebliebenen und psychisch geschädigten Kinder einrichten müsse. Diese Erkenntnis publizierte sie 1898 in einem Artikel unter dem Titel „Soziale Mißstände und neue wissenschaftliche Entdeckungen" in
der Zeitschrift „Roma" und sprach darüber auf einem nationalen Pädagogikkongreß im selben Jahr in Turin vor 3.000 Teilnehmern.

Im Herbst 1899 übernahm sie an einer der beiden Lehrerbil-
dungsanstalten für Frauen in Italien Vorlesungen über Hygiene
und Anthropologie (Kramer 1995, S. 106). Da sie hier auch
prüfte und viel Kontakt mit dem Kollegium und den Studentin-
nen (220 an der Zahl) hatte, gewann sie weitere Einblicke in die
Geschichte und die Methoden der Pädagogik.

Scuola Magistrale Ortofrenica: Modellschule für geistig behinderte Kinder

Die 1898 gegründete *Nationale Liga für die Erziehung behinderter Kinder*, in der Maria Montessori sich aktiv für die Errei-
chung ihrer Ziele zusammen mit anderen bekannten Persön-
lichkeiten einsetzte, war 1900 so weit, daß sie in Rom eine
Schule zur Ausbildung von Lehrern für die Betreuung und
Erziehung geistig behinderter Kinder eröffnen konnte. An
dieser Modellschule (*Scuola Magistrale Ortofrenica*) wurden
Lehrerinnen und Lehrer ausgebildet, aber auch behinderte

Kinder (22) betreut. Maria Montessori übernahm die Leitung dieser Schule. Hier machte sie ihre entscheidenden Beobachtungen, Experimente und Erfahrungen im pädagogischen Bereich. Sie unterrichtete die Kinder selbst und leitete die Erzieherinnen an.

Täglich war sie von acht Uhr morgens bis abends um sieben im Institut, wo sie alles, was sie beim Studium ihrer pädagogischen Meister erfahren und gelernt hatte, ausprobierte, die Reaktionen der Kinder sorgfältig notierte und daraus ihre Schlüsse zog. Später sagte sie: „Diese beiden praktischen Jahre haben mich zuerst und hauptsächlich auf dem Gebiet der Pädagogik heimisch gemacht." (n. Kramer 1995, S. 111)

Sie veränderte die Materialien, die sie von Séguin her kannte, und entwickelte auch neue. Hier liegt der Ursprung des *Montessori-Materials*.

Indem sie das Verhalten und die Reaktionen der Kinder mit wissenschaftlicher Genauigkeit und ausgeprägtem Einfühlungsvermögen beobachtete, analysierte und intuitiv darauf reagierte, erfand oder perfektionierte sie Materialien für handelndes Lernen. So ließ sie für ihre geistig behinderten Kinder die Buchstaben des Alphabets aus Holz ausschneiden. Sie hielt die Kinder an, die Modellbuchstaben zu berühren und mit den Fingern ihren Konturen zu folgen. Dadurch lernten sie die Bewegungen, um die Buchstaben „nachzubilden" bzw. sie an die Wandtafel zu schreiben. Bald konnte sie einige ihrer achtjährigen Behinderten für die Staatsprüfung im Lesen und Schreiben anmelden. Und diese bestanden sie besser als „normale" Kinder. (ebd., S. 112)

Was, wenn sie diese Methoden bei den normalen Kindern anwendete? „Während nun alles die Fortschritte meiner Idioten bewunderte, forschte ich nach den Gründen, welche die bedauernswerten Kinder unserer öffentlichen Schulen auf einer so tiefen Stufe zurückhielten, daß meine unglücklichen Schüler ihnen in der geistigen Bildung die Stange halten konnten!" (ebd., S. 113)

Zwei Jahre dieser Form von Erfahrung waren ihr genug.

Nach etwa eineinhalb Jahren verließ Maria Montessori diesen
Erfahrungsraum. Warum? Rita Kramer: „Sie verließ die Schule aus persönlichen Gründen, um Abstand von einer Beziehung
und einer Situation zu gewinnen, die ihr unerträglich geworden
waren. Zu irgendeiner Zeit hatte sie eine enge Freundschaft
mit ihrem Kollegen Dr. Montesano geschlossen, die sich zu einer Liebesgeschichte entwickelte, und sie hatte ein Kind von
ihm bekommen." (ebd., S. 114)

Die Biographin hält es für unwahrscheinlich, daß die Beziehung zu Dr. Montesano nur eine flüchtige Affäre war.

Warum die beiden nicht geheiratet haben, ist unklar. Wie Sohn
Mario berichtet, sei die Familie seines Vaters, insbesondere
dessen Mutter, gegen eine Heirat gewesen.

Mario kam am 31. März 1898 zur Welt. Im Dunkeln bleibt, wie
die vielbeschäftigte Mutter ihre Schwangerschaft geheim halten konnte.

Nach der Geburt gab Maria Montessori ihr Kind zu einer Am-
me aufs Land. Kramer berichtet, man habe Mario Montessori
gesagt, sein Vater und seine Mutter hätten einander verspro-
chen, niemals zu heiraten. Dieses Versprechen habe Montesano gebrochen. Als er eine andere Frau geheiratet habe, sei das
der Grund dafür gewesen, daß Maria Montessori die Schule
verließ, an der beide arbeiteten.

Studium der Erziehungswissenschaften und der Anthropologie

Im Frühjahr 1901 verließ sie die Schule, gab auch ihre ärztliche
Praxis und alle anderen Tätigkeiten auf, um noch einmal zu studieren, wobei sie sich auf Anthropologie und Erziehungsphilo-
sophie konzentrierte. Sie hörte auch Vorlesungen in Hygiene
und Experimentalpsychologie. Sie ging in Grundschulen, um
mehr über normale Kinder und ihren Unterricht zu erfahren.
Von 1904 bis 1908 hielt sie Vorlesungen am Pädagogischen Institut für Studenten der naturwissenschaftlichen und der medizinischen Fakultät.

Als sie 1902 auf dem zweiten nationalen Pädagogenkongreß in Neapel die Ergebnisse ihrer Arbeit vortrug, war für sie eine Erkenntnis ganz zentral. Sie hatte in den Jahren 1898 bis 1900 erfahren, daß die von ihr entwickelten und angewandten Methoden behinderten Kindern halfen, normale geistige Leistungen zu erbringen. Sie war mehr und mehr zu der Überzeugung gekommen, daß diese Methoden auf Prinzipien basierten, die für Lernprozesse zweckmäßiger waren als die in den Schulen gebräuchlichen. Später schrieb sie: „Während alle die Fortschritte meiner Idioten bewunderten, machte ich mir Gedanken über die Gründe, aus denen glückliche und gesunde Kinder in den gewöhnlichen Schulen auf so niedrigem Niveau gehalten wurden, daß sie bei Prüfungen der Intelligenz von meinen unglücklichen Schülern eingeholt wurden." (Montessori 1997, S. 32/33). „Mein Wunsch war es, die mit so großem Erfolg von Séguin ausgearbeiteten Methoden an Kindern der ersten Grundschulklassen zu erproben ..." (ebd., S. 37)

Die Ärztin, die inzwischen Pädagogin geworden war, war „reif". Reif dafür, ihre Erfahrungen an „normalen" Kindern auszuprobieren.

Casa dei Bambini: das erste Kinderhaus

1906 wurde in einigen Stadtteilen Roms saniert. In einem dieser Sanierungsviertel störten etwa fünfzig unbeaufsichtigte Kinder die Arbeiten, sie beschmierten neugetünchte Wände und stellten anderen Unfug an.

Die Verantwortlichen wandten sich an Maria Montessori um Rat.

Sie waren mehr als überrascht, daß die berühmte Frau sofort anbot, selbst ein Projekt für die verwahrlosten Kinder einzurichten und zu leiten.

Verstehen konnte das keiner. Einige warfen ihr vor, daß sie das Ansehen des Ärztestandes herabsetze, wenn sie sich auf so etwas einlasse.

Unbeirrt besorgte Maria Montessori bei hilfsbereiten Damen der Gesellschaft Geld und Material, mit dem sie den einzigen Raum einrichtete, der ihr zur Verfügung stand. Sie nannte ihn *Casa dei Bambini* – Kinderhaus.

Es gab einige große Tische, ein Pult für die Lehrerin und einen Vorratsschrank. Die Damen der Gesellschaft hatten Spielzeuge, Papier, Buntstifte gespendet. Außerdem ließ Maria Montessori Materialien nach den Vorlagen herstellen, die sie bei der Schulung der Schwachsinnigen entwickelt hatte.

Weinend und mürrisch waren die Kinder in ihre neue Bleibe eingezogen. Montessori hatte ihrer Helferin, die tagsüber die Kinder beaufsichtigte, wenn sie selbst an der Weiterentwicklung ihres Konzepts und ihrer Materialien arbeitete, strengstens eingeschärft, die Kinder machen zu lassen, was sie wollten, und sie in keiner Weise zu stören, damit sie – quasi wie im wissenschaftlichen Labor – die freie Tätigkeit der Kinder beobachten könne.

Nach einigen Wochen schon zeigten die Kinder, sowohl die scheuen wie auch die eher aggressiven, Interesse an ihren didaktischen Materialien, während Spielzeug und Zeichenutensilien weniger Beachtung fanden (Kramer 1995, S. 139).

Der Montessori-Effekt

Besonders beeindruckt war Maria Montessori, als sie beobachtete, wie ein Kind mit unglaublicher Konzentration einen und denselben Vorgang immer wieder wiederholte. Sie schreibt darüber:

„Die erste Erscheinung, die meine Aufmerksamkeit auf sich zog, zeigte sich bei einem etwa dreijährigen Mädchen, das damit beschäftigt war, die Serie unserer Holzzylinder in die entsprechenden Öffnungen zu stecken und wieder herauszunehmen." (Montessori 1980, S. 165)

Maria Montessori beschreibt dann diese Zylinder, die demnach denen, wie sie heute in Gebrauch sind, ganz ähnlich waren.

Abb. 2

Heute handelt es sich bei den **Einsatzzylindern** um vier lackierte Holzblöcke, jeder 8 Zentimeter breit, 55 Zentimeter lang, 6 Zentimeter hoch: Jeder Holzblock enthält in dafür vorgesehenen Öffnungen zehn glatte, leicht gleitende Zylinder. Jeder hat auf der Oberseite ein Knöpfchen als Griff, an dem man ihn herausziehen und hineinstecken kann.

Jeder dieser vier Blöcke sieht mit den darin steckenden kleinen Zylindern wie ein Satz Gewichte für eine Waage aus.

Die Blöcke unterscheiden sich durch die Art der Zylinder.

Im *ersten* Block haben die Zylinder alle den *gleichen Durchmesser* und *verschiedene Höhe*; der niedrigste ist 10, der höchste 55 mm hoch.

Im *zweiten* Block sind die Zylinder *bei gleicher* Höhe im *Durchmesser* unterschieden: der kleinste Zylinder hat einen Durchmesser von 10 mm, der zweite einen von 15 mm undsofort bis zum dicksten mit einem Durchmesser von 55 mm.

Im *dritten* Block sind die Zylinder in *Höhe* und *Durchmesser* unterschieden: vom 55 mm dicken und 55 mm hohen Zylinder bis zum 10 mm dicken und 10 mm hohen.

Im *vierten* Block sind ebenfalls *Höhe* und *Durchmesser* verschieden: allerdings ist der dickste zugleich der niedrigste und der dünnste Zylinder – 10 mm Durchmesser – ist der höchste – 55 mm hoch.

Erfahrungsgemäß interessieren sich Kinder ab 2½ Jahren für dieses Material.

Die Erzieherin beginnt in der Regel mit den Zylindern gleicher Höhe, weil es bei diesen nicht geschehen kann, daß ein niedriger Zylinder in einem tiefen Loch verschwindet.

Sie stellt den Zylinderblock auf den Tisch, nimmt alle Einsätze heraus, mischt sie, sucht dann für jeden den richtigen Platz und steckt ihn in „seine" Öffnung.

Wenn alle Zylinder „ihren" Platz gefunden haben, ist es klar, daß sie alles „richtig" gemacht hat. Dann ermuntert sie das Kind, es ihr nachzutun.

Zurück zu der Entdeckung des Montessori-Effekts: Die Pädagogin war erstaunt, daß das Kind mit großer Konzentration wieder und wieder den Zylinder in seine Öffnung steckte, etwas, was Erwachsenen, wenn sie es beobachten, stupide vorkommt und sie am Geisteszustand des Kindes zweifeln läßt.

Montessori schreibt über ihre Beobachtungen:

„Dabei war keinerlei Fortschritt in der Schnelligkeit und Genauigkeit der Ausführung feststellbar. Alles ging in einer Art unablässiger, gleichmäßiger Bewegung vor sich." (Montessori 1980, S. 165)

Maria Montessori begann nicht nur die Wiederholungen zu zählen, sondern wollte auch „feststellen, bis zu welchem Punkt die eigentümliche Konzentration der Kleinen gehe, und ich ersuchte daher die Lehrerin, alle übrigen Kinder singen und herumlaufen zu lassen. Das geschah auch, ohne daß das kleine Mädchen sich in seiner Tätigkeit hätte stören lassen. Darauf ergriff ich vorsichtig das Sesselchen, auf dem die Kleine saß, und stellte es mitsamt dem Kinde auf einen Tisch. Die Kleine hatte mit rascher Bewegung ihre Zylinder an sich genommen und machte nun, das Material auf den Knien, ihre Übung unbeirrt weiter. Seit ich zu zählen begonnen hatte, hatte die Kleine ihre Übung zweiundvierzigmal wiederholt. Jetzt hielt sie inne, so als erwachte sie aus einem Traum, und lächelte mit dem Ausdruck eines glücklichen Menschen. Ihre leuchtenden Augen sahen vergnügt in die Runde. Offenbar hatte sie alle jene Manöver, die sie hätten ablenken sollen, überhaupt nicht bemerkt. Jetzt aber, ohne jeden äußeren Grund, war ihre Arbeit beendet. Was war beendet, und warum?" (ebd., S. 165)

Heiland, ein Pädagoge, der eine sehr lesenswerte Biographie der Maria Montessori herausgegeben hat, zählt fünf Bücher von Montessori auf, in denen sie diese Geschichte erzählt. Sie ist, wie er schreibt, als „Montessori-Phänomen" in die Geschichte der Pädagogik eingegangen. (Heiland 1991, S. 44)

In *Kinder sind anders* schreibt sie: „Ähnliche Vorfälle wiederholten sich, und jedesmal gingen die Kinder daraus wie erfrischt und ausgeruht, voll Lebenskraft und mit dem Gesichtsausdruck von Menschen hervor, die eine große Freude erlebt haben.

Die Fälle einer solchen beinahe bis zur völligen Abschließung von der Außenwelt gehenden Konzentration bildeten nicht die Regel. Doch ich bemerkte bald eine seltsame Verhaltensweise bei allen Kindern, die ungefähr gleichmäßig auch bei jeder Übung auftrat. Es ist ein Wesenszug kindlicher Betätigung. Ich habe ihn später 'Wiederholung der Übungen' genannt." (Montessori 1980, S. 166; Übersetzung leicht modifiziert.)

Ein anderer genialer Kindermensch unseres Jahrhunderts, Jean Piaget, hat solche Wiederholungen ebenfalls beschrieben: die Geschichte von seiner Tochter und dem Papphahn. Sie saß im Laufställchen und hatte sich schon das eine oder andere kleinere Spielzeug durch die Gitterstäbe hereingezogen. Der forschende Papa legte ihr nun den erwähnten Pappvogel hin, im Dienste der Forschung quer zu den Stäben. Töchterchen versuchte, ihn hereinzuziehen, und nach mehreren vergeblichen Versuchen glückte es ihr, indem sie den Pappegockel aufrecht durch die Gitterstäbe brachte.

Sonderbar: Nachdem das Kind den Hahn endlich im Ställchen hatte, steckte es den Hahn wieder durch die Stäbe und wiederholte Hinaus und Herein mehrmals.

Eine solche Wiederholung einer neu erworbenen Fähigkeit beobachtete Piaget häufig, und zwar schon bei Kindern ab dem vierten Lebensmonat.

Wer mit Kindern häufig zu tun hat und sie gelegentlich länger beobachtet, für den sind solche Wiederholungen etwas Vertrautes.

Aneignung der Wirklichkeit

Diese von keinem Lehrer verordneten, von allein ablaufenden, d. h. von den Bedürfnissen des Kindes gesteuerten Wiederholungen sind ein Teil jener *Tätigkeit*, in deren Verlauf Kinder sich die Struktur der äußeren Wirklichkeit aneignen.

Wir haben in dieser Geschichte die wesentlichen Elemente dessen beieinander, was den Aufbau, die Entwicklung der Intelligenz im Kindesalter ausmacht:

– das freie Kind, das sich unbeeinflußt den Dingen in seiner

– Umgebung zuwenden kann (daß diese eine *vorbereitete Umgebung* ist, ist zunächst zweitrangig),

– wo es für sich die Dinge auswählt, die für es neu, aber nicht zu neu sind,
  und sich mit ihnen ohne dirigistisches Eingreifen Dritter so lange beschäftigt,

– bis das Bedürfnis gestillt ist, das es dazu angetrieben hat.

Maria Montessori hat zwar versucht, das Kind abzulenken, ja es zu stören, aber es hat die Aneignungstätigkeit des Mädchens nicht dadurch unterbrochen, daß sie ihm **befohlen** hätte aufzuhören, was andere Erwachsene leider häufig, ja fast regelmäßig tun.

Wenn Erwachsene ein Kind bei solchen Wiederholungen beobachten, beschleicht sie ein Unbehagen. Sie haben das Gefühl, Unnormalität, Verrücktheit zu beobachten. Sie beseitigen diese ihnen so unangenehme Empfindung, indem sie das Kind kategorisch auffordern, „mit diesem Quatsch" sofort aufzuhören. „Was soll denn das? Bist du irre geworden?"

So erleben viele Kinder die von den Dingen ausgehende Aufforderung, sich mit ihnen zu beschäftigen und sich ihre Strukturen anzueignen, als gefährlich, die Erwachsenen belastend. Da läßt man – im wahrsten Sinne des Wortes – besser die Finger davon.

Indem Maria Montessori solche Barrieren abbaute, war die wichtigste Voraussetzung für die stürmische Entwicklung von Intelligenz, Selbstbewußtsein, Verantwortungsgefühl und Persönlichkeit bei den Kindern gegeben, die zu der unglaublichen Anziehungskraft der Kinderhäuser zunächst in Rom, dann in Italien und zum Schluß auf der ganzen Welt geführt hat.

Die Arbeit im Kinderhaus war auch für Maria Montessori eine unglaublich fruchtbare Zeit. So gibt es aus dieser Zeit noch viele weitere Geschichten, die sie berichtet, die sich auf ihre Arbeit und ihr Konzept fruchtbar ausgewirkt haben.

Freie Wahl und Ordnung

In der ersten Zeit im Kinderhaus wurde das Unterrichtsmaterial von der Lehrerin verteilt, und sie räumte es am Ende der Betreuungszeit auch wieder fort. Wenn sie die Sachen verteilte und wenn sie sie wieder einräumte, kamen die Kinder von ihren Plätzen und umdrängten die Lehrerin. Und diese vermochte es nicht, die Kinder auf Distanz zu halten, weshalb sie sich bei Maria Montessori beschwerte, die Kinder seien „ungehorsam".

„Als ich mir die Sache selbst ansah, begriff ich, daß die Kinder den Wunsch hatten, die Gegenstände selber wieder an ihren Platz zu bringen, und ich ließ sie gewähren. Das führte zu einer Art von neuem Leben: die Gegenstände in Ordnung zu bringen, Unordnung zu beheben, erwies sich als ungemein anziehende Beschäftigung." (Montessori 1980, S. 168)

Eines Tages kam die Lehrerin zu spät. Zudem hatte sie tags zuvor vergessen, den Schrank mit den Lehrmitteln abzuschließen. Die Kinder drängten sich vor der geöffneten Schatzkiste und waren fleißig dabei, sich zu bedienen. Einige von ihnen hatten bestimmte Gegenstände ergriffen und fortgetragen.

Montessori: „Dieses Verhalten erschien der Lehrerin als Ausdruck diebischer Instinkte. Sie meinte, Kinder, die Dinge wegtragen, die es an Respekt gegenüber der Schule und der Lehrerin fehlen lassen, müßten mit Strenge und moralischen Ermahnungen behandelt werden. Ich hingegen glaubte die Sache so deuten zu sollen, daß die Kinder diese Gegenstände nun bereits gut genug kannten, um selber ihre Wahl unter ihnen treffen zu können." (ebd., S. 168/169)

Hier lag der Anfang zweier wichtiger Prinzipien der Montessori-Pädagogik: die freie Wahl und die selbsttätige Wiederherstellung der Ordnung nach der Arbeit.

Lassen wir Maria Montessori selbst zu Wort kommen: „Damit begann eine lebhafte und interessante Tätigkeit. Die Kinder legten verschiedene Wünsche an den Tag und wählten dementsprechend ihre Beschäftigungen.

[...] Aus dieser freien Wahl haben sich allerlei Beobachtungen über die Tendenzen und seelischen Bedürfnisse der Kinder ergeben. Eines der ersten interessanten Ergebnisse bestand darin, daß die Kinder sich nicht für das ganze von mir vorbereitete Material interessierten, sondern nur für einzelne Stücke daraus. Mehr oder weniger wählten sie alle dasselbe: einige Objekte wurden sichtlich bevorzugt, während andere unberührt liegenblieben und allmählich verstaubten.

Ich zeigte den Kindern das gesamte Material und sorgte dafür, daß die Lehrerin ihnen den Gebrauch eines jeden Stückes genau erklärte; aber gewisse Gegenstände wurden von ihnen nicht wieder freiwillig zur Hand genommen." (ebd., S. 169)

Aufgrund dieser Erfahrungen hat Maria Montessori den Schluß gezogen, niedrige Schränke einzuführen, „in denen das Material in Reichweite der Kinder und zu deren Verfügung bleibt, so daß sie es gemäß ihren inneren Bedürfnissen selber wählen können. So fügte sich an den Grundsatz der Wiederholung der Übungen der weitere Grundsatz der freien Wahl". (ebd., S. 169)

Dieser Grundsatz ist – wie wir das sehen und wie es durch die moderne Lernpsychologie gestützt wird – einer der Grundpfeiler des montessorischen Systems.

Verführung zur Stille

Eines Tages hatte Maria Montessori im Hof eine Frau getroffen, die ein vier Monate altes Mädchen hatte. Es war sehr stramm gewickelt. Maria Montessori war entzückt und nahm der Mutter das Kind für einen Augenblick ab, um es in die Klasse mitzunehmen und den Kindern zu zeigen. Sie berichtet darüber:

„Die Stille dieses Geschöpfes machte mir großen Eindruck, und ich suchte mein Gefühl auch den Kindern mitzuteilen. 'Es macht gar keinen Lärm', sagte ich, und scherzend fügte ich hinzu: 'Niemand von euch könnte ebenso still sein.'" (Montessori 1980, S. 172)

Hier zeigt sich die geschickte Pädagogin und Menschen(ver)-führerin. Sie forderte die Kinder nicht auf, nachzumachen, was das Baby hier vormachte.

Mit ihrer Unterstellung forderte sie die Kinder heraus, sie traf die Kinder offensichtlich genau an der richtigen Stelle. Die Frau mit dem Baby auf dem Arm beobachtete, daß sich der Kinder eine „*intensive Spannung*" bemächtigte.

„Es war, als hingen sie an meinen Lippen und fühlten aufs tiefste, was ich sagte. 'Sein Atem geht ganz leise', fuhr ich fort. 'Niemand von euch könnte so leise atmen.'" (ebd., S. 172)

Die erneute Unterstellung verstärkte offensichtlich die schon aufgebaute große Herausforderung. Die Kinder hielten den Atem an.

„Eine eindrucksvolle Stille verbreitete sich in diesem Augenblick. Man hörte plötzlich das Ticktack der Uhr, das sonst nie vernehmbar war." (ebd., S. 172)

Man sollte erwähnen, daß Maria Montessori jedes Jahr vierzehn Tage zum Meditieren in ein Kloster ging, um Kraft für ihre so aufreibende Tätigkeit zu schöpfen.

So verstand sie, was sich hier „kundgab", als eine „innere Übereinstimmung, geboren aus einem tief inneren Wunsch." (ebd., S. 172)

Sie beobachtete, daß die Kinder regungslos saßen, ihre Atemzüge beherrschten und dabei doch heiter angespannte Züge hatten, so als seien sie in *Meditation* versunken. „Inmitten der eindrucksvollen Stille wurden allmählich selbst die schwächsten Geräusche vernehmbar, das ferne Tropfen von Wasser, das Zirpen eines Vogels draußen im Garten. Auf diese Weise entstand unsere kleine 'Übung der Stille'." (ebd., S. 172/173)

Könnte man den Unterschied zwischen der Herausforderung guter Kräfte in den Kindern und pädagogischem Dirigismus sinnfälliger deutlich machen?

Wer es noch nicht glaubt, der fordere doch mal eine Gruppe von Kindern auf: „Seid jetzt alle mal still!" Und ein anderes Mal probiere er die Herausforderung der Kräfte der Kinder in der Weise, wie wir es soeben in einer immerhin schon fast hundert Jahre alten Geschichte gehört haben.

Kinder beobachten und verstehen

Maria Montessori hatte die Kinder ständig im Auge, beobachtete ihr Verhalten und versuchte, daraus ihre Bedürfnisse zu erschließen. Als sie einmal beobachtete, daß die Kinder, wenn sie müde waren, lieber auf einer Stange herumrutschten als sich zum Ausruhen hinzusetzen, erfand sie ein neues Turngerät: parallele Stangen auf senkrechten Stützen, auf denen die Kinder noch besser und komfortabler herumrutschen konnten. Es war eines von vielen Turngeräten, die sie sich ausdachte, um den von ihr beobachteten Bedürfnissen und auch „Erfindungen" der Kinder Möglichkeiten zum Ausagieren zu verschaffen.

Maria Montessoris Arbeit – betonen wir: wissenschaftliche Arbeit – bestand darin, mit immer wacher Aufmerksamkeit das Verhalten der Kinder wahrzunehmen, es zu „verstehen", d. h. die darin zum Ausdruck kommenden Bedürfnisse zu identifizieren, um aus dieser Interpretation heraus Möglichkeiten zu schaffen, damit sich die Bedürfnisse der Kinder optimal entfalten können. Ein solches Verhalten gegenüber Kindern wie gegenüber Menschen generell ist nach wie vor die Grundlage jeglicher wissenschaftlichen pädagogischen Forschung. Statistische Erhebungen und Aussagen können nur verstanden und richtig gedeutet werden, wenn die Forscherinnen und Forscher dem vorausgehend genaue Kenntnisse über das konkrete Verhalten von Kindern in unserer Welt, einfühlsames Verständnis für ihre Probleme und Bedürfnisse gewonnen und sich erarbeitet haben. Die Welt hat sich verändert, und selbstverständlich können auch neue Materialien für die geistige Entwicklung der Kinder erfunden werden. Das heißt aber keinesfalls, daß die Zylinder, die das Kind in die verschieden großen Löcher eines Brettchens steckt, nicht heute noch genau denselben wichtigen Wert für die Aneignung der Wirklichkeit und für die Entwicklung von intelligenten Strukturen haben, wie sie ihn schon vor hundert Jahren bei Maria Montessori oder vor hundertfünfzig Jahren bei Séguin hatten.

Diese Dinge veralten nicht.

Die wissenschaftliche Haltung Maria Montessoris ist durchgängig. Sie betont immer wieder, daß kindliches Verhalten stets Ursachen hat, die man verstehen kann, und sie verurteilt scharf die häufig anzutreffende Neigung Erwachsener, kindliches Verhalten, das sie nicht verstehen, als „Launen„ abzutun. So schreibt sie in *Kinder sind anders* im Kapitel über die Intelligenz:

„Man sollte bedenken, daß alles, was ein Kind tut, eine rationale Ursache hat, die entzifferbar ist. Es gibt kein Phänomen, das nicht seine Motive, seine Daseinsberechtigung besäße. Es ist sehr einfach, über jede unverständliche Reaktion, jedes schwierige Betragen des Kindes mit der Erklärung hinwegzugehen: 'Launen!' Diese Laune sollte für uns die Wichtigkeit einer zu lösenden Aufgabe, eines zu entziffernden Rätsels annehmen. Das ist gewiß schwierig, aber auch äußerst interessant; vor allem aber bedeutet es eine neue und höhere sittliche Haltung des Erwachsenen und macht aus ihm einen Forscher anstelle des blinden Bändigers, des tyrannischen Richters, der er dem Kinde gegenüber für gewöhnlich ist." (Montessori 1980, S. 102)

Selbstbewußtsein und Verantwortung

Wir erwähnten schon die unglaubliche Anziehungskraft der Kinderhäuser.

Drei Monate nach der Eröffnung der ersten Casa dei Bambini wurde in einem anderen Mietshaus in San Lorenzo das zweite Kinderhaus eröffnet.

Schon nach so kurzer Zeit hatte ein pädagogiktouristischer Run auf diese Armenschulen eingesetzt.

Hierher paßt folgende schöne Geschichte: „Eines Tages wollte die Tochter unseres Ministerpräsidenten den Botschafter der Argentinischen Republik bei einem Besuch unseres 'Kinderhauses' begleiten. Der Botschafter hatte sich ausgebeten, daß der Besuch nicht vorher angekündigt werde, damit er die vielgerühmte Unbefangenheit der Kinder aus eigenem Augenschein kennenlernen könne. Als er jedoch an Ort und Stelle ankam, mußte er hören, daß gerade ein schulfreier Tag und die Schule geschlossen sei. Im Hof des Hauses standen einige Kinder, die sogleich näherkamen. 'Das macht nichts, daß schulfrei ist', sagte ein kleiner Junge mit größter Natürlichkeit, 'wir wohnen ja alle hier, und die Schlüssel hat der Hausmeister.' Sogleich machten sie sich zu schaffen, riefen ihre Kameraden zusammen, ließen das Schulzimmer aufschließen und fingen allesamt zu arbeiten an. So wurde die wunderbare Spontaneität ihres Verhaltens bei dieser Gelegenheit in unbestreitbarer Weise offenbar." (Montessori 1980, S. 179)

Aber zeigt diese Geschichte nicht auch, wieviel Selbstbewußtsein und Verantwortungsgefühl sich in so kurzer Zeit bei den Kindern entwickelt hatte und die vielgepriesene Unbefangenheit erst ins richtige Licht zu setzen vermochte?

Lesen lernen

In diese Zeit fällt auch der Beginn des Unterrichts im Schreiben und Lesen.

Wie Maria Montessori berichtet, kam eines Tages eine Abordnung von einigen Müttern zu ihr und bat sie, den Kindern Lesen und Schreiben beizubringen. Der Hintergrund: Sie waren Analphabetinnen und stolz auf die Entwicklung ihrer Kinder. Maria Montessori war zunächst wenig begeistert und lehnte ab. Die Mütter baten aber beharrlich weiter.

Maria Montessori ließ sich erweichen und von der Lehrerin Buchstaben aus Karton und aus Schmirgelpapier ausschneiden. Auf dem Schmirgelpapier konnten die Kinder die Form der Buchstaben besonders gut mit den Fingerspitzen nachfühlen.

Dann legte sie Tabellen an, in denen sie die Buchstaben nach ihrer Ähnlichkeit kopierte. Es war ihr wichtig, daß die Bewegung der tastenden Kinderhände möglichst gleichförmig sein sollte.

Die Kinder waren begeistert.

In *Kinder sind anders* beschreibt sie das so: „Was wir nicht begriffen, war die Begeisterung der Kinder. Sie veranstalteten richtige Prozessionen, trugen dabei die ausgeschnittenen Buchstaben wie Standarten voran und stießen Freudenschreie aus. Warum?" (Montessori 1980, S. 183)
Montessori läßt diese Frage offen. Sie fordert aber – fast hundert Jahre danach – doch zu einer Antwort heraus, wie sie die große Pädagogin damals wahrscheinlich genauso gegeben hätte.

Den Kindern war vielleicht *nicht bewußt*, aber sie empfanden sicher ganz stark, daß diese Buchstaben sie nicht nur über das Bildungsniveau ihrer Eltern hinaushoben, sondern daß sie damit geradezu in einen „Himmel" gelangten.

Maria Montessori hatte die Lehrerin vergattert, die Buchstaben nur immer mit ihrem Lautwert zu benennen und nicht mit dem Namen. Auch sie selbst verhielt sich konsequent so.

Dieses der Sprachrealität angepaßte Benennen der Buchstaben gehörte sozusagen zu der „vorbereiteten Umgebung".

Abb. 3

So ist es nicht überraschend, daß die Kinder in gar nicht langer
Zeit lernten, *Wörter in Buchstaben zu zerlegen.*

Maria Montessori berichtet, wie sie einmal einen kleinen Jungen dabei beobachtete, der im Gehen vor sich hin sprach: „*Für
Sofia braucht man ein S, ein O, ein F, ein I und ein A.*" Und sie
kommentierte: „*Mit dem tiefen Interesse eines Menschen, der
eine wichtige Entdeckung gemacht hat, hatte er festgestellt,
daß jeder dieser Laute einem Buchstaben des Alphabets entsprach.*" (Montessori 1980, S. 183/184)

Und von heute aus können wir hinzufügen: Das von Maria
Montessori konstatierte „tiefe Interesse" rührte mit Gewißheit
nicht nur von dem Bedürfnis her, sich mit den Wörtern zu beschäftigen, SOFIA war mit ganz großer Sicherheit eine im Leben des Jungen ganz wichtige Person, mit der er sich so auf eine
ganz eigene Weise beschäftigen konnte.

Dieses – das Lesenlernen mit ganz wichtigen Wörtern zu beginn-
nen – ist ja ein Prinzip der Alphabetisierungskampagnen des
großen Pädagogen Paolo Freire in den Armenvierteln der süd-
amerikanischen Metropolen und auf dem flachen Lande, wo er
mit Erwachsenen arbeitete, bei denen er Erfolge erzielte, welche nicht nur in der pädagogischen Welt Aufsehen erregten.

Spontanes Schreiben

Es kam, was kommen mußte, es kam unerwartet. Maria Montessori war ziemlich perplex, als sich „in unserem 'Kinderhaus'
das größte Ereignis seiner Geschichte abspielte. Eines Tages
nämlich begann ein Kind zu schreiben. Es war darüber selber
dermaßen erstaunt, daß es laut zu rufen begann: 'Ich hab' geschrieben! Ich hab' geschrieben!' Und die anderen Kinder lie-
fen herbei, umdrängten das erste und bestaunten die Worte, die
dieses mit einem Stückchen weißer Kreide auf den Fußboden
geschrieben hatte. 'Ich auch! Ich auch!' riefen andere und lie-
fen davon. Sie suchten nach Schreibmaterial, einige drängten
sich um die Klassentafel, andere streckten sich der Länge nach
auf dem Boden aus, und so brach die geschriebene Sprache in
einer Art Explosion hervor … Sie schrieben überall, auf die Türen, auf die Mauern und sogar daheim auf die Brotlaibe. Sie
waren etwa vier Jahre alt. Dieses Aufbrechen des Schreibver-
mögens vollzog sich als unerwartetes Ereignis. Die Lehrerin
sagte mir etwa: 'Dieser Junge hat gestern um drei Uhr zu
schreiben begonnen.'" (Montessori 1980, S. 184/185)

Zur Verblüffung der Erwachsenen interessierten sich die Kinder aber nicht für Bücher, die sie, nachdem auch andere von
dieser Explosion des Schreibenkönnens gehört hatten, in die
Einrichtung brachten. Die Kinder lasen nicht. Montessori: „So

räumten wir alle Bücher wieder weg und warteten auf günstige-
re Zeiten. [...] Erst etwa sechs Monate später begannen sie zu
begreifen, was Lesen bedeutete, und auch dann nur in Verbindung mit dem Schreiben. Die Kinder mußten mit den Augen
die Bewegung meiner Hand verfolgen, wenn ich Zeichen auf
das weiße Papier schrieb, um sich die Vorstellung anzueignen,
daß ich auf diese Weise meine Gedanken ausdrückte, ganz so,
als ob ich spräche. Kaum aber war ihnen dies klar geworden, da
bemächtigten sie sich der Blätter, auf denen ich geschrieben
hatte, zogen sich damit in irgendeinen stillen Winkel zurück
und versuchten zu lesen, im Geist, ohne einen einzigen Laut
hervorzubringen. Wenn sie begriffen hatten, so sah man das an
dem Lächeln, das sich über ihre vor Anstrengung verkrampften
Gesichtchen breitete." (ebd., S. 185/186)

In dieser Geschichte erkennen wir konkret, was wir bei dem
Jungen mit seiner SOFIA unterstellt (und mit Paolo Freire un-
terfüttert) hatten: Ob Schreiben oder Lesen – es muß etwas
Wichtiges sein, damit das Kind sich damit beschäftigt. Die heiß
geliebte Lehrerin schrieb ihnen sozusagen Briefe – im übrigen
eine Methode, wie sie von einigen Lehrerinnen und Lehrern in
der Grundschule wieder verwendet wird (vgl. Sennlaub 1980).

Die vorbereitete Umgebung

Der Begriff der vorbereiteten Umgebung zieht die Summe aus
den Erfahrungen und Erkenntnissen der Maria Montessori.

In *Kinder sind anders* schreibt sie:

„Für eine erfolgreiche Erziehungsarbeit ist es ... erforderlich,
zunächst einmal Umweltbedingungen herzustellen, die das
Aufblühen der verborgenen normalen seelischen Eigenschaften begünstigen. Zu diesem Zweck genügt es, Hindernisse hin-
wegzuräumen, und dies muß denn auch der erste Schritt und
das Fundament der Erziehung sein." (Montessori 1980, S. 191/
2)

Sie untersucht dann die Bedingungen, unter denen die Kinder
in der Casa dei Bambini „so überraschend aufblühten".

Sie benennt folgende Faktoren als besonders bedeutend:

1. die „angenehme Umgebung [...] einen weißen, sauberen Raum [...] und im Hof sonnige Rasenflächen": Dabei würdigt Maria Montessori, daß die Kinder aus „elenden Behausungen" kamen.

2. den Umstand, daß – damals ein Novum in der Erziehungsgeschichte – das Mobiliar eigens auf die Bedürfnisse der Kinder zugeschnitten war: „mit neuen Tischchen, eigens für sie gezimmerten kleinen Sesseln und Stühlen".

3. eine „Umgebung, in der die Kinder keine Beschränkungen empfanden."

4. „Ein weiterer Faktor bestand in gewissen negativen Eigenschaften der Erwachsenen: die Eltern dieser Kinder konnten nicht lesen und schreiben, die Lehrerin war eine Arbeiterin ohne Ehrgeiz und Vorurteile. Man könnte diese Situation als einen Zustand von 'intellektueller Ruhe' bezeichnen." (ebd., S. 192)

5. „Bemerkenswert war schließlich die Tatsache, daß den Kindern hier ein geeignetes, anziehendes, für die Erziehung der Sinne förderliches Material zur Verfügung gestellt werden konnte, das ihnen eine Analyse und Verfeinerung ihrer Bewegungen gestattete und eine Konzentration der Aufmerksamkeit bewirkte, die niemals erzielt werden kann, wenn ein mündlicher Unterricht sich bemüht, von außen her die Energie der Kinder wachzurufen." (ebd., S. 192/3)

Und sie fügt an: „Wir fassen zusammen: Eine geeignete Umgebung, eine demütige Lehrperson und wissenschaftliches Material – das waren die drei wichtigsten äußeren Gegebenheiten." (ebd., S. 193)

Mit diesen drei Faktoren ist das beschrieben, was unter der „vorbereiteten Umgebung" zu verstehen ist.

Immer wieder hat Maria Montessori betont, daß ein ganz wichtiger Bestandteil dieser für die Entwicklung und das Aufblühen der Kinder so wichtigen „vorbereiteten Umgebung" die „demütige Lehrperson" ist.

Lob und Strafe

Es ist selbstverständlich, daß die Lehrerin die Kinder in der *Casa dei Bambini* auch durch Loben und Strafen zu lenken suchte.

„Als ich einmal die Schule betrat, sah ich einen kleinen Jungen mitten im Zimmer ganz allein und untätig auf seinem Stühlchen sitzen. Auf der Brust trug er das von der Lehrerin für Belohnungen angefertigte pompöse Goldkreuz. Von der Lehrerin erfuhr ich, daß der Junge zur Strafe dort sitze. Kurz vorher hatte die Lehrerin einen anderen Jungen belohnt und ihm die Dekoration umgehängt. Der also Ausgezeichnete aber hatte das Kreuz im Vorbeigehen dem Bestraften übergeben, so als handelte es sich um etwas Nutzloses und Hinderliches für ihn, der doch arbeiten wollte.

Der bestrafte Junge sah das Ding an seiner Brust gleichgültig an und blickte ruhig um sich, so als sei er sich der Strafe überhaupt nicht bewußt. Das ganze System der Belohnungen und Strafen war mit diesem einen Vorfall eigentlich bereits erledigt. Wir wollten jedoch noch längere Beobachtungen anstellen, und in sehr langer Erfahrung fanden wir eine so beharrliche Wiederholung derselben Reaktion, daß die Lehrerin sich schließlich geradezu schämte, Kinder belohnen oder strafen zu sollen, die gegen das eine genauso gleichgültig blieben wie gegen das andere.

Von da an gab es bei uns keine Belohnungen und keine Strafen mehr. Was uns aber bis dahin am meisten überraschte, war die Häufigkeit, mit der die Kinder Belohnungen zurückwiesen. Offenbar war in ihnen ein Bewußtsein und Gefühl der Würde erwacht, das sie vorher nicht gekannt hatten." (Montessori 1980, S. 171)

Disziplin

Die *Casa dei Bambini* war – wie wir hörten – eingerichtet worden, um eine Gruppe von Kindern aus dem Verkehr zu ziehen, welche die Renovierungsarbeiten im Viertel San Lorenzo störten. Und zunächst ging es in der Gruppe auch ganz schön drunter und drüber.

Standing schreibt von der wunderbaren Wandlung dieser Kinder in wenigen Wochen: „Die so gewandelten Kinder bewegten sich ruhig und gesittet in ihrer kleinen Welt, beschäftigten sich jedes mit seiner eigenen Aufgabe, ohne seine Gefährten zu stören [...]. Ihre körperlichen Bewegungen wurden harmonischer und sogar ihr Gesichtsausdruck entspannt und vergnügt." (Standing, S. 34)

Und Maria Montessori: „So gelöst und unbefangen sich unsere Kinder auch betrugen, so machten sie zusammen doch den Eindruck außerordentlicher Discipliniertheit. Sie arbeiteten ruhig, jedes ganz mit seiner eigenen Aufgabe beschäftigt. Leichten Schrittes gingen sie hin und her, um ihr Material auszutauschen und ihre Arbeiten in Ordnung zu bringen. Sie verließen das Klassenzimmer, warfen einen Blick in den Hof und kamen sogleich wieder. Die Wünsche der Lehrerin wurden mit erstaunlicher Schnelligkeit ausgeführt. Die Lehrerin erklärte: Die Kinder tun alles, was ich sage, so daß ich bei jedem Wort, das ich ausspreche, bereits ein Gefühl der Verantwortung habe." (Montessori 1980, S. 181)

Obwohl sie auf die Lehrerin mit „Gehorsam" reagierten, gestalteten sie „ihre Zeit und ihren Tag nach eigenem Ermessen".

Das war und ist nur möglich, weil sich die Erzieherinnen in den Montessori-Einrichtungen im Hinblick auf Wünsche und Anordnungen an die Kinder größter Zurückhaltung befleißigen und solche Wünsche und Anordnungen nur im Bewußtsein großer Verantwortung von sich geben. Dies ist auch der Grund, warum die Kinder darauf in der geschilderten Weise positiv reagieren.

Lassen wir noch einmal Maria Montessori zu Worte kommen: „Sie nahmen sich selber die Gegenstände, mit denen sie sich beschäftigen wollten, brachten das Schulzimmer in Ordnung, und wenn die Lehrerin sich verspätete oder fortging und die Kinder allein ließ, ging alles ebenso gut vor sich. Auf alle Beobachter übte gerade dies die hauptsächlichste Anziehung aus: das gleichzeitige Zusammenbestehen von Ordnung, Disziplin und Spontaneität. Woher stammte diese vollkommene Disziplin, die noch im tiefen Schweigen vibrierte, dieser Gehorsam, der im voraus erriet, was er ausführen sollte?

Die Ruhe in den Klassen, in denen die Kinder an der Arbeit waren, wirkte erstaunlich und ergreifend. *Niemand hatte sie angeordnet, ja es wäre nie möglich gewesen, sie von außen her zu erzielen.*" (Montessori 1980, S. 181, Hervorhebung im Original)

Die Lehrerpersönlichkeit

„Auch die Figur des Lehrers in unserer Methode stellte eine Neuerung dar, die viel Interesse und Diskussionen hervorgerufen hat: Wir sprechen von dem passiven Lehrer, der sich bemüht, das Hindernis beiseitezuräumen, das seine eigene Tätigkeit und Autorität darstellen könnte, und der somit bewirkt, daß das Kind von sich aus tätig werden kann. Wir meinen den Lehrer, der erst dann zufrieden ist, wenn er sieht, wie das Kind ganz aus sich heraus handelt und Fortschritte macht und der nicht selbst das Verdienst dafür in Anspruch nimmt." (Montessori 1980, S. 155)

Maria Montessori stellt an Ausbildung und Persönlichkeit der Pädagogen und Pädagoginnen die allerhöchsten Ansprüche. Es genügt ihr keineswegs, daß die Aspiranten sich mit der Methode vertraut machen.

„In allererster Linie ist für ihn eine klare innere Haltung erforderlich [...]. Er muß mit Beharrlichkeit und Methode sich selber studieren, damit es ihm gelingt, seine hartnäckigsten Mängel zu beseitigen, eben die, die seiner Beziehung zum Kinde hinderlich sind." (ebd., S. 208)

Sie bemängelt, daß Lehrer im allgemeinen zu sehr darauf aus sind, „gewisse Fehlerhaftigkeiten" des Kindes auszugleichen, „wo er doch zunächst einmal den eigenen Fehlern und üblen Neigungen nachgehen müßte." (ebd., S. 208)

Sie kennt auch die Sünde der Hoffahrt und des Perfektionismus, die im Umgang mit Kindern leicht ins Gegenteil umschlägt:

„Um Erzieher zu werden, braucht man nicht 'vollkommen' und von Schwächen frei zu sein. Einer, der unablässig nach dem

Weg zur Hebung seines inneren Lebens sucht, braucht noch lange nicht der Fehler innezuwerden, die ihm ein rechtes Verstehen des Kindes unmöglich machen." (ebd., S. 208)

Ihre Hilfe für die Lehrer besteht darin, daß „wir ihnen zeigen, welche innere Haltung ihrer Aufgabe am angemessensten ist." (ebd., S. 209)

Als „Haupt- und Todsünde, die uns beherrscht und uns den Weg zum Verständnis des Kindes versperrt," nennt sie den Zorn, in dessen Gefolge eine „weitere Sünde" auftritt, „die auf den ersten Blick edel erscheinen mag, in Wirklichkeit aber teuflisch ist: der Hochmut." (ebd., S. 209)

„Unsere üblen Neigungen können auf zweifache Weise korrigiert werden: innerlich dadurch, daß der Mensch seine Fehler klar erkennt und sie bekämpft; von außen her aber dadurch, daß die Äußerung unserer üblen Neigungen auf Widerstand stößt. [...] Die sozialen Beziehungen dienen der Aufrechterhaltung unseres inneren Gleichgewichts." (ebd., S. 209)

Und wie soll der Lehrer erreichen, daß er Stolz und Zorn zügeln kann?

Maria Montessori verweist darauf, daß die Kinder „unfähig sind, sich zu verteidigen und uns zu verstehen, und [...] alles hinnehmen, was ihnen gesagt wird. Nicht allein, daß sie Beleidigungen hinnehmen, sie fühlen sich auch in allem schuldig, was wir ihnen vorwerfen." (ebd., S. 211)

Aber genau darin sieht sie auch die Chance für den Lehrer:

„Der Lehrer sollte sich genauestens überlegen, was für Folgerungen aus dieser seelischen Lage des Kindes zu ziehen sind. Das Kind faßt eine Ungerechtigkeit nicht mit dem Verstand auf, aber es fühlt sie im Geist und wird niedergedrückt und innerlich verbogen. Reaktionen wie Schüchternheit, Lüge, Launenhaftigkeit, Weinen ohne sichtbaren Grund, Schlaflosigkeit, übertriebene Furcht stellen einen unbewußten Abwehrzustand des Kindes dar, dessen Verstand die tieferen Ursachen dafür in seinen Beziehungen zum Erwachsenen noch nicht zu durchblicken vermag." (ebd.)

Die innere Vorbereitung verlangt vom Lehrer ständige Selbstprüfung, die Bewältigung von Zorn und Stolz und den Verzicht auf jegliche Tyrannei gegenüber den Kindern.

„Dies soll andererseits natürlich nicht heißen, daß alle Handlungen des Kindes zu billigen seien, noch daß man jede Beurteilung unterlassen solle, und auch nicht, daß die Entwicklung von Verstand und Gefühl zu vernachlässigen sei. [...] Doch ist ein Akt der Demut notwendig." (ebd., S. 213)

Welches ist nun die Rolle der Lehrerin, für die sie derart vorbereitet sein soll?

Nun, sie sorgt für den äußeren Rahmen, führt neue Kinder ein, beobachtet die Kinder, schaut, wie sie weiterkommen; wenn sie glaubt, daß sie bereit sind, etwas Neues anzufangen, fragt sie sie, ob sie es ihnen vorführen kann, und gegebenenfalls zeigt sie ihnen, wie das jeweilige Material zu handhaben ist. Am Anfang allerdings, wenn sie mit einer neuen Gruppe zu tun hat, empfiehlt Maria Montessori der Erzieherin, daß sie sich mit den Kindern „wie eine gewöhnliche Lehrerin" beschäftigen soll, z. B. Geschichten erzählen, Spiele spielen, gemeinsam singen etc., um die „Aufmerksamkeit der kleinen Wesen" auf sich zu konzentrieren, damit die Erzieherin durch ihre Persönlichkeit auf sie wirken kann. „Später wird sie dergleichen nicht mehr tun, denn je mehr einzelne Kinder von innen heraus eine 'Berührung' mit dem Material finden, um so mehr werden sie sich von der Lehrerin ab- und dem Material zuwenden." (nach Standing, S. 39)

Der größte Unterschied zwischen einer „normalen" und einer Montessori-Erzieherin besteht wohl darin, daß die Montessori-Erzieherin weiß, daß die Kinder selber lernen – und es gar nicht anders geht.

Standing: „Jeder erfahrene Montessori-Lehrer weiß, wie oft er staunend festgestellt hat, was alles die Kinder unabhängig von ihm, ja ohne sein Wissen gelernt haben. In der natürlichen Atmosphäre der Montessori-Schule lernt immer eins vom andern, und Kinder, die das Material wirklich verstanden haben, sind oft bessere Lehrer als Erwachsene." (ebd., S. 140)

Das Kinderhaus in San Lorenzo blühte und wurde berühmt. Viele Anekdoten, die hier keinen Platz finden, erzählen davon, wie selbständig und verantwortlich die Kinder sich verhielten, wenn z. B. fremde Besucher kamen.

Die Zeitungen berichteten so umfangreich, daß Maria Montessori mit der Wohnungsbaugesellschaft Ärger bekam, die ihr die Räume zur Verfügung gestellt hatte. Fast achtzigjährig soll sie über das Ende ihrer Zeit in San Lorenzo einer Zeitung gesagt haben, daß man sie nach zwei Jahren Arbeit in der Schule nicht mehr in das Gebäude hineingelassen habe, weil ihre Arbeit „eine derartige Zeitungssensation verursachte, daß die Geschäftsleute, die den Bau bezahlt hatten, behaupteten, sie benütze des Projekt als persönlichen Werbefeldzug" (Kramer 1995, S. 178).

Zu dieser Zeit (1908) waren in Rom, Mailand und anderen Orten schon weitere Kinderhäuser entstanden. Montessori hatte begeisterte Anhängerinnen um sich gesammelt und Sponsoren gefunden, so daß sie im Sommer 1909 in Città de Castello ihren ersten Ausbildungskurs für etwa hundert Personen abhalten konnte. In diesem Jahr erschien auch die erste Veröffentlichung über ihre Arbeit in der amerikanischen pädgagogischen Fachzeitschrift *The Kindergarten Primary Magazine*. In den nächsten Jahren folgten zahlreiche Beiträge, Artikel und Buchbesprechungen in dieser und anderen pädagogischen Fachzeitschriften wie auch in Zeitungen und Publikumszeitschriften.

1910 beschloß Maria Montessori, sich nur noch der Propagierung ihrer Ideen, der Ausbildung und der Organisation zu widmen.

1913 im Frühjahr holte sie ihren Sohn Mario von der Pflegefamilie ab, bei der er bis dahin gelebt hatte, und behielt ihn hinfort bei sich, auch, als sie in diesem Jahr in die Neue Welt reiste, was für sie zu einem triumphalen Erfolg wurde und zum Auftakt eines unruhigen Organisations-, Vortrags-, Reise- und Kongreßlebens, für das sie 1936 ein Zentrum in Amsterdam fand, wo sie die Association Montessori International (AMI) gegründet hatte, die noch heute die zentrale Organisation der Montessori-Bewegung ist. In Nordwijk aan Zee ist sie eine Stunde, nachdem sie mit ihrem Sohn Mario erörtert hatte, ob sie, die in einigen Monaten ihr 82. Lebensjahr vollenden würde, sich noch eine Vortragsreise nach Afrika zumuten sollte, am 6. Mai 1952 gestorben.

Literatur

Heiland, Helmut: Maria Montessori mit Selbstzeugnissen und Bilddokumenten. Reinbek 1991.

Kramer, Rita: Maria Montessori. Frankfurt/M. 1995.

Montessori, Maria: Die Entdeckung des Kindes, hrsg. u. eingel. v. Paul Oswald und Günter Schulz-Benesch. Freiburg 13. Aufl. 1997.

Montessori, Maria: Kinder lernen schöpferisch. Die Grundgedanken für den Erziehungsalltag mit Kleinkindern, hrsg. u. erklärt v. Ingeborg Bekker-Textor. Freiburg 5. Aufl. 1996.

Montessori, Maria: Kinder sind anders. Il Segreto dell' Infanzia. Frankfurt/M. – Berlin – Wien 1980.

Piaget, Jean: Gesammelte Werke, Band 1–10, Studienausgabe. Stuttgart 1975.

Sennlaub, Gerhard: Spaß beim Schreiben oder Aufsatzerziehung? Stuttgart, Berlin, Köln, Mainz 1980.

Standing, E. M.: Maria Montessori. Leben und Werk, hrsg. v. Paul Scheid. Oberursel o. J.

Quellentext

Maria Montessori: Grundlagen meiner Pädagogik (1934). In: Maria Montessori: Grundlagen meiner Pädagogik. Heidelberg, Wiesbaden ⁷1988, S. 5–26.

Grundlagen meiner Pädagogik

Von Maria Montessori

In allen Ländern wird daran gearbeitet, die Erziehung zu verbessern. Eine Reihe psychologischer Wissenschaften mit den verschiedensten Namen ist entstanden mit dem Zweck, das Kind zu studieren. Die meisten dieser Studien gehen von einer als normal erkannten, bestimmten Wesensart des Kindes aus, und alle Voraussetzungen und alle Folgerungen bleiben Theorie. Wo Erkenntnis zu einem Resultat geführt hat, da fehlte der Weg, diese Erkenntnis dem kindlichen Leben nutzbar zu machen. Doch in den meisten Fällen glaubt man auch heute noch trotz aller Forschung, daß der Erwachsene den Charakter eines Kindes formen kann, und daß es nicht nur die Aufgabe, sondern die Pflicht des Erziehers ist, diese Formung vorzunehmen. Dem Kind und seiner schöpferischen Kraft überläßt man den kleinsten Teil an dieser Bildungsarbeit. Von vielen Pädagogen und den meisten Eltern wird die Kindheit als ein Durchgangsstadium zum Erwachsensein betrachtet, und in diesem Sinne werden alle Bedürfnisse des kindlichen Lebens vom Erwachsenen bestimmt. Der Charakter muß gefestigt werden, bestimmte moralische Eigenschaften müssen anerzogen, andere unmoralische müssen unterdrückt werden. Der Geist muß gebildet werden, und ein bestimmtes Kulturgut muß beigebracht werden. Man verlangt vom Kind in der gleichen Weise zu arbeiten, wie der Erwachsene arbeitet: zielbewußt und mit geringstem Kraftaufwand. In bestimmten Abschnitten muß ein bestimmtes Pensum erreicht werden. Die Ordnung im Kind wird von außen diktiert, und Gehorsam und Disziplin sind die Folgen der Autorität des Erwachsenen. Wie es um die innere Ordnung eines Kindes bestellt ist, interessiert immer erst dann, wenn ein Kind krank, übernervös oder über das Normalmaß hinaus ungezogen ist.

Die Pädagogik verlangt, ebenso wie die Medizin, daß die Erziehung am ersten Tage des Lebens beginne. Die Medizin fordert Rücksicht vom Erwachsenen auf die Entwicklung des Kindes, Rücksicht auch schon vor der Geburt des Kindes, die also nur vom Erwachsenen allein genommen werden kann. Die Medizin gibt Richtlinien und Hilfen, die wir in den Gesetzen der Hygiene und Kinderpflege kennen und die sich allein an den Erwachsenen richten. Die Pädagogik dagegen gibt nur ein Prinzip, gleichsam einen Rat, wie der Erwachsene seine eigene Arbeit, seine Erziehungsarbeit am leichtesten durchführen kann. Sie gibt Hilfen für den Erwachsenen, aber nicht für das Kind. Man gibt den Rat, mit der Erziehung im frühesten Alter einzusetzen, solange das Kind noch wie weiches Wachs ist. Es sei leichter, das kleine Kind aus weichem Wachs zu formen als das ältere, das nicht mehr so nachgiebig sei. Und so wird vom ersten Tag an das Kind erzogen, und Fehler und Ungehorsam werden verboten und bestraft. Der Erwachsene hat also den Nutzen der pädagogischen Lehre, nicht das Kind.

Wenn ein Problem trotz aller aufgewandten Kraft und aller zur Verfügung stehenden Mittel schwer zu lösen bleibt, so liegt dies oft daran, daß man nicht jeden einzelnen Faktor, der für die Lösung von Bedeutung sein könnte, genügend betrachtet hat. Ist der übersehene Faktor erst einmal entdeckt, so ist das Problem von überraschender Einfachheit. Gerade die naheliegendsten Faktoren läßt man meist unbeachtet.

Immer hat man sich an die Persönlichkeit des Kindes nur in dem einen pädagogischen Sinn gewendet, der das Kind zum *Objekt* der Erziehung und des Unterrichts macht. In dieser pädagogischen Tendenz hat man eine bestimmte Beziehung zwischen dem Kind und dem Erwachsenen festgelegt. Die Natur der Beziehungen zwischen dem Kind und dem Erwachsenen hat man aber nicht hinreichend untersucht, geschweige denn geklärt.

Forscht man ihr nach, so taucht ein *soziales Problem* auf, das niemals beachtet worden ist: der übersehene Faktor ist gefunden. Das Kind und der Erwachsene leben in einer Vereinigung, die Kampf auslöst. Es sind zwei vollkommen verschiedene Wesen.

Der Erwachsene ist ein willensstarker, herrschender Mensch im Gegensatz zu dem kleinen, unwissenden Kinde, das hilflos seiner Obhut anvertraut ist. Der Erwachsene hat sich mit seiner produktiv nach außen gerichteten Arbeit eine Umgebung geschaffen, die seinen Bedürfnissen entspricht. In dieser Welt lebt das Kind wie ein außersoziales Wesen, das nichts zu dieser Gesellschaft beitragen kann, da das Ziel *seines* Lebens und *seiner* Arbeit in seinem Inneren und nicht in der Außenwelt ruht.

Das Kind ist ein Fremder in der sozialen Ordnung der Erwachsenen und könnte sagen, mein Reich ist nicht von dieser Welt.

Die Pädagogik hat also Forderungen aufzustellen, die sich an den Erwachsenen richten und nicht an das Kind.

Aus dieser Erkenntnis der Beziehung zwischen dem Kind und dem Erwachsenen haben wir mehr gefunden als eine abstrakte Psychologie: wir haben das neue Kind gefunden, das sich uns durch wunderbare Äußerungen offenbart hat. Wir sehen klar, daß die Kindheit ein Stadium der Menschheit ist, das sich vollkommen von dem des Erwachsenseins unterscheidet. Wir haben die zwei verschiedenen Formen des Menschen erkannt. Das Kind trägt nicht die verkleinerten Merkmale des Erwachsenen in sich, sondern in ihm wächst sein eigenes Leben, das seinen Sinn in sich selber hat. Wer ist es, der diese zweite Schöpfung, das Werden des Erwachsenen vollbringt? Wachsen die Eltern für das Kind? Formt der Erzieher den Charakter? Bildet der Lehrer den Geist? Das Reifen des Menschen im Kinde ist eine andere Art Schwangerschaft, die länger währt als die Schwangerschaft im Mutterleib, und das Kind allein ist der Bildner seiner Persönlichkeit. Schöpferischer Wille drängt es zur Entwicklung. Noch ist im kleinsten Kind die Zeichnung des Charakters nicht sichtbar, aber in ihm ruht, wie in der Zelle, die ganze Persönlichkeit.

Der Erwachsene hat nicht nach der überlegenen Art eines mächtigen Erziehers zu trachten, sondern er muß die Beziehungen zwischen sich und dem Kind harmonisch gestalten und dem Kind gegenüber eine verständnisvolle Einstellung erwerben. Dann wird es ihm eine Selbstverständlichkeit werden, dem Kind eine Umgebung zu schaffen, die seiner Aktivität angepaßt ist, damit es – Herr in dieser Umgebung – sich frei entwickeln kann. Es ist notwendig, daß der *Erwachsene* die beiden verschiedenen Lebensrhythmen ordnet und miteinander ausgleicht, daß er die Grenzen begreift, innerhalb deren er pädagogisch handeln darf. Es ist notwendig, daß er sich dem Kind gegenüber beherrschen lernt. Wir predigen Bescheidenheit und Geduld als fundamentale Vorbereitung des Lehrers und Bescheidenheit und Geduld allen Müttern und Vätern und allen denen, die mit dem Kind in Berührung kommen. Diese Bescheidenheit wird das Kind nicht verweichlichen oder verwöhnen, sondern ihm das größte Hindernis für die gesunde Bildung seiner Persönlichkeit aus dem Wege räumen.

Auch wir gebrauchen den Vergleich mit dem Wachs, doch in ganz anderer Art. Es ist wahr, daß das Kind in seiner frühen Lebensepoche gleich weichem Wachs ist, aber dieses Wachs kann nur von der sich entfaltenden Persönlichkeit selber geformt werden. Die einzige Pflicht des Erwachsenen ist es, diese Formung des Wachses vor Störung zu bewahren, damit die feinen Zeichnungen, die das erwachende psychische Leben des Kindes dem Wachs einritzt, nicht ausgelöscht werden. Das kleine Kind formt die Sprache, bevor es ihrer fähig ist; es formt die Bewegung, bevor es die gewollte Bewegung kennt. Wenn der Erwachsene diese zarten Formungen auslöscht, so ist das so, wie wenn die Meereswelle, da sie auf den Sand schlägt, alles verwischt; und der hier etwas aufbauen wollte, müßte von Mal zu Mal neu anfangen und würde dabei ermüden.

Wir verstehen unter Erziehung, der psychischen Entwicklung des Kindes von Geburt an zu helfen. Wir wollen dieses Kind schützen und pflegen, das immer wachsen muß, jeden Tag und jede Stunde, und dessen Arbeit die größte Schöpferarbeit der Menschheit ist. So wie sein Körper in Intervallen wächst und sich entwickelt, so wächst auch seine Persönlichkeit in Perioden bestimmter Sensibilität. Die ganze Entwicklungsarbeit, die das Kind leistet, wird von Gesetzen bestimmt, die wir nicht kennen, und folgt dem Rhythmus einer Aktivität, die uns fremd ist. Wir versuchen nicht, diese geheimnisvollen Kräfte zu ergründen, sondern wir achten sie als Geheimnis im Kind, das nur ihm allein gehört. Die Hilfe, die wir zu geben vermögen, liegt in der äußeren Welt. Dies erfordert vom Erwachsenen eine weise Zurückhaltung, denn eine Eigenart der Beziehungen zwischen dem Kind und dem Erwachsenen – die ihm schrankenlose Macht gibt – liegt darin, daß das Kind immer in Beziehung zum Erwachsenen steht, aber niemals umgekehrt. Wir können unser Leben auch ohne das Kind führen, aber das Kind braucht den Erwachsenen zum Leben. Die *Lösung* dieser Beziehung ist Notwendigkeit für die Entwicklung des Menschen. Die Existenz eines Wesens verwirklicht sich nur durch die Loslösung.

Das ganze unbewußte Streben des Kindes geht dahin, sich durch die Loslösung vom Erwachsenen und durch Selbständigkeit zur freien Persönlichkeit zu entwickeln. Unsere Erziehung trägt diesem Streben des Kindes in allem Rechnung; und unser Bemühen ist es, dem Kind zu helfen, selbständig zu werden. Wieviel Kraft gehört dazu, bis das kleine Kind sich vom Mutterschoße gelöst hat, bis es alleine gehen kann und nicht mehr getragen zu werden braucht; bis es sprechen kann, um das zu sagen, was es nötig hat; bis es all die Handlungen seines kleinen Lebens allein und richtig ausführen kann und nicht mehr der erdrückenden Hilfe des Erwachsenen bedarf. Wir sehen klar die Abschnitte der Befreiung des Kindes vom Erwachsenen: die Zähne geben ihm die Möglichkeit, sich unabhängig von der Mutter ernähren zu können, das Laufen bedeutet ohne Hilfe des Erwachsenen sich fortbewegen zu können, und das Sprechen ist der Anfang, sich mitteilen zu können und nicht mehr von der Auslegung seiner Wünsche durch den Erwachsenen abhängig zu sein.

Dieser schöpferischen Arbeit des kleinsten Kindes trägt der Erwachsene nicht Rechnung. Er glaubt im allgemeinen, daß ein neugeborenes Kind für das Leben gerettet ist, wenn man die allerprimitivsten Forderungen der Hygiene erfüllt. Das Weinen, das als Ausdruck des Schmerzes den Menschen durch sein ganzes Leben begleitet, wird mit Befriedigung als eine Atemübung festgestellt. Wieviel Wünsche hat dieses kleine Wesen, die es noch nicht ausdrücken kann, und die nie verstanden werden, und wieviel Leid durch ihre Nichterfüllung!

Die Menschen, die den Säugling in der ersten Zeit seines Lebens behüten und pflegen, müßten in einer ganz anderen Weise vorgebildet sein, als es jemals heute geschieht. Wie zart müßte dieses kleine Wesen angefaßt werden und mit welcher Ruhe müßte es umgeben und mit welcher Aufmerksamkeit beobachtet werden, um alle seine Bedürfnisse, die von so ungeheurer Wichtigkeit für das ganze Leben sind, befriedigen zu können. Statt dessen richtet sich auch in dem liebevollsten Elternhaus und bei der besten Pflegerin das Interesse auf die Dinge, die das Kind umgeben, und die es gefährden könnten und nicht auf die Notwendigkeiten der kleinen sich entfaltenden Seele. Man schützt die Gegenstände vor den kleinen noch ungeschickten Händen; man fängt mit Tadel und Verboten an zu erziehen und merkt nicht, wieviel Wunden man damit schlägt, statt eine Umgebung zu schaffen, die der Aktivität des Kindes Rechnung trägt. Die Handlungen des Erwachsenen in seiner Beziehung zum Kind sind nicht darauf gerichtet, dem Kind zu helfen, sondern seine Aktivität zu unterdrücken.

Das kleine Kind, das langsam anfängt, sich in der *Außenwelt* umzusehen, beginnt die wichtige Epoche des *Beobachtens*. Es sammelt Bilder um Bilder und prägt sie seinem Gedächtnis ein. Der Erwachsene kann nichts Unmittelbares dazu tun, dieser Arbeit zu helfen; aber er muß sich immer dessen bewußt sein, daß er sie nicht stören darf.

Erwachsene, die kleine Kinder auf den Arm nehmen, ohne den Ausdruck des kleinen Gesichtes zu verstehen, oder die ein Kind schaukeln oder mit ihm spielen, ohne zu wissen, was das Kind eigentlich möchte, stören es vielleicht bei einer wichtigen Arbeit. Ein kleines Kind muß aufmerksam und lange alles Neue betrachten, sei es das Gesicht eines neuen Menschen oder sei es ein Gegenstand. Wie oft hat ein kleines Kind bei einer solchen Störung schon geweint, und niemand hat die Tränen verstanden.

Wir lassen unsere kleinen Kinder ihre Beobachtungen machen; wir stören sie nicht in dem Sammeln dieser Bilder, die für sie die erste Kenntnis der Welt bedeuten.

Um die Außenwelt kennenzulernen und sich in ihr zurechtzufinden, bedarf das Kind einer *Ordnung*, die einen Teil seines Lebens ausmacht, und die es verteidigt, wo es nur kann. Es liebt die Dinge seiner Umgebung immer auf dem gleichen Platz zu sehen und ist selbst bemüht, diese Ordnung, wenn sie einmal gestört ist, wieder herzustellen.

Doch wie selten wird dieses Bedürfnis des Kindes erkannt. Wie selten wird ihm hier geholfen, und wie oft ist der Erfolg einer Störung Verzweiflung des Kindes und bitterliches Weinen! In den meisten Fällen glaubt nun der Erwachsene den ersten Fehler entdeckt zu haben und beeilt sich, ihn zu verbessern. Wir dagegen erkennen in einer solchen Verzweiflung des kleinen Kindes die Ohnmacht, sich verständlich zu machen und seine Enttäuschung zu äußern. In der Familie muß es einen Platz geben, der nur dem Kind gehört, an dem die Dinge immer an derselben Stelle stehen. Es handelt sich hier nicht um den Sinn materiellen Besitzes, wie der Erwachsene ihn auffaßt, sondern um einen geistigen Besitz des Kindes.

Besonders auffallend ist beim kleinen Kind das *Gedächtnis der Bewegung*. Wie oft, wenn der Erwachsene dem Kind etwas sagt, versteht es die Worte nicht, aber es behält die Bewegung, und dadurch merkt es sich, was man will. Wie oft verbindet ein Kind mit einem Wort eine bestimmte Bewegung, die vom Erwachsenen ausgeführt wurde, als es das erstemal dieses Wort hörte; und wie unverständlich ist es dem Erwachsenen, wenn das kleine Kind später bei diesem Wort Bewegungen ausführt, die gar nicht mehr dazu passen. Statt daß man ihm hilft und dieses starke Gedächtnis der Bewegung dem Kind als Führer gibt, lächelt man über die unverständlichen Merkwürdigkeiten und verwirrt dieses aufmerksame kleine Wesen, das so voller Ernst das Richtige tun wollte und so stolz auf seine kleinen Kenntnisse war.

Es ist so einfach, einem kleinen Kind die Handlungen des täglichen Lebens in langsamen, ruhigen Bewegungen vorzumachen, und der Erfolg wird sein, daß das Kind im frühesten Alter allein ißt, sich allein wäscht, sich allein anzieht und ein glücklicher und zufriedener Mensch wird.

Von gleich großer Bedeutung für die Entwicklung des Kindes ist seine *eigene spontane Bewegung.* Das Kind muß sich immer bewegen, kann nur aufpassen oder denken, wenn es sich bewegt. Es hat uns selbst dieses Bedürfnis offenbart, und zwar nur dadurch, daß wir ihm die Freiheit zur Äußerung ließen.

Es genügt für die Entwicklung des Kindes nicht, zu beobachten oder zu hören, sondern es muß sich dabei bewegen können. Es führt oft eine bestimmte Bewegung viele Male hintereinander aus. Dies ist eine notwendige Übung, um die Ordnung der Bewegungen und die Haltung des Körpers zu erlangen.

Wir sind daher bemüht, den Bedürfnissen des Kindes in dieser Beziehung Rechnung zu tragen. Wir setzen es nicht in enge Stühlchen und Gitterställe, sondern geben ihm die Möglichkeit, seine kleinen Glieder wieder und wieder zu üben.

Die Exaktheit und Beherrschung der Bewegung wird aufgebaut vom motorischen Apparat des Körpers, und dieser ist eng mit der Psyche verbunden. Um diesen Aufbau, der psychische und physische Bedürfnisse befriedigt, zu ermöglichen, muß die Umgebung des Kindes einfach sein, mit den Maßen des kindlichen Körpers übereinstimmen und dadurch in allem seiner Aktivität angepaßt sein. Wenn eine Umgebung für das Kind ungeeignet ist, so geht die Aktivität des Kindes zwar nicht verloren, aber sie wird in falsche Bahnen geleitet. Es wird keiner Mutter gelingen, die Bewegungen, die das Kind auszuführen vorhat, zu unterbinden. Das Verbot ist für das Kind unverständlich, denn der Erwachsene hatte den Sinn seiner Bewegung nicht erkannt. Die Bewegung war notwendige Äußerung einer inneren Tätigkeit.

Ebenso unverständlich ist dem Erwachsenen, daß ein kleines Kind bei voller Handlungsfreiheit die kleinen Handlungen seines Lebens oft viele Male *wiederholt.* Es scheinen Handlungen ohne Zweck zu sein, denn der Erwachsene sieht nicht den Zweck, wenn ein Kind sich zwanzigmal hintereinander die Hände wäscht oder immer wieder einen sauberen Tisch scheuert.

Diese Erscheinung der Wiederholung bei der Beschäftigung findet sich bei jedem normalen Kind, das unter richtigen Bedingungen lebt.

Es wiederholt die Übungen wieder und wieder, und plötzlich hört es auf ohne äußeren Anlaß. Wahrscheinlich hört es auf, weil eine innere Befriedigung erreicht worden ist. Die äußere Aktivität hatte ein inneres uns unerkennbares Motiv. Das kleine Kind, das mit einem Zweck sein Tun beginnt, vergißt diesen Zweck sehr bald über einer neu erwachenden spontanen Aktivität, die durch die Freude an der Bewegung geweckt wird. So scheuert es den Tisch zehnmal, trotzdem er schon sauber ist. Das Kind schließt die Tätigkeit ab, wenn die Aktivität befriedigt ist. Erst allmählich, wenn die verschiedenen Bewegungen dieser Beschäftigungen beherrscht werden, das Bedürfnis, sie auszuüben, nachläßt, erst dann rückt der Zweck, der bis dahin nur Antrieb zum Tun war, in den Vordergrund, und das elementare Schaffen wird langsam zum rationellen Schaffen, nähert sich mehr und mehr dem Zwecktum des Erwachsenen.

Wir sehen daran, daß die Arbeitsweise des kleinen Kindes vollkommen verschieden ist von der Arbeitsweise des Erwachsenen. Das Kind arbeitet nicht zielbewußt und schnell. Für das Kind sind die Dinge in der Außenwelt niemals ein erreichtes Ziel, sondern alles ist ihm nur Mittel zur Bildung seiner Persönlichkeit. Alle Kräfte des kindlichen Lebens gehen den Weg, der zur inneren Vollendung führt. Wie kann man also ein Kind, das so ruhig und glücklich seine kleinen Übungen wieder und wieder macht, stören und ihm Einhalt gebieten und ihm mit Worten etwas erklären wollen, das es gar nicht versteht? Es ist nicht unsere Aufgabe, dem Kind schnelles und zielbewußtes Arbeiten beizubringen. Schon ein solcher Versuch wäre verlorene Liebesmühe. Ein Kind, das sich in der richtigen Umgebung ungestört entwickelt, kommt ganz von selbst zu seiner Zeit dazu, zielbewußt zu arbeiten.

Dieser Impuls, den man nicht aufhalten, sondern höchstens auf einen falschen Weg bringen kann, ist für unsere Haltung dem Kind gegenüber von fundamentaler Wichtigkeit. Wir müssen die spontanen Handlungen des Kindes nicht belächeln, weil sie keinen Sinn für uns haben, sondern wir müssen sie als wichtige Äußerungen seines Wachstums betrachten. Alle Dinge der Umgebung, die wir dem Kind bereiten, sind so angeordnet, daß sie dem Kind das äußere Ziel anregend darbieten. Das Kind wird dazu aufgefordert, die Handlung aus Interesse zu beginnen, und der Anfangshandlung folgt dann die Wiederholung.

Das kleine Kind hat das intensive Bedürfnis nach *tätigen Sinneseindrücken*. Wir bieten dem Kind Gegenstände dar, die ihm die

Möglichkeit geben, viel klarer und viel leichter zu einer Befriedigung dieses Bedürfnisses zu kommen. Wir wissen, daß das Kind mit allen seinen Sinnesorganen die Umgebung erforscht und die Bilder mit Auswahl in sich aufnimmt und ordnet. Da wir aber auch wissen, daß die zu komplizierte Umgebung, die viele und ungeordnete Reize bringt, dem Kind die geistige Arbeit erschwert, kommen wir ihm zu Hilfe, indem wir ihm Bilder darbieten, die geordnet sind und ihm bei der Ordnung helfen. Wir lehren das Kind, indem wir ihm einen Führer geben, der mit seinen instinktiven Bedürfnissen übereinstimmt, und der ihm ein Gefühl der Freude gibt, weil er ihm zu befriedigender Arbeit verhilft. Wir bieten dem Kind mit dem *Material* geordnete Reize an und lehren also nicht direkt, wie man es sonst mit kleinen Kindern zu tun pflegt, sondern vielmehr durch eine Ordnung, die im Material liegt und die das Kind sich selbständig erarbeiten kann. Wir müssen alles in der Umgebung, also auch alle Gegenstände so weit für das Kind vorbereiten, daß es jede Tätigkeit selbst ausführen kann.

Wir werden oft damit angegriffen, daß Pädagogen und Psychologen behaupten, unser Material sei darum nutzlos für ein Kind, weil es naturentgegengesetzt sei. Dem Kind müsse alles so natürlich angeboten werden, wie es sich in der Umwelt finde, und wenn man eine Farbe gäbe, so dürfe man die Aufmerksamkeit nicht auf die Farbe selber lenken, weil es ja immer ein Gegenstand sei, dem diese Farbe eigen sei. Farbe und Gegenstand gehörten zusammen, und das Kind müsse die Farbe als eine der vielen Eigenschaften dieses einen Gegenstandes betrachten. Unser Material soll kein Ersatz für die Welt sein, soll nicht allein die Kenntnis der Welt vermitteln, sondern soll Helfer und Führer sein für die innere Arbeit des Kindes. Wir isolieren das Kind nicht von der Welt, sondern wir geben ihm ein Rüstzeug, die ganze Welt und ihre Kultur zu erobern. Es ist wie ein Schlüssel zur Welt und ist nicht mit der Welt selbst zu verwechseln.

Fast immer wird dem kleinen Kind und noch vielmehr dem älteren Kind seine Beschäftigung *vorgeschrieben*. Wir lassen in all diesen Dingen dem Kind ganz *freie Wahl,* denn wir haben erkannt, daß auch in der Wahl der Beschäftigung das Kind von starken inneren Motiven geleitet wird. Das Kind, das seine Beschäftigung alleine wählt, kann damit ein inneres Bedürfnis äußern und befriedigen. Allein das Kind weiß, was seiner Entwicklung nottut, und eine aufgedrängte Beschäftigung stört seine Entwicklung und sein Gleichgewicht.

Die Art der Beschäftigung mit unserem Material ist sehr verschieden von den üblichen Handfertigkeiten, die man die kleinen Kinder im allgemeinen ausführen läßt. Bei Plastilin-Arbeiten z.B. wird ein Gegenstand konstruiert. Ein bestimmtes Ziel ruft die kindliche Aktivität wach; und ist das Ziel erreicht, so ist die Arbeit zu Ende, und die Aktivität muß erlöschen. Ein solches Ziel gibt unser Material nicht. Das Kind arbeitet mit ihm und wiederholt die Übungen oft unzählige Male, und allein die Befriedigung des inneren Bedürfnisses setzt der Tätigkeit ein Ende. Sind die Gegenstände wieder an ihren Platz geräumt, so ist keine äußerlich sichtbare Veränderung vor sich gegangen, sondern die gewohnte Ordnung ist wieder hergestellt. Die Ordnung dieser Umgebung des Kindes gibt ihm eine Basis zu seinem inneren Aufbau. Ordnet das Kind die Umgebung, so ist diese nach außen gerichtete Aktivität ein Zeichen für die beginnende innere Ordnung. Die innere Ordnung äußert sich in dem Bedürfnis, die äußere Ordnung zu erhalten. Hierzu bedarf es exakter Bewegungen, die die ganze Aufmerksamkeit des Kindes beanspruchen. Um diesem Bedürfnis Rechnung zu tragen, sind alle Dinge der Umgebung, nicht nur Tisch und Stuhl und Hausgerät, sondern auch die Größenmaße der Räume, der Türen und Fenster der kindlichen Größe angepaßt. Auch ohne unsere Umgebung kann das Kind sich die Kenntnisse der Welt erwerben; aber die Umgebung hilft dem Kind zu der tiefen *Konzentration* zu kommen, die lebensnotwendig für die Entwicklung des Menschen ist.

Die innere Konzentration ist ein Phänomen, das man bei allen unseren Kindern erlebt, das von größter Wichtigkeit für das innere Wachstum ist und das bis jetzt noch niemals als notwendiger Faktor in die Pädagogik einbezogen wurde. Im Gegenteil sogar wird die Konzentration des Kindes überall gestört.

Ein Kind, das konzentriert arbeitet, versinkt gleichsam und entfernt sich von der äußeren Welt. Nichts kann seine Arbeit stören, und hört die Konzentration auf, so geschieht es durch einen inneren Vorgang. Dann scheint das Kind nicht ermüdet, sondern ausgeruht und freudig. Beim kleinen Kind zeigt sich die Konzentration immer nur in Verbindung mit einem äußeren Gegenstand. Sie kann sich noch nicht von der Umgebung lösen.

Dieses grundlegende psychologische Phänomen betrachten wir als einen wichtigen Stützpunkt, auf dem sich die kindliche Arbeit aufbaut.

Die *Arbeit* ist eine Aktivität, die weder mit der Belehrung noch mit dem Wunsch des Erwachsenen zusammenhängt. Die Arbeit *eint das kindliche Wesen mit der Umgebung*. Aber diese Arbeit zeigt sich nur bei den Kindern, die in einer Umgebung leben, die ihnen *angepaßt* ist. Die *erzwungene* Arbeit schadet dem Kind, weil durch sie der erste Arbeitswiderwille entsteht. In der gewöhnlichen Schule finden wir Kinder, die durch Lernen und Studieren ermüden, und darum versuchen sie, so wenig wie möglich zu arbeiten. Der Lehrer muß durch Strafe und Lob und durch die Regeln einer äußeren Disziplin die Arbeitsleistung aufrecht erhalten. Unsere Kinder arbeiten freiwillig voll Freude und voll tiefem Interesse. Sie werden nicht müde von der Arbeit, sondern glücklich. Wir überlassen es der Umgebung, das Kind in seiner Arbeit zu leiten; und alle Dinge, die diese Umgebung ausmachen, haben eine gemeinsame Eigenschaft: die *Fehlerkontrolle.* Da das Kind nicht nur den Impuls hat zu handeln, sondern auch sich zu vervollkommnen, vertrauen wir ihm, geleitet durch die Fehlerkontrolle seiner Umgebung, die folgerichtige Vervollkommnung seiner Handlungen an. Das Kind wird zum Entdecker der Welt und hat den Wunsch, immer tiefer einzudringen und seine Entdeckungen zu verwerten. Und was ist die Geschichte der Kultur anderes als die Geschichte der Entdeckungen. Das Gut dieser Kultur dem Kind durch das Wort zu übermitteln, ist bedeutungslos; wesentlich, daß es dieses Kulturgut *erlebt.* Es muß alles in eine Beziehung zu dem inneren Bedürfnis des Kindes gebracht werden in der Art, daß es dem kindlichen Geist erreichbar ist, daß das Kind durch eigene Arbeit eindringen und sich begeistern kann. Das Interesse des Kindes hängt allein von der Möglichkeit ab, eigene Entdeckungen zu machen. Dazu geben wir dann ein *intellektuelles* Material, das die Darstellung der abstrakten Geistesarbeit des Menschen ist. Mit ihm kann das Kind gemäß seiner Natur arbeiten, es kann seinen Forschungstrieb befriedigen und Kenntnisse erwerben. Mit dem Material geben wir dem Kind die Arbeitsmöglichkeit für seine Intelligenz. Das Material ist gleichsam nur ein *Anfang;* die manuelle Arbeit mit ihm ordnet die Kenntnisse des Kindes, gibt Klarheit der Kenntnisse und führt zu selbständiger, geistiger Tätigkeit. Das Material ermöglicht dem Kind eine geordnete geistige Entwicklung und schafft geistige Disziplin. Das Leben der Kinder in Kinderhaus und Schule führt das innere Wachstum Schritt für Schritt seiner Bestimmung entgegen.

Gedanke und Handlung müssen zu einer Einheit werden. Die Entfaltung der Persönlichkeit muß in voller Harmonie geschehen. Der Mensch muß sich seinem eigenen Rhythmus gemäß formen, disziplinieren und bilden können. Unser Ziel ist die Gesundheit der Psyche; und mit dieser Gesundheit entstehen in jedem normalen Kind soziale Haltung, freiwillige Disziplin, Gehorsam und Willensstärke.

Da das Kind in den meisten Schulen passiv lernt, glaubt man in der
körperlichen Bewegung ein Ausruhen von geistiger Tätigkeit schaffen zu müssen, und die körperliche Tätigkeit löst die geistige ab. Warum muß eine Ermüdung von der anderen abgelöst werden? In fast allen Schulen der heutigen Zeit, in der die Kinder beim Unterricht passiv sind, müssen Geist und Bewegung getrennt handeln. Diese Trennung führt zur Spaltung der kindlichen Persönlichkeit. Der Sinn, den
wir in die Bewegung legen, ist ein viel tieferer, der nicht nur die motorischen Funktionen unseres Körpers betrifft, sondern der den ganzen
Menschen in seinen korrespondierenden Ausdrucksmöglichkeiten
erfaßt.

Zwei Forderungen scheinen uns also für die Erziehung des Kindes
die wichtigsten zu sein. Die *erste* Forderung betrifft das soziale Leben
von Erwachsenem und Kind und verlangt das Schaffen neuer Beziehungen, verlangt eine Haltungsänderung des Erwachsenen dem
Kind gegenüber. Sie ist nicht zu erreichen durch das Studium psychologischer oder pädagogischer Wissenschaft, sondern allein durch innere Einkehr. Die Lösung der Frage gipfelt nicht darin, das dem kindlichen Leben notwendige Milieu zu schaffen, sondern es tritt die
zweite sittliche Forderung an uns heran, zu erkennen, daß es die
schöpferische Mission des Kindes ist, eine sittliche Persönlichkeit zu
bilden. Diese Mission muß geachtet und unterstützt werden. Wir
wissen, daß dem Menschen Tendenzen angeboren sind, die sittlich
inferior erscheinen. In der Tiefe jeder menschlichen Seele spielt sich
ein Drama ab zwischen „dem Willen zum Guten und der Neigung
zum Bösen". Wird das Kind in seiner Entwicklung durch das Unverständnis des Erwachsenen gehemmt und gestört, so werden die
Energien im Innern des Kindes, die göttliche Mittel zur Menschheits-
bildung sein sollten, zur Verteidigung gegen den Erwachsenen benutzt und führen zur Zerissenheit der wachsenden Persönlichkeit,
zum Kampf statt zur Liebe. Alle die um die Erbsünde im Menschen
wissen, sollten durch Liebe und Achtung vor dem Kinde den Willen
zum Guten stärken, statt die Neigung zum Bösen durch erzieherische
Maßnahmen und ihre Folgen zu unterstützen. Glauben an das Kind
und seine Schöpfermission und Erkenntnis der Fehler im Erwachsenen und nicht psychologische Wissenschaft oder Aufstellung pädagogischer Ziele ohne Rücksicht auf den Weg kann der Entfaltung
der Einheit des kindlichen Wesens und seiner sittlichen Vollendung
dienen.

Wird aber die Entwicklung nicht einmal, sondern dauernd gestört, wie es das Schicksal fast jeden Kindes ist, so muß eine innere Verwirrung entstehen, die durch die Kampfstellung gegen den Erwachsenen und damit durch die Unterstützung der „Neigung zum Bösen" viele zerstörende Folgen hat. Diese Kinder können nicht gehorchen, denn Gehorsam bedeutet Zustimmung der Persönlichkeit, bedeutet die Möglichkeit, folgen zu können. Ist aber die innere wachsende Persönlichkeit zerrissen, so entsteht eine Störung, sichtbar in der Disziplin der äußeren Handlung.

Vor allem in der *Bewegung* des Kindes sind Symptome erkennbar: Hande, die nicht arbeiten, aber auch nicht ruhig sein können; hastige Bewegungen, die alle Dinge der Umgebung gefährden; Zerstreutheit, Schüchternheit, Unaufmerksamkeit und vieles andere. Unendlich viele Merkmale dieser Entwicklungsstörungen sind uns bekannt; und es würde hier zu weit führen, sie alle aufzuzählen und ihre Motive zu besprechen. Nur das eine muß ausdrücklich hervorgehoben werden, daß diese Symptome meist als normal und oft sogar als besonders gute Eigenschaften des Kindes angesehen werden. Wie stolz sind die Eltern und Erzieher auf ein Kind, das eine besonders starke Einbildungskraft besitzt. Sie sehen nicht, daß dies ein Symptom einer ungeordneten Intelligenz ist, die sucht und nicht findet, die die Verbindung mit der Wirklichkeit verloren hat, die in den leeren Raum phantasiert aber nicht aufbaut. Ein solches Kind lebt in den Bildern seiner Vorstellungskraft; und der Erwachsene denkt, welch schöpferische Kraft ruht in diesem Kind! Und doch geht die Kraft dieses Kindes einen Weg, der nicht zum schöpferischen Aufbau des Menschen, sondern zu verwirrender, innerer Undiszipliniertheit und Spaltung führt. Erst in späteren Jahren merkt man, daß von der sogenannten schöpferischen Kraft dieser Kinder nicht viel übrig bleibt, und daß sie nicht halten, was man von ihnen erwartete.

Die Bewegungen solcher Kinder sind meist überlebhaft, ungeordnet und zwecklos. Sie sind nicht fähig, ausdauernd und aufmerksam zu sein. Sie sind uninteressiert für alles was gelehrt wird. Die Erzieher, die diese Kinder als normal ansehen, unterstützen die Einbildungskraft und glauben Gutes zu entwickeln und fördern doch nur die Spaltung. Die ungeordneten Bewegungen stören den Erwachsenen, und er versucht sie zu unterdrücken und verbietet sie dem Kind. Doch das Kind kann nicht gehorchen, weil es verbildet ist.

Der Erwachsene denkt nicht daran, einen ungeordneten Organismus, der seine normalen Funktionen verloren hat, zu ordnen, sondern er versucht nur, die Symptome zu unterdrücken.

Ein anderer Typus von Kindern sind die *Abhängigen, Gelangweilten, Unselbständigen.* Sie wollen, daß der Erwachsene alles mit ihnen zusammen tue. Sie haben Angst, allein zu sein. Ihre Bewegungen sind passiv, und sie scheinen in allem hilfsbedürftig und gelten für besonders zärtliche, anlehnungsbedürftige Wesen. Sie haben keine motorische Kraft, und ihre Intelligenz verfällt der Untätigkeit, die man Faulheit nennt. Ihr Wollen und ihr Handeln wird allein vom Erwachsenen bestimmt.

Viele dieser Kinder *lügen.* Die Lebhaften, Phantasiereichen aus dem Bedürfnis heraus, phantastische Dinge zu erzählen. Die Stillen aus Schüchternheit, aus Flucht vor dem Entschluß, aus Mangel an Mut. Alle Versuche, die Fehler einzeln zu verbessern, scheitern, da sie der aus dem Gleichgewicht gebrachten Persönlichkeit entspringen.

Wie oft sind die Wünsche dieser lebhaften, phantasiereichen und der stillen, unselbständigen Kinder unerfüllbar, denn sie selbst kennen ja keine Grenzen, weil sie keine eigenen Erfahrungen in der Wirklichkeit machen konnten. Sie wollen nur, und da sie ihr Wollen nicht selbst befriedigen können, versuchen sie die Erzwingung ihrer Wünsche beim Erwachsenen. Auf jede Weise versuchen sie sie, und schließlich macht der Erwachsene Konzessionen, weil seine Widerstandskraft erlahmt, und sagt, ich habe das Kind verwöhnt. Dies ist der einzige Fehler, den der Erwachsene jemals zugibt!

Gegen diese Fehler des Kindes stehen die Eltern und die Lehrer gemeinsam im Kampf. Sie wollen sie verbessern, sie verbieten und tadeln und strafen. Es ist dasselbe, als ob man einem Fieberkranken vorwerfen wollte, daß er Fieber hat. Die ganze Erziehung wird zu einer fortdauernden Verbesserung. Die Erwachsenen sind davon überzeugt, daß diese Eigenschaften normale kindliche Eigenschaften seien, und daß es ihre Pflicht sei, sie zu moralisieren. Gelingt ihnen eine Besserung nicht, so wird mit großer Strenge eingeschritten, und durch einen Autoritätszwang von außen werden diese Fehler des Kindes gewaltsam unterdrückt. Und man sieht nicht, daß man dem Kind immer mehr die Möglichkeit nimmt, sich innerlich zu formen. Es ist, als ob der blinde Fleck im Auge des Erwachsenen die Kindheit des Menschen deckte.

Wenn wir in unserer Erziehung die *Freiheit* für das Kind fordern, so werden wir nicht verstanden, weil die Menschen nur die entarteten Kinder kennen und die Freiheit mißverstehen. Man glaubt, wir verlangen, das Kind in allem gewähren zu lassen, in seinen Launen, seiner Zerstörungswut und seiner Apathie. Man fragt uns oft: Wie heilen Sie Launen, Lügen und Schüchternheit? Was tun Sie, wenn Kinder nicht essen mögen und nicht gehorchen? Ja, was tun wir dagegen? Es handelt sich hierbei um Fehler, die selbst von vielen Psychologen als normale kindliche Eigenschaften angesehen werden, die für uns aber Symptome psychischer Erkrankung sind, hervorgerufen durch das Fehlen jeglichen Verständnisses von seiten des Erwachsenen. Eine symptomatische Pflege kann man nicht mehr geben, wenn diese Abweichungen schon so weit entwickelt sind. Man kann nicht getrennt voneinander die Launen und die Lügen und die Schüchternheit behandeln. Man muß die Behandlung an der Wurzel des Übels beginnen. Man muß das Kind in Lebensbedingungen bringen, die ihm ermöglichen, seine Persönlichkeit wieder zum Normalen, zur Gesundheit zurückzuführen. Zuerst müssen wir gleichsam Ärzte von zartester Behandlung sein; und erst wenn das Kind geheilt ist, können wir wieder Erzieher sein. Wir müssen dem Kind die Reorganisation seiner Persönlichkeit ermöglichen. Die inneren Energien müssen von der Zerstreuung durch die äußeren Dinge abgelenkt und wieder der inneren aufbauenden Arbeit zugeführt werden.

Was tun wir als erstes, um den Kindern zu einer Rekonstruktion zu verhelfen? Wir bereiten eine *Umgebung* vor, die reich an interessanten Aktivitätsmomenten ist. Wir eröffnen einen Arbeitsweg, der höhere Dinge aufweist als die, von denen man bis jetzt annahm, sie seien für dieses Alter genügend.

Das Kind weiß nicht, wie es sich diese Umgebung selbst schaffen soll. Nur der Erwachsene kann es tun, und das ist die einzige tatsächliche Hilfe, die man dem Kind geben kann.

Das *Montessori-Haus* ist die ruhige und gesunde Umgebung, in der sich die latenten Energien des Kindes auswirken können. Die Umgebung wird von der Lehrerin mit großer Sorgfalt und mit wachsamer und abwartender Seele vorbereitet. Ihre Haltung ist gleichsam die der klugen Jungfrauen, die in Erwartung des Herrn angezündete Lampen tragen. Auch die Lehrerin weiß nicht, wann das Kind sich äußern wird, aber sie ist immer bereit. Sonst ginge es ihr wie den törichten Jungfrauen, die ihre Lampen ausgehen ließen und nicht sahen, als der Herr kam. Er ging vorüber, er blieb nicht stehen.

Es ist wirkliches natürliches Leben, ein Leben vieler Kinder, in denen ein soziales Gefühl für die Mitmenschen entsteht und sich eine organische Gemeinschaft entwickelt. Wie oft erleben wir, daß Lehrer aus anderen Kindergärten und Schulen diese natürliche und disziplinierte Organisation der arbeitenden Kindergemeinschaft ungläubig betrachten. Unser Lehrer kann die Klasse verlassen, und man wird keine Veränderung bemerken, denn die Ordnung dieses Lebens hat nicht der Lehrer geschaffen, sondern es ist ein Werk der Kinder. Und was unseren Kindern als etwas Selbstverständliches gelingt, haben diese Lehrer als erwachsene Menschen mit größter Kraftanstrengung niemals erreicht. Diese Lehrer, die Kinder strafen und zur Arbeit zwingen müssen, werden immer in einem entsetzlichen Zwiespalt leben. Sie wollen gut zu den Kindern sein und finden nicht den Weg dazu; und langsam verlieren sie das Gefühl für das, was sie wollten, und glauben, daß es zur Lehrerwürde gehöre, zu strafen und zu zwingen. Das ist das Schicksal aller Lehrer der alten Schule.

Die *Arbeitsbegeisterung* ist für die gesunde Entwicklung des Kindes von größter Bedeutung; aber sie kann nur in der Umgebung entstehen, die den Bedürfnissen des Kindes entspricht, und nur bei einer Haltung des Lehrers, die helfend und nicht lehrend ist, und die nur durch ein langes Studium erworben werden kann.

Die *Vorbereitung der Umgebung* und *die Vorbereitung des Lehrers* sind das praktische Fundament unserer Erziehung. Immer muß die Haltung des Lehrers die der Liebe bleiben. Dem Kind gehört der erste Platz, und der Lehrer folgt ihm und unterstützt es. Er muß auf seine eigene Aktivität zugunsten des Kindes verzichten. Er muß passiv werden, damit das Kind aktiv werden kann. Er muß dem Kind die Freiheit geben, sich äußern zu können; denn es gibt kein größeres Hindernis für die Entfaltung der kindlichen Persönlichkeit als einen Erwachsenen, der mit seiner ganzen überlegenen Kraft gegen das Kind steht.

Es handelt sich bei der Haltung des Erwachsenen dem Kind gegenüber um die *Begrenzung des Einschreitens*. Dem Kind muß geholfen werden, wo das Bedürfnis für Hilfe da ist. Doch schon ein Zuviel dieser Hilfe stört das Kind.

Unsere Eltern und Lehrer suchen nicht die Fehler des Kindes und wollen sie verbessern, sondern sie suchen die tiefe wachsende Natur und helfen ihr zu gesunder Entfaltung. Wir sind oft Optimisten genannt worden; und es wird uns vorgeworfen, wir hätten eine falsche Meinung über das Kind und seine Wesensart. Doch was wir entdeckt haben, ist so einfach und klar; Jahrzehnte hindurch haben uns alle Kinder der Welt diese Seite ihres Wesens offenbart. Wir haben die Fehler der Kinder analysiert und sind dabei auf eine Tatsache gestoßen. Auf die Tatsache, daß die wahre Natur des Kindes bis jetzt verborgen geblieben ist. Wir sind keine Optimisten, sondern wir sind

Goldsucher. Wir kennen die Felsen, wo Gold vorhanden ist; und wir haben von den Kindern gelernt, wie man das herrliche Metall herausholt. Die Haltung unserer Erzieher ist nicht die phantastischer Optimisten, sondern es ist die Haltung der Liebe. Ein Mensch, der nicht liebt, sieht nur die Fehler bei den anderen; der liebt, sieht sie nicht und darum sagt man, die Liebe mache blind. Doch nur wer liebt, ist ein wirklich Sehender, und nur er kann die zarten Offenbarungen des Kindes sehen und verstehen, und vor ihm wird ein Kind seine wahre Natur zeigen können.

Bei allen modernen Pädagogen sehen wir die Absicht, aus dem Kind etwas hervorzuholen. Man will kindliche Eigenschaften wecken durch eine Art Freiheit oder durch Anregung zu spontanen Äußerungen. Glaubt man wirklich, daß ein Erwachsener diese kindlichen Eigenschaften zutage fördern kann? Durch alle Mittel, die man heute anwendet, stellt man dem Kinde nur neue Hindernisse entgegen und überwältigt es. Kein Erwachsener kann ein Kind zu den Äußerungen seines tiefsten Wesens bringen. Ein Kind kann sich nur äußern, wenn eine Position der Ruhe, der Freiheit und Ungestörtheit gegeben ist, die nicht durch den Erwachsenen beeinträchtigt wird.

Die Möglichkeit, den Geist des Kindes und seine vollkommensten Eigenschaften zu heben, ist nur dann gegeben, wenn die äußeren Bedingungen die kindliche Arbeit zulassen und wenn man die Mittel zur Übung gibt. Dann muß der Erwachsene auf Äußerungen warten und darf sie nicht durch direkte Handlungen hervorholen wollen. Erst wenn das Kind etwas in sich entwickelt hat, kann es sich ausdrücken.

Wir unterbrechen die Beschäftigung der Kinder nicht und verlangen nicht, daß sie statt Lesen plötzlich Rechnen sollen oder anderes. Mit einer solchen Handlung glaubt man den Bildungsgang des Kindes zu leiten, aber in Wirklichkeit führt man das Kind in Verwirrung und stört die Entwicklung seiner Bildung. Wir haben weder im Kinderhaus noch in der Schule ein festes Programm. Wir bauen nicht auf dem Kollektiv-Unterricht auf. Wir bemühen uns, die sensitiven Perioden, diese Intervalle der inneren Entwicklung des Kindes, zu erkennen und ihnen in allem gerecht zu werden. Wir verlangen nicht, daß ein Kind dauernd aufnahmebereit sei, und legen eine vorübergehende Unaufmerksamkeit nicht als Mangel an gutem Willen aus. Wir wissen, wie stark die Fähigkeit im Kinde ist, durch genaues Beobachten aufzunehmen. Eine Fähigkeit, die im frühen Kindesalter viel stärker entwickelt ist, als jemals bei dem Erwachsenen, und die während

der ganzen Sprachentwicklung andauert. Auf diese Fähigkeit nehmen wir die größte Rücksicht, denn wir haben erfahren, daß in diesem Alter das Wort des Erwachsenen ein großes Hindernis für das
kindliche Verstehen sein kann. Die *Belehrung* durch das Wort spielt
daher bei uns keine überragende Rolle. Der Lehrer in unserer Arbeit
ist nicht der Bildner und Belehrer des Kindes, sondern der Gehilfe. Er
zeigt dem Kind jede Übung mit Freundlichkeit, mit klaren Bewegungen und großer Genauigkeit. So entsteht dem Kind die Möglichkeit,
selber zu handeln. Und die eigene Handlung wird Willensäußerung.
Ohne den Vollzug einer Handlung ist keine Willensäußerung möglich. Das Willensleben ist das Leben der Tat. Unsere Kinder leben und
handeln frei und selbständig in der Gemeinschaft anderer Kinder
und werden so zu willensstarken sozialen Wesen, die selbst die Anforderungen an ihr eigenes Tun immer höher schrauben.

Wir geben dem Kind das Kulturgut seiner *Rasse,* das ihm Grundlage
zur Erarbeitung seiner eigenen Kultur wird. Wir geben ihm Möglichkeit zur kindlichen Art der Arbeit. Die Arbeit ist Grundstein für die
Freiheit. Die Freiheit unserer Kinder hat als Grenze die Gemeinschaft,
denn Freiheit bedeutet nicht, daß man tut, was man will, sondern
Meister seiner selbst zu sein.

Was ist Freiheit des Kindes? Die Freiheit ist dann erlangt, wenn das
Kind sich seinen inneren Gesetzen nach, den Bedürfnissen seiner
Entwicklung entsprechend, entfalten kann. Das Kind ist frei, wenn es
von der erdrückenden Energie des Erwachsenen unabhängig geworden ist. Dieses Freiwerden ist weder eine Idee, noch eine Utopie, sondern eine oft erfahrene Tatsache. Es ist eine Wirklichkeit, die wir dauernd erleben. Wir schließen damit nicht die Notwendigkeit der Kul-
turübermittlung, noch die notwendige Disziplin und auch nicht die
Notwendigkeit des Erziehers aus. Der Unterschied ist allein der, daß
in dieser Freiheit die Kinder voll Freude arbeiten und sich die Kultur
durch eigene Aktivität erwerben, daß die Disziplin aus dem Kind
selbst entsteht.

Kinder, die mit den bekannten Fehlern beladen in unsere Kinderhäuser und Schulen kommen, sind anfangs ungeordnet und unruhig. Sie
stören sich und andere und laufen hin und her. Doch eine der vielen
Tätigkeiten oder irgendein Material erweckt sehr bald ihr Interesse;
und wenn sie dann anfangen, eine der Übungen zu wiederholen,
wenn sie aufmerksam und konzentriert bei einer Beschäftigung bleiben, dann wissen wir, daß der Anfang der Rekonstruktion gemacht
ist.

Die Unruhe der Kinder, die ungeordneten Bewegungen hören allmählich auf; und oft ist es so, daß alle Fehler gleichzeitig verschwinden, und zwar nicht nur während der Zeit in Kinderhaus und Schule, sondern auch in der Gesamtheit des kindlichen Lebens. Die Faulheit der Kinder verschwindet. Durch die Atmosphäre der Ruhe und durch das Gefühl, daß kein anderer Wille es führen und unterdrücken will, durch die Freiheit, die man ihm läßt, erwacht im Kind wieder eine spontane Aktivität, und es fängt an, freudig und konzentriert zu arbeiten. Schüchternheit und Angst verschwinden. Die Kinder werden sicher und frei in ihrem Benehmen und zeigen eine natürliche Bescheidenheit. Sehr rasch verschwinden die phantastischen Vorstellungen, und der Geist, dem Konzentrationsmöglichkeit fehlte und der umherirrte, ordnet sich und beginnt eine wunderbare Entwicklung. Nicht durch ein gewaltsames Loslösen von der alten Welt des Kindes wird eine solche Veränderung erreicht, sondern nur dadurch, daß man eine andere Stellungnahme des Kindes zur Umwelt ermöglicht. Man muß dem gesamten inneren Wachstum neue Wege eröffnen, auf denen sich die tiefe Natur des Kindes entfalten kann.

Mit allen den bekannten Fehlern schwindet auch die zu starke Gebundenheit an andere Menschen, die immer eine Belastung für das Kind bedeutet. Es ist als ob mit der Selbständigkeit die natürliche Würde wüchse; die Kinder werden unabhängig und frei und kommen zu einer Beherrschung ihrer Persönlichkeit und gegebener Situationen, die man bis dahin niemals einem Kind zugetraut hat.

Von Erwachsenen, die diese Kinder in unseren Kinderhäusern und Schulen beobachtet haben, ist oft gesagt worden, daß diese Umwandlung ans Wunderbare grenze, und unsere Eltern hat man von Montessoriwundern sprechen hören. Interessant ist die Feststellung, wie weit der Einfluß unserer Kinder auf ihre Eltern geht. Wir erleben immer wieder, wieviel Eltern von den Kindern lernen können.

Wir haben bei diesen Betrachtungen zwei verschiedene Naturen des Kindes erkannt. Die bekannte, die von den Psychologen studiert wird, mit der jeder Pädagoge rechnet, und die wir *anormal* nennen, und die verborgen gebliebene Natur des Kindes, die wir die *normale* nennen.

Wir sind bei unserer Arbeit von keiner Psychologie ausgegangen, aber wir haben eine große psychologische Entdeckung gemacht, wir haben das normale Kind gefunden.

Das Kind, das wir normal nennen, ist organisch verknüpft mit den Uranfängen seines eigenen Lebens, und sein ganzes Wesen, das sich im Stadium der Entwicklung befindet, ist durch ein inneres Gleichgewicht in Harmonie gebracht. Das andere Kind ist das, das vom Erwachsenen nicht verstanden wurde und dessen inneres Wachstum erstickt worden ist und in Spaltungen sich kümmerliche Wege suchte.

Wie oft hört man den Ausspruch, daß ein Erwachsener nicht das geworden ist, was er als Kind versprach. Er hat sich in seiner Kindheit nicht in Gesundheit entwickeln können, und seine Persönlichkeit ist zerrissen.

Die Eigenschaften, die ich normal nenne, werden von den Kindern auf eine so einfache, so zarte, ja man kann fast sagen, beinahe unsichtbare Weise geäußert, daß sie bisher niemals beachtet worden sind.

Das Kind hat uns gezeigt, daß in der Seele eines jeden dieser kleinen Menschen die persönliche Würde ruht, und daß ein Kind mehr fühlt und versteht, als der Erwachsene ahnt. Nur seine Ausdrucksmöglichkeiten sind geringer.

Durch die neue Haltung des Erwachsenen dem Kind gegenüber in Familie, Kinderhaus und Schule, durch die Achtung vor seiner schöpferischen Aufgabe, durch das Vorbereiten einer offenbarenden Umwelt werden die Kräfte im Kind gesammelt und nicht zersplittert, wird einer Persönlichkeit zur Entwicklung geholfen, deren innere Freiheit zur freien sittlichen Tat führt. Aus einem Naturgeschöpf wird ein Vernunftgeschöpf, das durch Sammlung und Stille zum sozialen Menschen heranwächst, das in der Harmonie des Gedankens und der Bewegung, des freien Willens und der Tat seine sittliche Persönlichkeit bildet. Das Geheimnis im Kind wird die Freiheit des Menschen sein.

Wir fordern von allen Erziehern Bescheidenheit und innere Einkehr. Wir fordern Achtung vor dem Kind vom ersten Tag seines Lebens an, damit nicht entartete Kinder zu entarteten Erwachsenen heranwachsen, sondern damit das von uns erkannte normale Kind der Menschheit seinen Segen bringe.

Die Erziehung muß dem Kind nicht nur helfen zur Erfüllung der großen Aufgabe, Mensch zu werden, sondern sie hat die physische und psychische Gesundheit der Menschheit in der Hand.

Die Fehler des kindlichen Wachstums und ihre Folgen sind so allbekannt und so allgemein, daß man fast sagen könnte, auf der Welt ist die Ordnung des sich entwickelnden Menschen noch nicht gesehen worden. Der Mensch leistet viele große Dinge, aber eins wird nur selten von ihm erreicht: die innere Disziplin einer Persönlichkeit. Wir haben erfahren, daß dieses Geheimnis von einem Kind viel leichter gelöst wird, als vom Erwachsenen, und so kann uns das gesunde Kind das herrliche Bild eines Menschen von innerer Ordnung schenken.

Allein von der harmonischen und friedlichen Entwicklung der kindlichen Psyche hängt die Gesundheit oder Krankheit der Seele, die Stärke oder die Schwäche des Charakters, die Klarheit oder die Unklarheit des Geistes ab. Aus einem Kinde, das seine Entwicklung in der Form des Sklaventums durchgemacht hat, wird kein Erwachsener werden, der große Werke vollbringt.

(Handbuch der Erziehungswissenschaft, hrsg. v. F.X. Eggersdorfer u.a., Teil III, Bd. 1, München 1934, S. 265ff.)

Quellentext

Maria Montessori: Die Umgebung (1930). In: Maria Montessori: Grundlagen meiner Pädagogik. Heidelberg, Wiesbaden [7]1988, S. 39–45.

Die Umgebung
Von Maria Montessori

Unsere Methode hat in der Praxis mit den alten Traditionen gebrochen. Sie hat die Bänke abgeschafft, weil das Kind nicht mehr bewegungslos dem Unterricht der Lehrerin zuhören soll. Sie hat das Katheder abgeschafft, weil die Lehrerinnen keine üblichen Gesamtübungen, wie sie allgemein als nötig erachtet werden, machen sollen. Diese Dinge sind die ersten äußeren Schritte einer tieferen Umwälzung, die darin besteht, das Kind frei, seinen natürlichen Neigungen entsprechend, handeln zu lassen: Ohne irgendeine feste Bindung, ohne ein Programm, ohne die philosophischen und pädagogischen Vorurteile, die hieraus entspringen und sich in den alten schulischen Auffassungen fest vererbt haben.

Das neue Problem fußt vielmehr auf folgendem: Dem aktiven Kinde eine angepaßte Umgebung zu schaffen. Das ist eine augenscheinliche Notwendigkeit; denn – haben wir die Stunden abgeschafft, und haben wir uns vorgenommen, sie durch die Tätigkeit des Kindes selber zu ersetzen, so ist es notwendig, dieser Aktivität greifbare Dinge zu geben, an denen das Kind sich üben kann. Der erste Schritt ist, die Klassen in richtige kleine Kinderhäuser umzuwandeln und sie mit solchen Dingen auszustatten, die der Statur und den Kräften der hier beherbergten Wesen entsprechen: Kleine Stühle, kleine Tische, kleine Waschtische, verkleinerte Toilettengegenstände, kleine Teppiche, kleine Anrichteschränkchen, Tischtücher und Geschirr. All dies ist nicht nur von kleinen Ausmaßen, sondern auch ziemlich leicht an Gewicht, um dem Kind von drei oder vier Jahren zu ermöglichen, die Dinge zu bewegen, ihren Platz zu ändern oder sie auch in den Garten oder auf die Terrasse zu transportieren. Nicht nur dem Körper des Kindes ist es leicht, gerecht zu werden, sondern auch der kindlichen Mentalität, weil sie kleiner und weniger kompliziert als die unsere ist.

Der große Fehler des Spielzeugs ist gerade der, das Kind mit dem Faksimile unserer komplizierten Gegenstände in Miniatur zu umgeben, mit den Gegenständen, die unserer Mentalität entsprechen. Angefangen von den Schränken für Puppen und aufgehört mit den Kriegsschiffen. Hingegen sind die Kinder geradezu entzückt, wenn sie einfachere Gegenstände finden, die anders als die unseren konstruiert sind. Das zeigen sie oft, indem sie selbsthergestellte oder zurechtgemachte Gegenstände dem teuren Spielzeug vorziehen. Hängt einen hübschen Vorhang auf anstatt einer Tür (an die das Kind nicht heranreicht), gebt einfache Tischchen, die keine Stütze haben und somit transportierbar sind, anstatt der Schubladen, gebt kleine Regale (Bordbrettchen), d. h. also Gegenstände, auf die das Kind etwas hinauflegen kann oder die sich zerlegen lassen, und ihr werdet einen echten und wahren Enthusiasmus in der kleinen brüderlichen Gemeinde der Kinder wachsen sehen. So wird die Schule aus einem Marterinstrument zu einer Stätte der Freude und hat den großen Vorteil, die Unkosten für die Ausrüstung der Klassen so gering zu gestalten. Die Ausgaben werden unvergleichlich geringer sein als für die imposante Instrumentenkammer von Bankmonumenten aus schwerem Holz und Eisen, für die enormen Schränke, für die bedrückenden Katheder und für ähnliche Instrumente, die in so großer Anzahl hergestellt wurden, um die Kräfte unserer schönen Kindheit lahmzulegen.

Ist die Schule mit kleinen und zierlichen Möbeln eingerichtet, so wenden wir uns an die kindliche Aktivität: die unordentlich stehenden Möbel werden wieder an ihren Platz gestellt, sie werden ausgebessert, wenn sie beschädigt waren, sie werden gereinigt, abgewaschen, abgestaubt und poliert. Es überrascht, wie geeignet Arbeit in dieser Form für die Kinder ist: sie reinigen, säubern und ordnen in der Tat. Sie tun es mit immensem Vergnügen und erreichen so eine frühzeitige Geschicklichkeit, die fast wunderbar erscheint und die eine wirkliche Offenbarung für uns ist, für uns, die wir den Kindern nie die Möglichkeit gegeben haben, in geschickter und intelligenter Weise ihre Aktivität auszuüben.

In der Tat, wenn die Kinder versuchten, Dinge zu benutzen, die nicht Spielzeuge waren, wurden sie prompt von einem: „nicht anfassen" oder „sei ruhig" gehemmt, das sich mehr oder weniger ermüdend jedesmal wiederholte, wenn ihre Händchen sich unsern Gegenständen näherten. Nur manchen armen Kindern war das Privileg vorbehalten, die Wäsche waschende oder kochende Mutter (heimlich versteht sich) nachzuahmen. Aus diesem Grund fühlen sich die Kinder im Kinderhaus wie in einem Zentrum des glücklichen Lebens, wo so viele kleine Gegenstände zu ihrer Verfügung stehen, mit denen sie ernsthafte Arbeiten verrichten können, vom Tischdecken, Essenservieren bis zum Abdecken, Teller- und Gläserspülen usw. Die Ursache ist die Liebe, die die Kinder für diese fast heiligen Dinge fühlen, die sie vorher nicht anfassen, geschweige denn benutzen durften. Die Kinder sind zu einer Vervollkommnung gekommen: sie haben gelernt, sich zu bewegen, ohne die Dinge umzustoßen, Gegenstände zu tragen, ohne sie zu zerbrechen, zu essen, ohne sich zu beschmutzen, sich die Hände zu waschen, ohne die Kleider naß zu machen usw. Hier sehen wir, daß die Gegenstände, für die man so zitterte, intakt bleiben, trotz ihrer Zerbrechlichkeit und trotzdem sie die Umgebung der Wesen bilden, die als Zerstörer zurückgehalten wurden.

Die Freude, die die Kinder in unseren Schulen haben, und der so einfache Gedanke, ihre Aktivität auf die Dinge ihrer Umgebung, die sie sorgsam behüten, zu lenken, anstatt eine Menge von Material und kindlicher Energie zu vergeuden (wie es bei vielen heute abgeschafften Arbeiten gerade von Fröbel vorkam, die der erste Grund zu einer in der Kindheit verbreiteten Kurzsichtigkeit waren) sind zwei von den Hauptfaktoren der außerordentlichen Verbreitung der Methode in der ganzen Welt.

Unsere Arbeit und unsere Umgestaltung sind nicht nur auf die Umgebung und den Kindern angepaßte Materialbeschäftigungen beschränkt, sondern auch das kindliche Studium, d. h. die intellektuelle Erziehung, haben wir in analoger Weise organisiert.

Das Kind bewegt sich nicht nur fortgesetzt, sondern lernt auch andauernd. Darum besteht das Bedürfnis, psychische Kräfte an praktischen Dingen zu üben, eine wesentliche Offenbarung, die der Erkenntnis des Bewegungstriebes nicht nachsteht. Die kindliche Lernweise kann also vom Erwachsenen nicht Schritt für Schritt geleitet werden, weil es nicht der Erwachsene ist, sondern die Natur, die in dem Kinde ein jeweils verschiedenes Verhalten, seinem Alter entsprechend, bestimmt (sensitive Perioden). So ist es bei unserer Methode: anstatt der Lehrerin, die das Kind dahin führt, bestimmte Dinge zu nehmen und zu benutzen (wie es z. B. in der Fröbelmethode bei den sogenannten „Gaben" von Fröbel ist), ist es das Kind selbst, das einen Gegenstand wählt und seinem schöpferischen Geist gemäß „benutzt". Die Lehrerin lernt eine neue Kunst: anstatt in den kindlichen Kopf Begriffe zu drängen und zu zwängen, dient sie ihm und leitet es in seiner Umgebung den Dingen entgegen, die den eigenen inneren Bedürfnissen seines jeweiligen Alters entsprechen. Und wie es keine intellektuelle Entwicklung ohne Übung gibt, so gibt es auch keine Übung ohne einen Gegenstand, an dem man sich übt. *Es ist nötig, für die Umgebung des Kindes Entwicklungsmittel vorzubereiten* (die durch wissenschaftlich begründete Erfahrungen und nicht durch philosophische Ideen festgelegt sind), und dann das Kind frei zu lassen, damit es sich an diesen Mitteln entwickelt. Auf diese Weise trifft jedes Kind seine eigene Wahl und findet Gefallen an den Übungen mit einem wissenschaftlichen Material, das Schritt für Schritt die geistige Entwicklung begleitet.

Die Wahl ist vom Instinkt inspiriert, den die Natur in jeden wie einen Führer für die Handlungen des psychischen Wachstums legt. Diese Handlungen entwickeln sich mit großer Energie und größtmöglichem Enthusiasmus. Die Kinder erfüllen, ohne zu ermüden, so große Aufgaben, wie sie keine Lehrerin sich auch nur im Traume anzuordnen getraut hätte.

*

Das vereinfacht und bringt die Schule in einer Weise vorwärts, die fast fabelhaft erscheint. Die Kinder in Ruhe lassen, sie nicht in ihrer Wahl und ihren spontanen Arbeiten hemmen – das ist alles, was man verlangt. Gerade an diesem Mangel an Einfluß der Erwachsenen, den man für unerläßlich hielt, kommt es auch auf dem Gebiet der Kultur zu wirklichen Riesenschritten. Das Kind, dieses überraschende Wesen, hat uns noch anderes offenbart, was es zwischen vier und fünf Jahren, dem geeignetsten Alter, um lesen und schreiben zu lernen, zeigt. So geschieht es, daß unsere Kinder außer der Entwicklung und Vervollkommnung ihrer Sinne in einem frühzeitigen Alter Kulturelemente erwerben, die ihnen erlauben, die zweite Elementarklasse zu besuchen, während andere Kinder kaum danach streben, in die erste Klasse einzutreten. Dieser Fortschritt gebührt auch der Tatsache, daß in unserer Methode der minimale Kraftaufwand, das große Problem der individuellen Erziehung, bestimmend ist, das Problem, das neuerdings die wissenschaftliche Welt zu lösen gesucht hat, ohne aber zu praktischen Resultaten zu kommen. In der Tat, trotzdem alle Universitäten der Welt ihren Studienbeitrag gegeben haben, blieb der Zustand der Schule fast unverändert. Der einzige Unterschied, der in die Klassen getragen wurde, war, die Schülerzahl zu verringern, weil die Lehrerin, die jedes Individuum einzeln studieren muß, nicht mehr als eine äußerst begrenzte Schülerzahl unter sich haben kann. Die Methode bleibt aber die alte, passive Methode, die ein neues Kleid anhat.

Man verlangte neue spezialisierte Lehrer, denen man die minutiöseste und ermüdendste Arbeit gab, zweifellos auch viel und verschiedenes Arbeitsmaterial. Aber die dem Kinde aufgezwungenen Ideen, seine Unterwerfung gegenüber dem Führer und der Willkür des Urteils vom Erwachsenen blieben unverändert. *Diese Lehrer waren noch mehr als zuvor davon entfernt, die Individualität zu erkennen, die sich selbst unbekannt ist.* Sie strebt danach, sich vor dem Druck zu verbergen, wie die Mimose sich bei einer Berührung von außen zusammenlegt.

Die Erwachsenen glaubten nicht, daß ein Wesen zu seiner natürlichen Bestimmung gelangen könne. Sie dachten nicht darüber nach, daß es eine einzige Möglichkeit dazu geben würde: Diesem Wesen die Mittel geben, durch die sich Persönlichkeit und Charaktereigenschaften offenbaren und entwickeln können und die Freiheit, damit das Kind von sich aus dahin gelange, wohin die Natur es führen will.

Diese Mittel gibt unsere Methode den Kindern, ohne daß es notwendig ist, ihre Anzahl in den Klassen zu begrenzen, ohne daß sie eine enorme Quantität von Material benutzen und vergeuden und ohne daß sie sich an über ihnen stehende Personen zu wenden haben, die hoch und wissenschaftlich vorbereitet sind. Bei uns beschäftigt sich jedes Kindchen mit einer verschiedenen Übung und kann darum eine individuelle Erziehung erhalten, auch wenn es den Teil einer Klasse von mindestens vierzig Kindern bildet. Bei uns ist ein Satz des „Materials" ausreichend für die ganze Klasse. Bei uns schließlich hat die Lehrerin keine andere wissenschaftliche Vorbereitung nötig, als die, auf die Seite zu gehen und die Kunst anzuwenden, sich selber auszuschalten und somit nicht das Wachstum des Kindes in seinen verschiedenen Tätigkeiten zu hemmen. Diese Art der Lösung des Problems wird vielleicht außerordentlich einfach erscheinen. Trotzdem ist die praktische Vereinfachung ein unbestreitbarer Fortschritt auf dem Felde der Erziehung. Jeder wissenschaftliche Fortschritt, praktisch angewendet, hat das Leben vereinfacht und wieder zu neuen Fortschritten neue Kräfte freigemacht. Parallel gilt, um die Idee klarzumachen:

Würde man die Photographie *nicht* kennen, so müßte man über das absolut naturgetreue Bild, das man von einer Person erhalten kann, erstaunt sein. Das würde also heißen, daß die Person, die als ein so naturgetreues Bild ihrer selbst reproduziert werden will, einen Augenblick stillsteht – lächelt. Sofort würden viele Personen, die länger als einen Augenblick stillgestanden sind, einzuwenden haben, daß kein Bild von ihnen erschienen ist. – Es genügt also nicht, nur stillzustehen, sondern außer der Person muß noch ein photographischer Apparat vorhanden sein. Dann braucht der Photograph nichts von Physik und Dunkelkammer zu verstehen. Seine einzig notwendige Kenntnis besteht darin, eine Platte bewegen zu können und für einen Augenblick das Objekt abzudecken. Die ganze wissenschaftliche Seite hat hier nichts mit der praktischen zu tun. Nur so können die Produkte der Wissenschaft den Fortschritt in der Welt verwirklichen.

So ist es auch in der Schule, auf dem Felde der Erziehung. Solange die Wissenschaft mit ihren Versuchen den Weg versperrt, wird sie keine Früchte tragen. Nur wenn die wissenschaftliche Arbeit sich selber ausscheidet und ihre praktischen Resultate, die die Schule vereinfachen, freigibt, bedeuten sie für Kinder wie für Lehrer eine Erleichterung. Erst als die wissenschaftliche Seite unserer Arbeit eine „Umgebung" für die psychische Entwicklung des Kindes festgesetzt hatte, kam die wahre Schulreform ans Licht, die schwierigste Probleme mit größter Einfachheit löste.

(Die Neue Erziehung. XII. Jhg. [1930]. S. 86 ff.)

WALTRAUD HARTH-PETER

Zur Biographie Clara Grunwalds, zu ihrem Verständnis der Montessori-Pädagogik und zur historischen Entwicklung der deutschen Montessori-Bewegung

I. Clara Grunwald: Sozialistin und Pädagogin

Clara Grunwald hatte die Gedanken Maria Montessoris kurz vor dem ersten Weltkrieg zum erstenmal kennengelernt, und zwar in der englischen Übersetzung als „The Montessori Method" und nur wenig später in der deutschen Übersetzung als „Selbsttätige Erziehung im frühen Kindesalter" (Montessori 1913). Sie war offenbar sogleich fasziniert von den neuartigen Vorstellungen der italienischen Pädagogin und Ärztin, bei der

Clara Grunwald das wissenschaftlich formuliert und begründet fand, was sie bisher wohl nur intuitiv geahnt hatte und das sie, die sozialpolitisch engagierte Lehrerin, nun auch in Deutschland verwirklichen und weiter verbreiten wollte: Der Optimismus, der von Montessoris „Selbsttätiger Erziehung" ausgeht; die Idee, mit einer gänzlich neuen Erziehung der „Humanität und der Zivilisation" zu dienen; der Glaube an den sozialen und moralischen Fortschritt der Gesellschaft durch *diese Erziehung*; die Betonung der Hygiene

Abb. 1

für die körperliche Gesundheit der Kinder; die Ästhetik des didaktischen Materials, das auf Entbehrungen gewohnte Kinder so anziehend wirkt; der Einbezug der Übungen des täglichen Lebens; die Liebe zu den Kindern, deren Basis so einfach herzustellen sei, und schließlich die Forderung der gemeinsamen Bildung von Kindern und Erziehern: „Auf Seelen zu wirken und sie zu gewinnen, das ist die Freude, die uns vorbehalten ist und die allein eine wahre Befriedigung gewährt." (ebd. S. 23) Alle diese Ausführungen Montessoris schlugen Clara Grunwald unmittelbar in ihren Bann – vor allem aber das Beispiel von San Lorenzo: Die ergreifende Ansprache Montessoris anläßlich der Gründung des Kinderhauses in San Lorenzo 1907 (ebd. S. 43–63) hat die Sozialistin Clara Grunwald nachhaltig beindruckt, auch wenn aus heutiger Sicht konstatiert werden kann, daß der „sozialistische Geist", den Grunwald dort am Werke zu sehen glaubte, eher auf das Konto des deutschen Übersetzers, Otto Knapp, gegangen ist, als auf das von Montessori. In dieser Rede hatte Montessori auf das Elend der in San Lorenzo lebenden Menschen „an den Toren einer Weltstadt, der Mutter der Zivilisation und der Königin der schönen Künste", Rom, aufmerksam gemacht und mit drastischen Worten die *„Isolierung der Massen der Armen"* angeprangert (ebd. S. 48, Hervorhebung i. O.).

Montessoris Reformprojekt in San Lorenzo war nicht das Werk des Staates – wie es sich Grunwald für Deutschland gewünscht hätte, – sondern das einer privaten Gesellschaft, nämlich der „Römischen Gesellschaft für zweckmäßiges Bauwesen"; aber es war gleichwohl nicht mit den punktuellen caritativen Hilfen zu vergleichen, da sein „Prinzip" nicht auf einseitiger Barmherzigkeit, sondern auf gegenseitigen Verpflichtungen der „Geber" und „Nehmer" beruhte. Den Forderungen an die Bewohner der sanierten Bauten, unter anderem diese, selbst für deren Instandhaltung und Verschönerung zu sorgen (ebd. S. 53f.), entsprach etwa die Verpflichtung der Betreibergesellschaft auf kostenlose Betreuung der noch nicht schulpflichtigen Kinder in den der Bauanlage zugehörigen Kinderhäusern. Diese wiederum war gebunden an die verpflichtende Auflage an die Mütter, „ihre Kinder sauber ins Kinderheim zu schicken und die Leiterin in ihrem Erziehungswerk zu unterstützen." (ebd. S. 55)

Nur diese genaue Verteilung von Rechten und Pflichten achtete
für Montessori die Würde dieser Familien, und nicht nur das:
Während bislang nur „eine Klasse der Gesellschaft" ihrer Arbeit mit ruhigem Gewissen und ohne häusliche Belastung nachgehen konnte, könnten es sich jetzt auch die armen Familien
leisten, ihr Kind einer professionellen Erzieherin anzuvertrau-
en (ebd. S. 59). Montessori war hier sogar soweit gegangen,
von einer „Kommunisierung von *Personen*" (ebd. S. 60, Hervorhebung i.O.) zu sprechen: „Daß eine Gemeinschaft glei-
cherweise Nutzen zieht aus den Diensten einer Magd, einer
Kinderfrau, einer Lehrerin – das ist ein modernes Ideal. Wir
haben in den Kinderheimen eine Verwirklichung dieses Ideals,
die in Italien und anderswo einzig dasteht. Seine Bedeutung ist
um so größer, als es einem Bedürfnis der Zeit entspricht. Man
kann nicht mehr behaupten, daß die Bequemlichkeit, die Kinder andern zu überlassen, der Mutter eine natürliche soziale
Pflicht ersten Ranges abnehme, nämlich die, für ihre lieben
Sprößlinge zu sorgen und sie zu erziehen. Nein, denn heutzutage nötigt die soziale und wirtschaftliche Entwicklung die Arbeiterin, ihren Platz unter den Lohnarbeitern einzunehmen und
macht es ihr unmöglich, jene Pflichten zu übernehmen, die ihr
sonst die teuersten wären" (ebd. S. 60).

II. Clara Grunwald: Zu ihrer Biographie

Clara Grunwald wurde am 11. Juni 1877 in Rheydt in der Nähe
von Mönchengladbach geboren. Ihr Vater war ein jüdischer
Textilkaufmann, der nicht sehr erfolgreich war. Bis 1883 zog die
Familie zweimal um, bis sie sich schließlich in Berlin nieder-
ließ. Clara hatte eine besonders gute Beziehung zu ihrem Vater,
der großes Verständnis für sie hatte, als sie während der Pubertät sich nicht vom jüdischen Glauben, aber vom Glauben an
Gott distanzierte.

Clara Grunwald absolvierte eine öffentliche Volksschule und
ein Lyzeum für „höhere Töchter". In harten Auseinandersetzungen mit den Eltern durfte sie schließlich ein Lehrerinnense-
minar besuchen. Sie schloß ihre Ausbildung im selben Jahr,

1896, ab, in dem Maria Montessori auf dem Internationalen Kongreß der Frauenrechtlerinnen in Berlin sprach und Clara Grunwald in ihrem Entschluss ideell unterstützte.

An der Berliner Luise-Otto-Peters-Schule, einer Mädchenmittelschule, erhielt sie eine Lehrerinnenstelle. Sie versuchte, die verkrustete „Bürgerschule", die ihrer Meinung nach die Persönlichkeit ihrer Schülerinnen unterdrückte, durch eine neue Erziehung aufzuweichen und eine Institution zu schaffen, die die intellektuellen, psychischen und sozialen Kompetenzen ihrer Zöglinge zu fördern imstande war. Vor allem machte sie Schluß mit den probaten Erziehungsmitteln der alten Schule: kein Zwang und keine Strafe, keine Zensuren und kein Wettbewerb. Dafür forderte sie noch vor aller Kenntnis der Montessori-Pädagogik und vor der Realisierung der Jenaplan-Pädagogik nahezu das gesamte Programm der Jenaplan-Schule Peter Petersens: Freiarbeit, Gruppenarbeit, Gesprächskreise, Exkursionen und Feste und Feiern. Als Schulpflegerin bewegte sie die Eltern zur aktiven Mitarbeit, bezog Schulärzte und Kollegen mit in ihre Arbeit ein, um die Planung und Organisation ihres Schulplans zu gewährleisten. 1914 wollte sie zusammen mit Peter Petersen an der in Köln geplanten „Deutschen Werkbundausstellung" teilnehmen, bei der auch für Maria Montessori geworben werden sollte. Der Ausbruch des ersten Weltkrieges verhinderte jedoch die Ausstellung und damit eine erste Auseinandersetzung mit Montessori in Deutschland. Dafür begann nicht zuletzt vor dem Hintergrund des deutsch-italienischen Zerwürfnisses der Montessori-Fröbel-Streit in Deutschland.

Nach dem Ende des ersten Weltkrieges war der Reformwille zur Demokratisierung des Erziehungs- und Schulwesens groß. 1919 wurde der „Bund Entschiedener Schulreformer"[1] gegründet, dem Clara Grundwald im Gründungsjahr beitrat. Inner-

---

[1] Der Bund wurde 1919 von 20 politisch engagierten Philologen in Berlin gegründet, um eine Erneuerung des Erziehungs- und Bildungswesens herbeizuführen. Führende Mitglieder waren: Franz Hilker, Fritz Karsen, Siegfried Kawerau, Paul Oestreich. Organ des Vereins: Die Neue Erziehung; siehe Ingrid Neuner 1980; Armin Bernhard / Jürgen Eierdanz 1990.

halb des Bundes vertrat Grunwald die Montessori-Pädagogik. Sie hospitierte im ersten deutschen Kinderhaus, das 1919 in Berlin-Lankwitz gegründet wurde, aber nur drei Jahre bestand. Grunwald veröffentlichte in 'Der Neuen Erziehung', dem Organ des „Bundes Entschiedener Schulreformer", reichte Petitionen für eine Montessori-Einrichtung ein, die aber nicht erhört wurden; statt dessen wurde ein Fröbelkindergarten genehmigt.[2] Grunwald ließ sich jedoch nicht beirren. Neben der Eröffnung von Kinderhäusern verbreitete sie durch Wort und Schrift die Montessori-Pädagogik weiter.

Unter dem Eindruck des ersten Weltkriegs war Clara Grunwald aus Glaubensgründen aus der jüdischen Gemeinde ausgetreten, weil sie Gott und Krieg als Pazifistin nicht vereinbaren konnte; 1933 trat sie wieder ein; nicht aus Glaubensgründen, sondern um allen Naziverfolgten ein Zeichen zu setzen (Larsen 1985, S. 12f.) – sie selbst erhielt als jüdische Lehrerin Berufsverbot. Ihr Interesse an der Erziehung von Kindern gab sie jedoch nicht auf. Im Oktober 1941 siedelte sie in das „Umschulungsgut" in Neuendorf bei Fürstenwalde über, das vom Reichsverband der deutschen Juden eingerichtet worden war und auf die Auswanderung und die Arbeit in der Landwirtschaft vorbereitete (ebd. S. 28f.). Clara Grunwald wurde Leiterin des „Kinderhauses". Da die SS, der das Gut unterstellt war, schriftliche Arbeiten der Kinder verbot, erteilte sie mündlichen Unterricht (ebd. S. 34ff.). Jedes Kind wurde auf seine Weise betreut, ohne Montessori-Material, nur auf den Prinzipien dieser Pädagogik aufbauend. 1943 begleitete sie diese Kinder, als sie nach Auschwitz deportiert wurden, und wurde mit ihnen ermordet.

III. Clara Grunwald und ihr Verständnis der Montessori-Pädagogik

Für Clara Grunwald war die Montessori-Pädagogik zunächst wohl jene Methode, mit der sie ihre eigenen gesellschaftspoliti-

---

[2]   Zur Montessoribewegung in Berlin siehe den Beitrag von Inge Hansen-Schaberg in diesem Band.

schen Ziele glaubte erreichen zu können. So beteuerte sie etwa gegenüber den Genossen des „Bundes Entschiedener Schulreformer", daß es sie „als Sozialistin besonders gefreut [habe], daß hier [bei Montessori, W. H.-P.] auch ein Weg gefunden wurde, – und es ist der einzige Weg – um das Zurückhalten begabter Kinder durch den Lehrplan der heutigen Volksschule zu verhindern. Wenn es keinen Lehrplan im heutigen Sinne mehr gibt, wenn alle Kinder nach Montessori unterrichtet werden, nicht nur die, deren Eltern es sich leisten können, dann ist die Frage der Einheitsschule praktisch gelöst, denn jedes Kind geht eben zum höher führenden Material über, wenn es damit fertig ist" (Brief an Paul Oestreich vom 27.11.1925). Trotz ihrer Überzeugung, daß sich ihre eigenen sozialistischen Ideale mit Hilfe der Montessori-Methode würden verwirklichen lassen, betrachtete sie diese dennoch *nicht* als eine, an eine bestimmte Weltanschauung gebundene Lehre, ganz im Gegenteil, sei sie „rein eine Sache des Wissens, des Könnens, des Beobachtens, des Schließens" (ebd.) und von daher auch von der sozialistischen Weltanschauung unabhängig. Sie, Clara Grunwald, sei daher *nicht* als „Sozialistin für die Montessori-Methode eingetreten", sondern als *Pädagogin*, denn diese Methode sei „doch überhaupt keine Angelegenheit der Weltanschauung, sondern Sache der pädagogischen Einsicht" (Brief an Paul Oestreich vom 10.2.1925).

Es erscheint paradox, aber es waren gerade nicht ihre eigenen weltanschaulichen Überzeugungen, die Grunwald für Montessori einnahmen, sondern der weltanschaulich neutrale, wissenschaftliche Charakter ihrer Pädagogik, in der nicht eine wie auch immer geartete Ideologie den Blick auf die „Wirklichkeit" verstellt, sondern in der diese „Wirklichkeit" selbst, und *nur* diese Wirklichkeit, insbesondere die „Wirklichkeit" des Kindes, zur Sprache kommt. Kein spekulatives System, das das Wesen des Kindes beschaut, um es zu einem Höheren zu führen, verdunkelt die Klarheit der wissenschaftlichen Begründung der Methode. Keine phantastischen Märchen, Mythen oder Lügen verunsichern die Kinder und lassen sie an der Wirklichkeit zweifeln; die sie umgebende Natur und das Geschehen ist ihnen ebenso einsichtig wie die Maßnahmen der Lehrerin, die ihnen hilft, „die *wirklichen* Dinge" kennenzulernen, so schreibt sie (Grunwald o. J., S. 28, Hervorhebung i. O.).[3] Es ist das Eigenrecht des Kindes auf Bildung seiner Persönlichkeit, das Grunwald bei Montessori herausliest, und das nicht belastet ist durch eine Staatsideologie, die aus dem Kind per Dekret einen „guten Staatsbürger" und einen „gebildeten Menschen" machen will. Sie fand bei Montessori keinen ideologischen Überbau und keine Erziehungsziele, die von höheren Zwecken als dem Kind selbst abgeleitet wären.

Am Schluß ihrer Schrift „Montessori-Erziehung in Familie, Kinderhaus und Schule" faßt Grunwald diesen Grundgedanken der Montessori-Pädagogik für sich wie folgt zusammen: „Eine Zeitlang wurde dieser Weg der Erziehung [Montessoris, W. H.-P.] die 'neue *Methode*' genannt. Bald aber erkannte man, daß *das Kind* der Mittelpunkt dieses Werkes ist. Die Kinder sind es, die uns eine bessere Menschheit als die unsrige erleben lassen, eine Menschheit voller Ursprünglichkeit, Kraft und Schönheit. Wenn wir die Kinder nicht in unsere Formen pressen, sehen wir, daß sie Tugenden besitzen, die wir ihrem frühen Lebensalter kaum zutrauen: unermüdlichen Tätigkeitstrieb, Nächstenliebe, innere Disziplin." (ebd. S. 40 f., Hervorhebung i. O.)

Gerade gegenüber den Bundesgenossen beharrte Grunwald darauf, daß es sich bei der Montessori-Pädagogik nicht um eine Weltanschauung handele, auch wenn die Ideale dieser Pädagogik durchaus mit den sozialistischen Vorstellungen zur Deckung zu bringen seien, sondern um eine Lehre, die ihre Wahrheit einzig und allein aus der wissenschaftlichen Betrachtung und Beobachtung der Wirklichkeit bezog (Brief an Paul Oestreich vom 27.11.1925). Grunwalds Eintreten für diesen von Montessori eröffneten Blick auf die Wirklichkeit des Kindes, und zwar im Sinne der wirklichen Natur des Kindes als auch der gesellschaftlichen und familiären Wirklichkeit, in der das Kind tatsächlich lebt, und ihre Zurückweisung des ideologischen

---

[3] Siehe den Quellentext in diesem Band: Clara Grunwald: Montessori-Erziehung in Familie, Kinderhaus und Schule, Berlin o. J.

Anspruchs auf eine „höhere" Form von Wissen, hat ihr schließlich den Vorwurf der Bundesuntreue zugezogen: „Ich muß es
mir schon gefallen lassen, daß Sie mir Orthodoxie, Unduldsamkeit und gar noch Ketzerei vorwerfen. Ich kann nur immer
darauf antworten, ich glaube [sic!] nicht, daß es so ist. [...] Es
handelt sich ja bei uns nicht um eine Erkenntnis [sic!], sondern
um eine Praxis, die wir als richtig erkannt haben. [...] Sie sollten sich gar nicht ängstigen, daß wir am Rosenkranz Maria
Montessoris beten, aber wir anerkennen, daß 5 × 5 = 25 ist,
so können wir nicht zugeben, daß es auch 24 oder 26 sein könnte." (Brief an Paul Oestreich vom 29.3.1926)

Für die *Wirklichkeit* leben und arbeiten will Clara Grunwald;
für die Kinder, die in den Berliner Arbeitervierteln kaum
Chancen haben, diesem „sozialen Milieu" zu entkommen, und
die in der Schule kaum mehr lernen dürfen, als von ihnen später als Arbeiter gefordert wird. Grunwald hat es, lange bevor
sie mit der Montessori-Methode in Berührung gekommen ist,
fertig gebracht, mit Erlaubnis der (kaiserlichen) Schulbehörde,
ihren Schülern anstelle von Zensuren individuelle Beurteilungen zukommen zu lassen (vgl. Brief vom 3.4.1942, in: Larsen
1985, S. 53f.). Die persönliche, liebevolle Unterstützung des
einzelnen und die Umgestaltung des „sozialen Milieus" ihrer
Schüler in ein „Milieu mit sozialen Anforderungen" (Brief vom
12.1.1942, in: Larsen 1985, S. 48) charakterisieren ihr Selbstverständnis als Lehrerin. Als sie dann noch ehrenamtliche
Schulpflegerin wird, ist sie mit Leib und Seele – wie sie selbst
sagt – „sozialpädagogisch" tätig und versucht, über ihre Schulstunden hinaus ihren Schutzbefohlenen lebenspraktisch zu helfen und sie u. a. in Hygiene zu beraten. Clara Grunwald fühlt
sich vor allem durch die Beteuerung Montessoris angezogen,
daß ihrer neuen Erziehung kein vorformuliertes Menschenbild
zugrunde liege oder gar eine hinter der pädagogischen Idee stehende Metaphysik die Begabungen des einzelnen in falsche
Bahnen lenke oder verhindere.

In der Tat betrachtete Montessori ihre Methode als das Ergebnis „eines pädagogischen Versuches", der einen *möglichen* Weg
darstelle, „auf dem die für die wissenschaftliche Erneuerung

der Pädagogik aufgestellten Grundsätze zur praktischen Ausführung gebracht werden können" (Montessori 1913, S. 1).
Sie, so erklärt Montessori weiter, habe die „Bahnen der bloßen
Spekulation verlassen", indem sie eine Methode anwende, die
auf wissenschaftlichem Experiment beruhe und der „Wahrheit" – und damit der Wirklichkeit – diene und keiner anderen,
höheren Autorität (ebd. S. 1).

Zahlreiche Zeugnisse über Clara Grunwald zeigen das Bild einer *sozialpolitisch* engagierten Frau: Immer wieder fordert sie
vom Staat den Ausbau des öffentlichen Erziehungswesens,
denn die Einrichtung von Volkskindergärten und -schulen ist
für sie Pflicht des Staates, der für das Wohlergehen der zukünftigen Generation zu sorgen habe. Bislang, so Grunwald in einer Bestandsaufnahme, beruhe die Versorgung der Kleinkinder in Berlin auf Wohltätigkeit, die zwar gutgemeint, aber
„ohnmächtig [...] den Anforderungen *der erzieherischen Versorgung aller bedürftigen Kleinkinder* gegenüberstehen *muß*"
(Grunwald o. J., S. 7, Hervorhebung i. O.) und die die Mütter
abschrecke, ihre Kinder in solche caritativen Bewahranstalten
zu geben. *Sozialpädagogisch* gesehen, spricht sie von notwendiger Prävention, die ohnehin „viel *billiger* ist als die ohne sie
größeren Anforderungen der Krankenhäuser, Fürsorgeerziehungsanstalten und Gefängnisse." (ebd. S. 7, Hervorhebung
i. O.) *Pädagogisch* betrachtet, will Grunwald für diese staatlichen Einrichtungen eine Erziehung, die zum einen die Würde
der sozial schwachen Familien, die ihre Kinder der öffentlichen
Betreuung anvertrauen müssen, bewahrt, aber auch das Kind
in seiner Würde anerkennt. „Damit kommen wir zu dem 'Wie'
der Erziehung, zu der Frage *der gesunden Entfaltung der Persönlichkeit im Kinde*. [...] Für sein körperliches Wachstum
muß das Kind *seiner äußeren Umgebung* die Stoffe entnehmen, die es braucht, die Nahrung und den Sauerstoff; *aber das
Wachstum selbst geschieht nach den ihm innewohnenden Gesetzen,* wir können keinen Einfluß darauf nehmen." (ebd.
S. 10, Hervorhebung i. O.)

In Maria Montessoris neuer Erziehung glaubt Grunwald die
theoretische Begründung für ihre Ideen gefunden zu haben.

Nicht nur, daß Maria Montessori davon spricht „zu kommunisieren" (Montessori 1913, S. 61), sie spricht auch vom „Haus" der Kinder, das im Italienischen als 'casa' eine ähnlich hohe Bedeutung hat wie 'home' im Englischen: ein Haus, in dem die Kinder *leben dürfen*, weil man ihre „Seele" erkannt hat, von der man nicht das Wesen erkunden will, sondern auf die man schaut. Nur beobachtend, niemals urteilend; nicht strafend, nicht belohnend, sondern helfend und unterstützend, verhält sich die Lehrerin und läßt somit der freien und spontanen Entwicklung des Kindes nicht nur mentalen, sondern auch den materiellen Raum, der den kindlichen Entwicklungsstufen entspricht. Montessori beschreibt diese Lehrerin in ihrem „rechten wissenschaftlichen Geist", der mehr ist als „eine gewisse mechanische Fertigkeit" (ebd. S. 8). Clara Grunwald saugt diese Worte gleichsam wie ein Schwamm auf. Sie, die nichts von den streberischen Lehrern hält, die Kenntnisse in die Köpfe der Kinder eintrichtern und ihren Unterricht zu ihrer eigenen Befriedigung gestalten und denen dabei nichts anderes übrigbleibt, als die Aufmerksamkeit der Kinder zu erzwingen, sei es durch Lob oder durch Tadel; sie ist begeistert von den Ausführungen Montessoris. Endlich wird eine Lehrerin beschrieben, die mehr ist als eine Unterrichtstechnologin, die zwar wissenschaftlich distanziert, aber dennoch nicht einer rigiden Methode verpflichtet ist, die die Kinder liebevoll unterstützt, aber nicht autoritär fordert, die ihnen Bildungsangebote macht, ohne sich als Sklavin einem Lehrplan zu unterwerfen. Genauso hat Clara Grunwald ihr Selbstverständnis als Lehrerin und Erzieherin immer verstanden: „Kinder um sich zu haben ist Glück, das *mit ernster Selbsterziehung, mit viel Selbstüberwindung* erkauft sein will" (Grunwald o.J., S. 39, Hervorhebung i.O.).

Auch die von Montessori immer wiederholte Betonung der Wissenschaftlichkeit ihrer Methode ist für Grunwald ein Indiz, daß es sich bei ihrer Pädagogik nicht um eine „Weltanschauung" handelt, sondern um „pädagogische Einsicht", in der die „Wirklichkeit" die Hauptrolle spielt. Aber Grunwald findet in der von ihr selbst durchgeführten Montessori-Praxis anderes,

das für sie von zentralem Wert ist. Es sind zwei Verhaltenswei-
sen, die allerdings für die Methode ihres großen pädagogischen
Vorbildes Montessori nicht konstitutiv, sondern eher deren
konsequentes Ergebnis sind: soziales Verhalten und Nächstenliebe. Für Grunwald ist beides von hoher ethischer Bedeutung;
sie sind ihr schlechthin *Grundlage* ihrer Erziehung, so daß sie
im Sinne der Einlösung dieser Werte ihren erzieherischen All-
tag gestaltet. Denn soziales Verhalten und Nächstenliebe erwerben die Kinder für Grunwald nur im tätigen Umgang miteinander, wenn sie „Gelegenheit zu eigenen sozialen Handlungen" haben (Brief vom 27.12.1941, in: Larsen 1985, S. 46). In
diesem Brief vergegenwärtigt sie sich noch einmal diesen All-
tag in ihren Montessori-Kinderhäusern und -Schulen: „Ich gab
mir Mühe, solche Verhältnisse zu schaffen, durch die sich ein
soziales Leben, gegenseitige Hilfe von selbst ergaben und notwendig wurden." (ebd. S. 46)

Und schließlich findet Clara Grunwald bei Montessoris theoretischen Überlegungen jene Begriffe, die – bis zur letzten Stunde – ihr Leben als Erzieherin begleiten: Freiheit und Selbsttätigkeit. Freiheit besteht für sie darin, daß die Kinder „jede Sache um ihrer selbst willen […] tun, nicht um eines Zweckes willen, der außerhalb liegt". Es ist gerade die Selbstbildung des
Kindes, die sie immer beabsichtigt hat und für die sie ein frei-
heitliches erzieherisches Milieu schaffen wollte, in welchem
das Kind – frei nach Schopenhauer – „Ich" sagen kann (Brief
vom 11.2.1943, in: Larsen 1985, S. 81 f.). Diese Überzeugung
hält Clara Grunwald auch noch angesichts des nahenden Todes
mutig aufrecht. Unermüdlich und beharrlich und sich über das
Diktat der Nazis hinwegsetzend, spornt sie ihre Kinder in Neuendorf an, sich ihrer nicht verschuldeten Unmündigkeit zu ent-
ledigen und sich des eigenen Verstandes zu bedienen. Kurz vor
ihrer Deportation zeugen diese Kinder von ihrem Mut: Durch
die Freiheit ihrer Gedanken und durch die Kraft des schöpferischen Geistes stellen sie sich der für sie unausweichlich gewor-
denen „Wirklichkeit". Nicht durch Abdriften ins Phantastische, nicht durch „zielloses Umherschweifen der Gedanken"
treten diese Kinder ihren Weg nach Auschwitz an, sondern

gleichsam wie jene Menschen, deren Leistungen „uns in Erstaunen und Bewunderung versetzen [...]. Der Künstler
wächst am Studium der wirklichen Dinge, der wirklichen Menschen, der wirklichen Zustände." (Grunwald, o.J., S. 30)

Angesichts dieser ihre Existenz bedrohenden Situation zeigen
die Kinder Clara Grunwalds jedoch mehr, als Montessori mit
ihrem auf das Biologische reduzierten Freiheitsbegriff anstrebte: sittliche Freiheit, eine Kraft, die sie dazu befähigt, über die
Bedingungen ihres Daseins hinauszugehen, um sich-selbst zu
sein. „Erziehung ist [dabei] Hilfe".[4] Rückblickend schreibt
Grunwald an eine Freundin: „Nie ist mir so greifbar vorstellbar
geworden, wie in dieser Zeit das Indische: 'Der andere bist Du
selbst.' Welch ein grauenvoller Irrtum, zu denken, wir könnten
andere quälen, ohne selbst zu leiden. Nichts ist klarer und der
Wirklichkeit [Herv., W.H.-P.] entsprechender als das: 'Herr,
vergib ihnen, denn sie wissen nicht, was sie tun.' – Sie wissen
nicht, was sie sich selbst antun." (Brief vom 23.1.1942, in: Larsen 1985, S. 50)

Clara Grunwald hat in der Montessori-Methode die theoretische Begründung einer Erziehung zu finden geglaubt, die sie
bereits seit Jahrzehnten selbst gedacht und verwirklicht hatte.
Sie sah in ihr eine Methode, die das Methodische überwunden
hat: Das Wesentliche von Maria Montessoris Pädagogik war
ihr, daß diese betont, ohne jede Ansicht über das Wesen des
Kindes einerseits, über das Ziel der Erziehung andererseits an
ihre Arbeit herangegangen zu sein – nur dem immanenten Ziel
folgend, das in der Natur des Kindes liege und die sie mit dem
Instrumentarium positivistischer Wissenschaftlichkeit freige-
legt habe.

IV. Clara Grunwald: Zur Entwicklung der deutschen Montessori-Bewegung

Clara Grunwald zählt somit zweifellos zu den bedeutendsten
Protagonistinnen der Montessori-Bewegung in ihren Anfängen

---

[4] Es handelt sich um den Titel des Beitrags von Elsa Ochs in der Schrift von
Clara Grunwald: Montessori-Erziehung in Familie, Kinderhaus und
Schule, Berlin o.J.

in Deutschland. 1919 rief sie das „Montessori-Komitee" ins Leben, in dem sich Montessori-Fachleute vereinigen sollten. Nachdem sie sich bislang nur aus Schriften Montessoris und aus den Erzählungen ihrer Kollegin Elsa Ochs über die Montessori-Pädagogik kundig gemacht hatte, absolvierte sie 1921 einen internationalen Montessori-Kurs in London, um auch die Methode kennenzulernen. Im selben Jahr – 1921 – gründete sie die „Gesellschaft der Freunde und Förderer der Montessori-Methode e. V.". Clara Grunwald und Maria Montessori lernten sich näher kennen. Montessori erhoffte sich durch das Engagement Grunwalds eine neue, nationale Montessori-Vereinigung in Deutschland und gleichzeitig ein Forum für ihre Pädagogik in Berlin und an der dortigen Humboldt-Universität. Doch die durch Mißtrauen von seiten Montessoris bestimmte leidliche Freundschaft wurde nach einem zweiten Berliner Ausbildungsgang ca. 1927 beendet. Seit den 20er Jahren hat Grunwald mit bemerkenswertem Einsatz an einer sozialpädagogisch begründeten Reform der Kindergärten und Schulen nach den Prinzipien der Montessori-Pädagogik gearbeitet. Unzählige Vorträge, die Einrichtung und Durchführung von Ausbildungskursen, die Errichtung von „Volkskinderhäusern" und Montessori-Klassen bilden die wichtigsten Marksteine ihrer diesbezüglichen Aktivitäten.

1922 konnte Clara Grunwald Maria Montessori nach Berlin zu einem Vortrag einladen. Montessori, die in der Humboldt-Universität – und nur dort – sprach, hinterließ in Deutschland eine glühende Anhängerschaft. Überall in den großen Städten wurden Montessori-Einrichtungen gegründet. Da es an ausgebildeteten Montessori-LehrerInnen mangelte, war die Nachfrage nach Montessori-Kursen hoch. Nach frühzeitig organisierten und erfolgreich durchgeführten Kursen in Berlin wurde Maria Montessori – angesichts der politischen Situation und nicht zuletzt auch aufgrund von Grunwalds Engagements fast ohne finanzielle Mittel – immer mißtrauischer. Auch hielten es einige der in den früheren Kursen ausgebildeten Montessori-Lehrerinnen für opportun, Grunwald als Verfälscherin der „wahren" Montessori-Pädagogik bei Montessori selbst anzuschwärzen.

Montessori beobachtete den von Clara Grunwald bei ihr offizi-
ell beantragten Kurs 1926/27 argwöhnisch und zog kurz vor Abschluß ihr Einverständnis zum Kurs zurück. Erst nach einiger
Überredung unterschrieb sie die Diplome, so daß der Kurs beendet werden konnte.

In der Zwischenzeit war 1925 (hervorgegangen aus dem Komi-
tee und dem Verein der Freunde und Förderer der Montessori-
Pädagogik) von Grunwald die „Deutschen Montessori Gesellschaft e. V." (DMG) gegründet worden, die von Maria Montessori als nationale Montessori-Gruppe zunächst begrüßt und
auch unterstützt worden war. Obwohl die Gründung für Clara
Grunwald den Höhepunkt ihres Schaffens darstellte, war ihr
Einsatz für die Verbreitung der Pädagogik Montessoris in
Deutschland nicht der erhoffte persönliche Erfolg beschieden.
Zum einen waren im Verein schon bald Differenzen über das
„richtige" Montessori-Verständnis ausgebrochen. Differenzen,
die 1930 schließlich zur Abspaltung und zur Gründung des
„Vereins Montessori-Pädagogik Deutschlands. Deutsche Landesgruppe der Internationalen Montessori-Gesellschaft" unter
dem Vorsitz des Rechtsanwaltes Dr. Herbert Axster führten.

Aber nicht nur in der deutschen Montessori-Bewegung verlor
Grunwald zunehmend an Einfluß, auch Maria Montessori
selbst wandte ihre Sympathien von Grunwalds Montessori-Gesellschaft ab und dem „Verein Montessori-Pädagogik" zu, der
über eine weitaus bessere materielle Ausstattung als die DMG
verfügte und dessen Mitglieder – sie stammten durchweg aus
dem gehobenen Bildungsbürgertum[5] – der bekanntermaßen
geschäftstüchtigen Montessori für ihre Sache weit erfolgver-
sprechender erschienen, als die von einer jüdischen Sozialistin
geleitete, eher „proletarische" DMG. Clara Grunwald blieb jedoch ohne Verbitterung der Montessori-Pädagogik treu, auch
als ihr die weitere Entwicklung „ihrer" Bewegung längst aus
den Händen geglitten war und trotz der Abwendung Montessoris, für deren unternehmerisches Kalkül sie kein Verständnis
aufbringen konnte. Ohne Öffentlichkeit unterrichtete sie

---

[5] Zu dem Ehrenausschuß gehörten u. a. Konrad Adenauer, Graf Arco,
Thomas Mann, Max Reinhardt und der Reichstagspräsident Löbe.

kleine Kinder in ihrer Wohnung weiter nach der Montessori-Methode und hielt Elternsprechstunden ab.

Die Vereinigung behauptete von Anfang an, die rechtgläubige Auslegung und Wiedergabe der Montessori-Pädagogik in Deutschland zu leisten. Herbert Axster und seine Frau Ilse Axster, Helene Helming und andere bemühten sich, die „richtige" Montessori-Methode gegen die „falsche" der DMG zu propagieren. Das führte zu gegenseitigen Rivalitäten und Kämpfen, die im Zuge der Vorbereitung des für 1932 vom „Bund" geplanten „öffentlichen Kongresses für Kleinkind-Erziehung" vom 1.–5. Oktober 1932 (Ausstellung 1.–7. Oktober) im Bürgersaal und der Ausstellungshalle des Berlin-Schöneberger Rathauses am Rudolf-Wilde-Platz eskalierten. Der „Verein Montessori-Pädagogik Deutschlands" warf der Deutschen Montessori-Gesellschaft eine erweiterte, sprich verwässerte Montessori-*Methode* und damit den Mißbrauch des Namens Maria Montessori vor. Die Vertreter der DMG bemühten sich dagegen bei den gemeinsamen Sitzungen wiederholt um Sachlichkeit, zogen sich aber immer mehr aus der Öffentlichkeit zurück. Paul Oestreich wurde als Schiedsrichter bemüht, und erst nach einem deutlichen Brief an Axster, die ständigen Unterstellungen gegenüber der DMG zu unterlassen, verliefen die Sitzungen etwas gemäßigter (Brief von Paul Oestreich an Dr. Axster vom 13.11.1931). Kurz vor dem Kongreß sagten die Lehrer und Lehrerinnen aus der DMG ihre aktive Teilnahme an der Ausstellung ab und bestätigten nur ihre Redner: Käthe Stern, Karl Gerhards und Eva von der Dunk. Wieder war es Paul Oestreich, der die Lethargie der DMG durchbrach. In einem Brief vom 30.5.1932 an Hedwig Flatow brachte er es so weit, daß einige Aussteller sich wieder anmeldeten. Allerdings verloren die Sozialisten den unsachlichen Wettbewerb zu diesem Zeitpunkt ohnehin auch aus politischen Gründen. Aber auch die Vereinigung wurde aufgelöst, als die Nationalsozialisten 1936 alle alternativen Erziehungskonzepte in Deutschland verboten hatten.

Die alte Rivalität war jedoch auch nach dem zweiten Weltkrieg nicht verschwunden: Obwohl Helene Helming und Paul Scheid

die deutsche Montessori-Bewegung wieder ins Leben riefen
und zusammen mit Ada und Mario Montessori 1952 die Deutsche Montessori-Gesellschaft e.V. (DMG) wiedergründeten,
trafen in Helming und Scheid die beiden unterschiedlichen
(Welt-)Anschauungen bezüglich der grundsätzlichen Auslegung der Montessori-Gedanken aufeinander, die ein paar Jahre später wiederum zu einer Spaltung der Deutschen Montessori-Gesellschaft führten: Helene Helming hatte ihren Montessori-Kurs in Barcelona absolviert, gerade als Montessori von
der Kirche beauftragt wurde, ihre Methode auf den katholischen Unterricht zu übertragen, deshalb war Helming tief
durchdrungen von der „katholisch denkenden" Montessori.
Paul Scheid dagegen erwarb sein Diplom in Innsbruck zu einem Zeitpunkt, als die inzwischen alt und nachdenklich gewordene Montessori aus Indien zurückgekehrt war und sich zur
Weltoffenheit und zum Weltbürgertum bekannt hatte.

Es entstanden wieder zwei Vereine: Die Katholische Montessori-Vereinigung (Sitz Aachen) und die weltanschaulich unabhängige Deutsche Montessori-Gesellschaft in Frankfurt am
Main, deren erster Vorsitzender Paul Scheid wurde. War es zunächst eher ein Wetteifer, der die beiden Vereine konkurrieren
ließ, so war es bald ein regelrechter Wettkampf um die „bessere" oder „richtigere" Montessori-Pädagogik. Die Deutsche
Montessori-Gesellschaft hielt sich bezüglich der Kurstätigkeit
mehr zurück, während die Vereinigung, verteilt über ganz
Deutschland, Montessori-Diplomkurse abhielt. Erst als 1986
Winfried Böhm den 1. Vorsitz der DMG übernahm, erweiterte
die Deutsche Montessori-Gesellschaft e.V. ihr Kursangebot,
und der alte Streit flammte zunächst erneut auf. Gleichwohl
wurden auf der Vorstandsebene eine Reihe von Maßnahmen
getroffen, dieses unangemessene Spiel – sowohl für die Montessori-Pädagogik als auch für die Beteiligten – zu beenden: Eine „Standard"-Kommission der Vereinigung, der DMG und
des Bayerischen Landesverbandes tagt jetzt regelmäßig, um
den Lehrplan der großen deutschen Vereine zu vereinheit-
lichen und um vor allem den inzwischen unzähligen kleinen
Vereinigungen, die im Namen Maria Montessoris deren

Methode „anwenden", Weiter- und Fortbildungen durchführen, eigengestrickte Zertifikate verteilen und so in der Tat die Gefahr mit sich bringen, die Ideen Montessoris zu verfälschen, eine Geschlossenheit entgegenzusetzen. Das bedeutet freilich nicht, daß in Theorie und Praxis keine Unterschiede mehr zwischen den beiden großen Vereinigungen bestehen, im Gegenteil: Beide Montessori-Gruppierungen halten an ihrer Interpretation und Realisierung der Montessori-Pädagogik fest, aber zukünftig wird es nicht mehr so leicht möglich sein, die Verbreitung der Pädagogik in Form von Ausbildungsgängen, die mit der Vergabe des Diploms verbunden sind, in pejorativer Form zu vergleichen. Beide Vereine sind mit der Association Montessori Internationale (AMI) (Amsterdam) assoziiert, haben Dozenten, die in vergleichbarer Weise ausgebildet sind, und haben hohes internationales Ansehen. Anders als die Vereinigung, hat die DMG Arbeitskreise in den verschiedenen Bundesländern, die die Kurse durchführen: Berlin, Hamburg, Regensburg, Wiesbaden, Würzburg etc. Offen bleibt freilich, warum die Vereinigung erst kürzlich und ohne vorherige Absprache mit der DMG der AMI das Trade mark für die Montessori-Ausbildung abgekauft hat, das allein für assoziierte Vereine gilt. Damit wird der alte „Streit um Montessori" möglicherweise erneut angestachelt.

In den letzten zehn Jahren sind in Deutschland viele Montessori-Einrichtungen gegründet worden. In jeder größeren Stadt eines Bundeslandes sind ein oder zwei Kinderhäuser und Montessori-Schulen zu finden. Der Bedarf an ausgebildeten Montessori-Lehrerinnen mit Diplom ist immer noch vorhanden, und es ist für die Auszubildenden nicht einfach, eine qualifizierte Lehrstätte, die den ausgearbeiteten Standards entspricht, zu finden. Die ADMV (Aktionsgemeinschaft Deutscher Montessori-Vereine) als Dachorganisation der großen deutschen Montessori-Vereine gibt kompetente Antwort. Seit etwa einem Jahr sind die Vereinigung und die DMG im Internet präsent, haben ihr Informationsnetz ausgeweitet und veröffentlichen regelmäßig ihre Vereinszeitschriften, die auch Nichtmitgliedern zugänglich sind.

Quellen und Literatur

Berger, Manfred: Clara Grunwald – Ihr Leben und Wirken für die Montessori-Pädagogik in Deutschland, in: Clara Grunwald, Sonderheft: Das Kind 1995, S. 20–33.

Berger, Manfred: Clara Grunwald. Wegbereiterin der Montessori-Pädagogik. Frankfurt/Main 2000.

Bernhard, Armin / Eierdanz, Jürgen (Hrsg.): Der Bund der Entschiedenen Schulreformer. Eine verdrängte Tradition demokratischer Pädagogik- und Bildungspolitik. Frankfurt a. M. 1990.

Böhm, Winfried: 70 Jahre Montessori-Pädagogik in Deutschland. In: Waltraud Harth-Peter (Hrsg.): „Kinder sind anders". Maria Montessoris Bild vom Kinde auf dem Prüfstand. Würzburg 1996, 2. Aufl. 1997, S. 37–45.

Böhm, Winfried: Maria Montessori. Hintergrund und Prinzipien ihres pädagogischen Denkens. Bad Heilbrunn 1969, 2. Auflage 1991.

Brief von Paul Oestreich an Dr. Axster vom 13.11.1931, unveröffentlicht, Paul-Oestreich-Archiv, Würzburg.

Brief von Paul Oestreich an Hedwig Flatow vom 30.5.1932, unveröffentlicht, Paul-Oestreich-Archiv, Würzburg.

Briefwechsel: Clara Grunwald und Paul Oestreich: unveröffentlichte Briefe aus den Jahren 1919–1928, Paul-Oestreich-Archiv, Würzburg.

Giebeler, Sara / Holtz, Axel / Schmidt, Peter Wilhelm A. / Trachsler-Lehmann, Susanne: Profile jüdischer Pädagoginnen und Pädagogen. Ulm 2000.

Grunwald, Clara: Ihr Leben und Wirken für die Montessori-Pädagogik in Deutschland. Sonderheft DAS KIND. Herausgegeben von der Deutschen Montessori Gesellschaft e. V., Würzburg 1995.

Clara Grunwald: Das Kind ist der Mittelpunkt. Herausgegeben von Axel Holtz. Ulm 1995

Grunwald, Clara: Montessori-Erziehung in Familie, Kinderkaus und Schule. (DMG-Eigenverlag.) Berlin o. J.

Hansen-Schaberg, Inge: Die Montessori-Bewegung in Berlin während der Weimarer Republik und der Konflikt zwischen Clara Grunwald und Maria Montessori. In: Das Kind, Heft 19, 1996, S. 27–36.

Harth-Peter, Waltraud: Clara Grunwald und die Montessori-Bewegung in Deutschland. In: TPS. Theorie und Praxis der Sozialpädagogik. Darmstadt 1997, S. 10–14.

Harth-Peter, Waltraud: Clara Grunwald. Ihre Interpretation Maria Montessoris. In: Clara Grunwald, Sonderheft: Das Kind 1995, S. 5–19.

Harth-Peter, Waltraud: Clara Grunwald und Maria Montessori. In: Waltraud Harth-Peter (Hrsg.): „Kinder sind anders". Maria Montessoris Bild vom Kinde auf dem Prüfstand. Würzburg 1996, 2. Aufl. 1997, S. 67–84.

Helming, Helene: Der Streit um Montessori. In: Katechetische Blätter 88, S. 88–90.

Köpcke-Duttler, Arnold: Clara Grunwald und die Gegenwart verbrennender Kinder. In: Sonderheft: Das Kind 1995, S. 34–45.

Larsen, Egon: „Und doch gefällt mir das Leben." Die Briefe der Clara Grunwald 1941–1943. Mannheim 1985.

Montessori, Maria: Selbsttätige Erziehung im frühen Kindesalter. Stuttgart 1913.

Neuner, Ingrid: Der Bund Entschiedener Schulreformer. Bad Heilbrunn 1980.

Schulz-Benesch, Günter: Der Streit um Montessori. Freiburg/Br. 1961.

INGE HANSEN-SCHABERG

Die Montessoribewegung in Berlin während der Weimarer Republik und der Konflikt zwischen Clara Grunwald und Maria Montessori[1]

1. Schulreform und Reformpädagogik in Berlin

Die 1920 entstandene Stadtgemeinde Groß-Berlin war eines der wichtigsten Schulreformzentren der Weimarer Republik, das durch die Kombination von fortschrittlicher Bildungspolitik und reformpädagogisch orientierten Lehrerinnen und Lehrern eine Reihe von Schulversuchen zuließ (Hansen-Schaberg 1998). Auf der Ebene der öffentlichen höheren Schule sind die von Wilhelm Blume projektierte und geleitete Schulfarm Scharfenberg (Haubfleisch 1993), der von Fritz Karsen aufgebaute koedukative Neuköllner Schulenkomplex am Kaiser-Friedrich-Realgymnasium, der das erste Modell einer Gesamtschule war und ab 1930 Karl-Marx-Schule genannt wurde (Radde 1973), und die seit 1910 bestehende, ebenfalls koedukative Höhere Waldschule, die unter Wilhelm Krause ab 1923 als „Landerziehungheim mit Tagesbetrieb" (Nydahl 1928, S. 316) geführt wurde, zu nennen. Für den Aufbau eines einheitlichen Schulsystems wurde das Amt eines Stadtschulrats geschaffen, das von 1921 bis 1924 mit dem profilierten Sozialdemokraten Wilhelm Paulsen besetzt wurde. Gegen erhebliche

---

[1] Dieser nur leicht aktualisierte Beitrag ist erstmals abgedruckt worden in: Das Kind. Halbjahresschrift für Montessori-Pädagogik, Heft 19/1996, S. 27–36. Er ist im Kontext meines DFG-Forschungsprojektes zum Thema „Die Realisierung des Koedukationsgedankens in ausgewählten staatlichen Berliner Reformschulen der Weimarer Republik" (siehe Forschungsbericht Inge Hansen-Schaberg 1994; siehe Inge Hansen-Schaberg 1999) entstanden.

Wider stände konnte er ab 1923 und ab 1926 sein Nachfolger
Jens Nydahl auf der Volksschulebene insgesamt elf Versuchsschulen durchsetzen, die als „Lebensgemeinschaftsschulen"
deklariert wurden, koedukativ waren und sich durch die Freiheit in der Unterrichtsorganisation und in der Lehrplangestal-
tung auszeichneten (Hansen-Schaberg 1995).

2. Clara Grunwald als Protagonistin der Montessori-Pädagogik

Clara Grunwald (1877–1943) hat die Berliner Reformpädagogik der 20er Jahre bis 1933 mitgeprägt, indem sie als Mitglied
im „Bund Entschiedener Schulreformer" seit dessen Gründung 1919 die Montessori-Pädagogik in die Schulreformdiskus-
sionen einbrachte, u. a. in den von Paul Oestreich, dem Vorsitzenden des „Bundes", herausgegebenen Publikationen veröffentlichte und Kinderhäuser und Schulversuche initiierte.
Sie war Mittelschullehrerin an der 1916 eröffneten Luise-Otto-
Peters-Schule in Berlin-Friedrichshain (Lehrerverzeichnis
1922). Bereits vor dem 1. Weltkrieg kam sie mit der Montessori-
Pädagogik in Berührung, war fasziniert und seit dem Zeitpunkt
gemeinsam mit Elsa Ochs für die Verbreitung der Montessori-
Gedanken in Deutschland engagiert (Harth-Peter 1995, S. 7;
Waldschmidt 1995, S. 23 ff.). 1919 gründete Clara Grunwald
das „Montessori-Komitee" und 1921 die „Gesellschaft der
Freunde und Förderer der Montessori-Methode in Deutschland e. V.", aus denen 1925 die „Deutsche Montessori Gesellschaft" (DMG) mit der Vorsitzenden Clara Grunwald hervorging (Berger 1995, S. 20). Über ihre eigene Ausbildung zur
Montessori-Lehrerin schreibt Clara Grunwald: „Im Sommer
1921 war ich vier Monate in London, um an dem Ausbildungskurse, den Maria Montessori abhielt, teilzunehmen. So viel es
nur anging, habe ich in den Montessori-Klassen, die die Unterstufe verschiedener Schulgattungen bilden, hospitiert. Es hat
für mich etwas Beglückendes, den emsig arbeitenden Kindern
zuzusehen und das friedliche, leise Geräusch ihrer kleinen
Hantierungen mit dem Material zu sehen." (Grunwald 1924,
S. 13 f.)

Der erste Versuch mit der Montessori-Pädagogik in Berlin wurde mit Hilfe des sozialistischen Bürgermeisters Otto Ostrowski bereits 1919 in Lankwitz initiiert, bis dieser am 1. Oktober 1922 von der Bezirksverwaltung – in der offiziellen Verlautbarung wegen fehlender finanzieller Mittel – beendet wurde, während Clara Grunwald pädagogische und politische Vorbehalte dafür verantwortlich machte (Berger 1995, S. 24). Am 1. Februar 1923 konnte das Montessori-Kinderhaus in Berlin-Wilmersdorf unter Leitung von Elsa Ochs eröffnen (Ochs 1924, S. 19), das 3–5 1/2 jährige Kinder aufnahm, und im Mai 1924 wurde das erste, von Ilse Simachowitz geleitete Volkskinderhaus am Leopoldplatz im Wedding eingerichtet. Die Unterbringung des Tagesheims für 30 Kinder erfolgte in den Räumen der 308. Gemeindeschule (Simachowitz 1928), die zu dem Zeitpunkt eine sog. „Sammelschule" oder „weltliche Schule" für Mädchen und Jungen ohne Religionsunterricht war und ab 1930 als „Lebensgemeinschaftsschule" anerkannt wurde. Über diese beiden Montessori-Einrichtungen schreibt Clara Grunwald: „Das Kinderhaus in Berlin-Wilmersdorf wird hauptsächlich von den Kindern des gebildeten Mittelstandes besucht. Hier wird ein Erziehungsbeitrag von den Eltern gezahlt. Das zweite Kinderhaus, das sich im Norden von Berlin, im Stadtteil Wedding befindet, nimmt die Kinder der arbeitenden Bevölkerung auf." (Grunwald 1924, S. 12).

Nach diesem Erfolg war der nächste Schritt, die Kinder auch in der Schule nach den Ideen Montessoris unterrichten zu lassen. Clara Grunwald überprüfte selbst die Notwendigkeit eines solchen Unterrichts: „Ich habe zwei Jahre lang, um die Methode praktisch zu erproben, nachmittags eine Anzahl Kinder bei mir versammelt, die sich zuerst mit dem Material zur Sinnesübung beschäftigten und nach und nach zur Arbeit mit dem Material für den *Elementarunterricht* übergingen. Die Leichtigkeit, mit der die Kinder die Schulkenntnisse sich aneigneten, die Sicherheit, die sie in der Verfügung über ihren geistigen Besitz erlangten, übertrafen meine Erwartungen bei weitem." (ebd. S. 13, Hervorhebung i. O.) Es konnte erreicht werden, daß am 14. April 1926 die erste öffentliche Montessori-Klasse Berlins an der 9. Volksschule in Wilmersdorf eröffnet (Ochs 1926, S. 665) und zum zweiklassigen Schulversuch ausgebaut wurde, den Clara Grunwald ebenso betreute wie die 1928 gegründete private Dahlemer Montessorischule (Berger 1994, S. 19f.). Hinzu kamen an der 34. Volksschule in Lichtenberg und an der 312. Volksschule im Wedding jeweils eine Montessori-Klasse und die Gründung einer zweiten privaten Montessorischule in Zehlendorf (Führer durch das deutsche Bildungswesen 1930, S. 113f.). Zu Ostern 1929 wurden die ersten drei Kinder, 1930 neun Kinder und 1931 fünf Kinder aus einer Montessoriklasse der 9. Volksschule in Wilmersdorf auf Gymnasien entlassen, und vom Provinzialschulkollegium wurde von den aufnehmenden Schulen jeweils zwei halbjährliche Berichte „über das Verhalten dieser Kinder in der Klassengemeinschaft, ihre Arbeitsweise und ihre Schulleistungen" (PSK 28.4.1930) angefordert, denn: „Für die Beurteilung des Schulversuchs ist es von Wert, daß festgestellt wird, wie sich die Kinder, die aus einer Montessoriklasse kommen, in der höheren Schule weiter entwickeln, ob und welche Schwierigkeiten und Mängel hervortreten, die auf den vorausgegangenen Unterricht zurückgeführt werden können." (ebd.). Leider sind die Berichte der Schulleiter nicht in den Archivalien vorhanden und müssen wohl als verschollen gelten.

Um das Ausmaß der Verbreitung der Montessori-Pädagogik in Berlin zu verdeutlichen, möchte ich aus dem Begleitprogramm zum Kleinkindkongreß 1932 in Berlin zitieren: Es wurden von der DMG die folgenden Besichtigungen angeboten: die Kinderhäuser in Wilmersdorf, Lichtenberg, Lichterfelde, Wedding, Kreuzberg und die von Ernst Bulowa geleitete Schule in Dahlem; vom Verein Montessori-Pädagogik Deutschlands wurden die Montessori-Häuser der Kinder in Wilmersdorf, Neukölln, Grunewald, das städtische Volkskinderhaus in der Seestraße im Wedding, Seestraße, das Montessori-Kinderhaus (Jugendheim) in Charlottenburg, und die 1. und 2. Montessoriklasse der städtischen Volksschulen in Wilmersdorf und Neukölln (Öffentlicher Kongreß, in: Die Neue Erziehung 1932, S. 675).

3. Der Konflikt zwischen Clara Grunwald und Maria Montessori

Die Vorgeschichte des Konfliktes ist schnell erzählt: Nach einem mit Billigung Maria Montessoris von Clara Grunwald und Elsa Ochs durchgeführten Ausbildungskurs im „Zentralinstitut für Erziehung und Unterricht" im Jahr 1923 wurde ihnen für einen 1925 geplanten Kurs die Berechtigung entzogen (Berger 1995, S. 26). Bekanntlicherweise endete der dann von Maria Montessori selbst 1926/27 in Berlin durchgeführte Kurs in einem Eklat und mit dem Entzug der Autorisierung für alle der DMG angehörenden Montessori-Einrichtungen in Deutschland (ebd. S. 26f.). Die dann erfolgte Neugründung „Verein Montessori-Pädagogik Deutschlands e. V." 1930 unter der Präsidentschaft Maria Montessoris und unter dem Vorsitz des Berliner Rechtsanwalts Herbert Axster muß dahingehend interpretiert werden, daß Maria Montessori eine enge Kontrolle der in ihrem Namen praktizierten Pädagogik anstrebte. Auffällig war die eher konservative und großbürgerliche Ausrichtung: Zum Ehrenausschuß gehörten Konrad Adenauer, Graf Arco, Max Reinhardt, der Reichstagspräsident Paul Löbe und Thomas Mann (Harth-Peter 1995, S. 18). Daraus jedoch den Schluß zu ziehen, daß Maria Montessori aus politischen Gründen die DMG bekämpfte, wie Manfred Berger es darstellt, wenn er schreibt: „Ihr mißfiel wohl die einseitige (sozialistische) Weltanschauung des Berliner Montessori-Vereins, der ja unzweifelhaft im engen Kontakt zu sozialistischen Kreisen stand." (Berger 1995, S. 27) halte ich angesichts der Quellen für zu kurz gegriffen.

Ein neues Licht auf diese strittige Problematik und auf den „Verein Montessori-Pädagogik Deutschlands e. V." wirft nämlich der nun einsetzende Versuch, Clara Grunwald zu diffamieren und zu denunzieren, der aus bislang unbeachtet gebliebenen Archivalien rekonstruiert werden kann. Im April 1931 traf ein Brief aus Rom beim Provinzial-Schulkollegium der Provinz Brandenburg und von Berlin ein, den zehn Pädagoginnen verfaßt und unterzeichnet hatten, die sich derzeit in einem von

Maria Montessori durchgeführten Kurs befanden. Über einen 1928/29 von Clara Grunwald geleiteten Ausbildungskurs schreiben sie: „Schon während der Ausbildungslehrgänge haben wir stark daran gezweifelt, daß Frau Grunwald geeignet sei, die Montessori-Pädagogik zu übermitteln. [...] Es war uns nur das nahe gebracht worden, und noch dazu in vollkommen unzulänglicher Weise, was Frau Dr. Montessori vor vielen Jahren geschaffen hat." (Brief April 1931, S. 1). Neben der behaupteten Unzulänglichkeit Clara Grunwalds klagen sie über eine Diskrepanz zwischen der in Berlin und Rom gelehrten Montessori-Pädagogik: „Während des Kurses in Rom haben sich unsere Vermutungen bestätigt, daß wir nach unserer bisherigen Ausbildung nicht vollwertige Montessori Arbeit leisten können, da uns die Montessori Gedanken entstellt übermittelt worden sind ... Die Dozenten haben z. T. in ausgesprochenem Gegensatz zur Gedankenwelt Frau Dr. Montessoris gestanden." (ebd. S. 2).

In dem Brief wird dargestellt, daß die zehn Lehrerinnen aufgrund von Sondervergünstigungen in der Lage waren, die richtige Pädagogik Maria Montessoris kennenzulernen und sich so von den Fehlern befreien zu können, die Clara Grunwald bisher vermittelt habe. Es wirkt so, als ob der Preis für die Teilnahme an dem Kurs mit diesem Brief bezahlt wurde: „Mit ganz besonderer Dankbarkeit möchten wir hervorheben, daß uns die Teilnahme an dem Kursus nur durch besonderes Entgegenkommen von Frau Dr. Montessori ermöglicht worden ist. Die Gebühren sind stark ermäßigt, zum großen Teil erlassen worden. Frau Dr. Montessori hat sich zu diesem Schritt auf Anregung des Vereins Montessori Pädagogik Deutschlands, Berlin W 8, Wilhelmstraße 57 entschlossen, weil sie erkannt hat, daß wir durch die früheren Kurse in unverantwortlicher Weise irregeführt worden sind." (ebd. S. 2). Die Unterzeichnerinnen fordern geradezu dazu auf, Clara Grunwald disziplinarisch belangen, ihr auf jeden Fall eine weitere Unterweisung in der Montessori-Pädagogik zu verbieten: „Wir wenden uns mit diesem Schreiben an das Provinzial-Schulkollegium, weil wir den Wunsch haben in Deutschland vorbildliche Montessori-Arbeit zu leisten und den deutschen pädagogischen Behörden ein richtiges Urteil über die Montessori-Methode zu ermöglichen. Wir sind uns klar, daß wir hierzu die wohlwollende Unterstützung des Provinzial-Schulkollegiums bedürfen" (ebd. S. 2 f.).

Daraufhin berief das Provinzial-Schulkollegium am 12. Mai 1931 eine Zusammenkunft ein, um eine Anhörung durchzuführen. Für die DMG waren Geheimrat Prof. Dr. Hertwig, Vorsitzender der Ortsgruppe Berlin, Clara Grunwald, Mittelschullehrerin, Ernst Bulowa, Montessori-Lehrer und Leiter der Versuchsschule in Dahlem, Herr Schmidt, Montessori-Lehrer, Friedrich Beuster, Montessori-Lehrer, anwesend, für den „Verein" Dr. Herbert Axter, Vorsitzender, Frl. Dietrich, Montessori-Lehrerin, Elisabeth Glückselig, Montessori-Lehrerin, und Paula Fürst, Montessori-Lehrerin. Die Schulräte Max Kreuziger, Zickermann und der Magistratsschulrat Spanier führten das Gespräch, und das eigentlich Spannende ist ihre Haltung zur Montessori-Pädagogik, auf die ich später näher eingehen werde. Zunächst aber möchte ich die unterschiedlichen Positionen der DMG und des „Vereins" darstellen, wie sie in dem Protokoll dieser Sitzung formuliert wurden (Protokoll 12.3.1931):

Während die DMG-Mitglieder sagten, daß sie „nichts nennenswertes Neues" (ebd. S. 1) und somit keinen Unterschied zwischen alter und neuer Methode erkennen könnten und sich bislang vergeblich bemüht hätten, zu einem Erfahrungsaustausch mit den vom römischen Lehrgang im vorausgegangen Jahr Zurückgekehrten zu gelangen, auch eigene Versuche unternommen hätten, das Arbeitsmaterial zu ergänzen und neue Lehrgänge, möglichst unter Leitung Maria Montessoris, wünschten, formulierte die andere Gruppe um Herbert Axster eine Reihe von Vorwürfen: Bisher seien schlecht ausgebildete Lehrer ohne Zusammenhang mit Maria Montessori zu „etwa 100 Sorten" (ebd. S. 6) von Montessori-Schulen gelangt, und es müsse endlich eine Übereinstimmung und Einheitlichkeit erreicht werden. An Neuerungen wurden die Bereicherung des Arbeitsmaterials, Änderungen im mathematischen und sprachlichen Bereich, „die Frage nach dem tieferen Sinn, nach

dem weltanschaulichen Warum" (ebd. S. 1) und die „viel größere Selbsttätigkeit und Freiheit der Kinder" (ebd. S. 1 f.) genannt sowie die notwendige „sittliche Änderung des Lehrers"
(ebd. S. 7), da „sich bei dem Erwachsenen ungeheure Feind-
schaft gegen das Kind gesammelt habe durch die Verschieden-
heit im Vergleich mit dem kindlichen Wesen" (ebd. S. 7 f.).

Interessant in dem Gespräch ist die Unterstützung durch die
Schulaufsicht, die eher der DMG galt: Nachdem Hertwig
Zweifel an der Berechtigung der Kritik Maria Montessoris an
deutschen Montessori-Einrichtungen äußerte: „Frau Montessori war zweimal in Deutschland und hat im ganzen 2 oder 3
Anstalten besucht. In jeder ist sie wohl nur ganz kurze Zeit gewesen und hat danach wohl kaum das Recht ein so vernichten-
des Urteil über die Arbeit in Deutschland abzugeben." (ebd.
S. 10), wandte sich Schulrat Zickermann gegen einen dogmati-
schen Umgang mit der Montessori-Methode und gab der DMG
recht, wenn auch mit nationalistischem Einschlag: „[…] dieses
Kleben am Meister führt zu einer Mechanisierung, zu einer Er-
starrung, nicht aber zu einer Lebendigmachung. Das ist stets
das Unglück unserer deutschen Schulen gewesen, daß wir vergessen haben, deutsches Gemüt mitsprechen zu lassen. […]
Auf dem Boden des gesunden Teiles der Bewegung weiter zu
arbeiten und dann selbständig zu sein, zu arbeiten und nicht
strikt sklavisch Rom nach Berlin zu versetzen, ist unsere Aufgabe." (ebd. S. 11). Dies wird auch von Spanier unterstützt, der
zwar für Kursbesuche in Rom eintritt, aber auch dafür, daß sich
„das deutsche Gepräge" in der Schule durchsetzt, und fest-
stellt: *„Die Ergebnisse aus den Montessoriversuchsschulen
sind bis jetzt sehr dürftige.* Solche Versuche zu finanzieren wird
doch mit der Zeit sehr teuer." (ebd. S. 13, Hervorhebung im
Original). Und er fügte hinzu: *„Den Streit der beiden Vereine*
halte ich für sehr verhängnisvoll." (ebd. S. 13, Hervorhebung
im Original).

Clara Grunwald hielt sich während des Gesprächs völlig zurück
und äußerte schließlich ihre Betroffenheit, was zur Beendigung
des Treffens führte: „Ich bin erstaunt, daß eine Auslassung von
Rom aus an den Minister und das Provinzialschulkollegium

über die Dürftigkeit meiner früheren Montessori-Lehrkurse
geschickt worden ist. Ich habe sehr viele deutsche Lehrkräfte
ausgebildet und früher haben sie auch Frau Montessori völlig
genügt. Wenn sie jetzt nicht genügen sollen, lehne ich eine Verteidigung meiner Lehr- und Ausbildungsweise ab." (ebd.
S. 14). Das Protokoll hört danach mit der Bemerkung auf:
„Die Verhandlung droht dann zwischen den beiden Richtungen
und Vereinen persönlich angreifend zu werden und wird nach
einigen Schlußworten abgebrochen." (ebd. S. 14). Diese Äußerung Clara Grunwalds hat der Behörde völlig ausgereicht,
denn auf dem römischen Brief findet sich der Vermerk, daß
Frau Grunwald bei dieser Zusammenkunft dazu Stellung genommen hat. Und damit ist der Denunziationsversuch geschei-
tert, obwohl Herbert Axster noch einmal nachsetzte, indem er
dem Provinzialschulkollegium im Anschluß an das Gespräch
eine Zusammenstellung der theoretischen und praktischen
Fehler der „alten Schule" und die Neuerungen in der Montessori-Pädagogik, die er vertrat, schickte (Brief vom 16.5.1931).
Aber die Kränkung blieb und muß von Clara Grunwald als Versuch, ihr Lebenswerk zu zerstören, wahrgenommen worden
sein. Er führte zu einer Art Lähmung und Rückzug der DMG,
was von Waltraud Harth-Peter sehr zutreffend als „Lethargie"
beschrieben wird (Harth-Peter 1995, S. 8). Die Ausstellung
„Das Kind in der Montessori-Pädagogik" im Februar 1932 wurde nur vom „Verein" mit dem Zentralinstitut veranstaltet (Einladung vom 30.1.1932). Paul Oestreich gelang es jedoch in der
Vorbereitung des vom Bund Entschiedener Schulreformer veranstalteten Kleinkindkongresses die offenen Angriffe des
„Vereins" einzudämmen und die DMG zu aktivieren, so daß
beide im Herbst 1932 daran teilnahmen (Harth-Peter 1995,
S. 8f.). Auf diesem Kongreß merkte Ilse Axter vom „Verein"
in ihrem Vortag polemisch an: „Noch kann in Deutschland kein
Mensch eine Kritik an der Idee Maria Montessoris üben, noch
kann man ihre Methode verwerfen oder ändern, denn man
kennt sie nicht. Die Bücher von Maria Montessoris, die in deutscher Sprache vorliegen, sind vor 25 Jahren geschrieben
worden. Noch gibt es in Deutschland kein Haus der Kinder,
weder für das Kleinkind noch für das Schulkind, in denen die

Forderungen Maria Montessoris restlos erfüllt sind." (Axter 1932, S. 116). Im Gegensatz dazu nennt Karl Gerhards von der DMG für Deutschland etwa 15 im Aufbau befindliche Montessorischulen, die an die 400 Kinder unterrichten (Gerhards 1932, S. 121).

4. Erklärungsansätze zum „Schulenstreit"

Welche Beweggründe Maria Montessoris mögen ausschlaggebend gewesen sein, Clara Grunwald als Repräsentantin der Deutschen Montessori Gesellschaft auszugrenzen, ja sogar zu bekämpfen? Auf der Basis der hier vorgestellten Quellen liegt die Vermutung nahe, daß Maria Montessori sich im wesentlichen um die Aufrechterhaltung ihrer Monopolstellung sorgte, was an dem Verbot, selbständige Kurse in Deutschland durchzuführen, und an der Exklusivität der von ihr ausgestellten römischen Diplome ablesbar ist. Darüber hinaus ging es aber auch um die von der DMG vorgenommene Ergänzung und flexible Handhabung der Materialien, wie z. B. Friedrich Beuster es für den sprachlichen und mathematischen Bereich dargestellte (Beuster 1926), was dem Geschäftsinteresse Maria Montessoris widersprechen mußte und auch vom „Verein" strikt abgelehnt wurde: „1930 hat in Rom eine deutsche Grammatik vorgelegen (wohl von Beuster) und wir haben sie geprüft. Diese Grammatik war effektiv mit der Montessorimethode nicht in Einklang zu bringen." (Protokoll 12.5.1931, S. 12). Unterstützt werden meine Vermutungen hinsichtlich der wirtschaftlichen Seite des Unternehmens Montessori auch durch Wiebke Amman (1995), die u. a. über die Patentierung didaktischer Materialien und die Versuche, Maria Montessoris, „sich Gewinnanteile an der Vermarktung ihrer Ideen zu sichern", schreibt (Amman 1995, S. 95). Ein weiteres wichtiges Motiv scheint mir aber auch die von Clara Grunwald und der DMG vorgenommene Zuordnung der Montessori-Pädagogik zur reformpädagogischen Bewegung der Weimarer Republik und zum Bund Entschiedener Schulreformer zu sein, denn Maria Montessori begriff sich nicht als Teil dieser schulreformerischen Bewegung und reklamierte die Selbsttätigkeit und Freiheit des Kindes für ihre Pädagogik ohne politische Orientierung. Die DMG dagegen hielt die gesellschaftsverändernde Dimension der pädagogischen Arbeit für wesentlich, wie Karl Gerhards es auf dem Kleinkindkongreß kämpferisch, ja schon militaristisch, formulierte: „Aber zu dieser Aufbauarbeit muß die kämpfende Arbeit, die politische Arbeit im totalen Sinne Oestreichs hinzukommen. Indem wir uns in unserer Gesinnung zu diesem totalen politischen Kampf, zur Gemeinschaft mit der Entschiedenen Schulreform bekennen, genügt uns also nicht die ausschließliche Bildung einer Front der Kinderwelt gegen die Erwachsenen – einer Front, die sich rein 'vertikal' durch alle soziale und politische Schichtung hindurch erstrecken soll." (Gerhards 1932, S. 129). Ich denke, eine Kombination aller hier aufgeführten möglichen Motive könnte der historischen Wahrheit nahekommen, und vermutlich muß auch eine Portion Eifersucht auf die Erfolge Clara Grunwalds einbezogen werden, um Maria Montessoris Handlungen erklären zu können.

*

Clara Grunwald bekam nach dem „Gesetz zur Wiederherstellung des Berufsbeamtentums" vom 7.4.1933, das sie als Jüdin und Sozialistin zweifach traf, Berufsverbot. Die Einrichtungen der Montessori-Pädagogik in Berlin wurden geschlossen, und ab 1. Januar 1936 war die gesamte Montessori-Bewegung in Deutschland verboten (Larsen 1985, S. 27). Clara Grunwald wurde gemeinsam mit den ihr auf dem landwirtschaftlichen „Umschulungsgut" für Juden in Neuendorf anvertrauten Kindern (ebd. S. 34ff.) in Auschwitz ermordet.

Ungedruckte Quellen

Brandenburgisches Landeshauptarchiv Potsdam
Pr.Br. Rep. 34 Nr. 3856
– Briefe des Provinzialschulkollegiums an die Schulleiter betreffs der Aufnahme von Kindern aus Montessori-Klassen vom 28.4.1930, 21.8.1931
– Brief aus Rom an das Provinzialschulkollegium vom April 1931
– Protokoll der Sitzung im Provinzialschulkollegium am 12.5.1931

– Brief Herbert Axsters an das Provinzialschulkollegium vom 16.5.1931
– Einladung Herbert Axsters an das Provinzialschulkollegium vom
  30.1.1932

Gedruckte Quellen

Axster, Ilse: Das Kind unter Kindern. In: Oestreich, Paul (Hrsg.): Das
Kleinkind, seine Not und seine Erziehung. Jena 1932, S. 108–120.

Beuster, Friedrich: Montessori-Geist und Montessori-Praxis in der Schule.
In: Die Neue Erziehung 8 (1926), S. 644–658.

Öffentlicher Kongreß für Kleinkind-Erziehung. In: Die Neue Erziehung 14
(1932), S. 662–685.

Führer durch das deutsche Bildungswesen. Berlin. Volks-, Mittel- und Höhere Schulen. Berlin, Leipzig 1930.

Gerhards, Karl: Das Montessori-Kinderhaus als organisatorischer Unter-
bau der Montessori-Schule. In: Oestreich, Paul (Hrsg.): Das Kleinkind,
seine Not und seine Erziehung. Jena 1932, S. 121–129.

Grunwald, Clara: Die Erziehung des Kleinkindes nach den Gedanken der
Maria Montessori. In. Oestreich, Paul (Hrsg.): Bausteine zur neuen
Schule. München 1923, S. 37–47.

Grunwald, Clara: Montessori-Erziehung. In: Montessori-Erziehung. Hrsg.
im Auftrag der Gesellschaft der Freunde und Förderer der Montessori-
Methode in Deutschland e.V. Berlin o.J. (1924), S. 1–14.

Grunwald, Clara: Montessori-Erziehung in Familie, Kinderhaus und Schule. Berlin o.J. (1927).

Grunwald, Clara: „Und doch gefällt mir das Leben". Die Briefe der Clara
Grunwald 1941–1943. Hrsg. von Egon Larsen. Mannheim 1985.

Grunwald, Clara: Das Kind ist der Mittelpunkt. Hrsg. von Axel Holtz. Ulm
und Münster 1995.

Lehrerverzeichnis der Stadtgemeinde Berlin: Berliner Lehrerverzeichnis.
Hrsg. vom Lehrerverband Berlin 76 (1922).

Nydahl, Jens (Hrsg.): Das Berliner Schulwesen. Berlin 1928.

Ochs, Elsa: Aus dem Haus der Kinder. In: Montessori-Erziehung. Hrsg. im
Auftrag der Gesellschaft der Freunde und Förderer der Montessori-Methode in Deutschland e.V. Berlin o.J. (1924), S. 19–25.

Ochs, Elsa: Die Entwicklung der Fünf- bis Sechsjährigen im Montessori-
Kinderhaus. In: Die Neue Erziehung 8 (1926), S. 659–665.

Oestreich, Paul (Hrsg.): Das Kleinkind, seine Not und seine Erziehung. Jena 1932.

Simachowitz, Ilse: Montessori-Erziehung im Volkskinderhaus. In: Die
Neue Erziehung 10 (1928), S. 411–424.

Literatur

Amman, Wiebke: „Wenigstens das tägliche Brot". Maria Montessori: Unternehmerin und Chefin des Montessorikonzerns. In: Das Kind, Heft 18/1995, S. 87–96.

Berger, Manfred: Clara Grunwald. Eine Wegbereiterin der modernen Erlebnispädagogik? Lüneburg 1994.

Berger, Manfred: Clara Grunwald. Nestorin der Montessori-Bewegung in Deutschland und kaum gewürdigte Pädagogin. In: Unsere Jugend. Die Zeitschrift für Studien und Praxis der Sozialpädagogik 45 (1993), Heft 2, S. 60–66.

Berger, Manfred: Clara Grunwald – Ihr Leben und Wirken für die Montessori-Pädagogik in Deutschland. In: Das Kind. Sonderheft 1995: Clara Grunwald. Ihr Leben und Wirken für die Montessori-Pädagogik in Deutschland, S. 20–32.

Böhm, Winfried: Maria Montessori. Hintergrund und Prinzipien ihres pädagogischen Denkens. Bad Heilbrunn, 2. Auflage 1991.

Hansen-Schaberg, Inge: Forschungsbericht. In: Mitteilungen und Materialien Nr. 42/1994, 89–92. Nachdruck in: Rundbrief der Historischen Kommission der DGfE 4 (1995), Brief 1, April, S. 13–15.

Hansen-Schaberg, Inge: Berliner Reformschulen in den 20er Jahren (Weimarer Republik). In: Pädagogisches Forum 8 (1995), Heft 2, S. 93–96.

Hansen-Schaberg, Inge: Koedukation an Berliner Reformschulen in der Weimarer Republik. In: Keim, Wolfgang / Weber, Norbert (Hrsg.): Reformpädagogik in Berlin – Tradition und Wiederentdeckung. Frankfurt a.M., Berlin, Bern, New York, Paris, Wien 1998. S. 61–82.

Hansen-Schaberg, Inge: Koedukation und Reformpädagogik. Untersuchung zur Unterrichts- und Erziehungsrealität in Berliner Versuchsschulen der Weimarer Republik. Mit einem Vorwort von Hanno Schmitt [Bildungs- und kulturgeschichtliche Beiträge für Berlin und Brandenburg Bd. 2] Berlin 1999.

Harth-Peter, Waltraud: Clara Grunwald. Ihre Montessori-Interpretation. In: Das Kind. Sonderheft 1995: Clara Grunwald. Ihr Leben und Wirken für die Montessori-Pädagogik in Deutschland, S. 4–19.

Haubfleisch, Dietmar: Schulfarm Insel Scharfenberg. Reformpädagogische Versuchsschularbeit im Berlin der Weimarer Republik. In: Amlung, Ullrich / Haubfleisch, Dietmar / Link, Jörg-W. / Schmitt, Hanno (Hrsg.): „Die alte Schule überwinden" – Reformpädagogische Versuchsschulen zwischen Kaiserreich und Nationalsozialismus. Frankfurt a.M. 1993, S. 65–88.

Kramer, Rita: Maria Montessori. Leben und Werk einer großen Frau. Frankfurt a.M. 1989.

Larsen, Egon: Die Jüdin, die Quäkerin und die Dottoressa. „Und doch gefällt mir das Leben". In: Grunwald, Clara: „Und doch gefällt mir das Leben". Die Briefe der Clara Grunwald 1941–1943. Hrsg. von Egon Larsen. Mannheim 1985, S. 5–44.

Radde, Gerd: Fritz Karsen. Ein Berliner Schulreformer der Weimarer Zeit.
Berlin 1973.

Römer, Monika: Untersuchungen zur Rezeption der Montessori-Pädagogik in Deutschland, dargestellt an einer Untersuchung der Zeitschrift
„Die neue Erziehung" (1919–1933) des Bundes Entschiedener Schulreformer. Wissenschaftliche Hausarbeit zur Magisterprüfung im Fach Pädagogik. TU Berlin 1983 (unveröffentlicht).

Schulz-Benesch, Günter (Hrsg.): Montessori. Darmstadt 1970.

Waldschmidt, Ingeborg: Verwehte Spuren der Montessori-Pädagogik in
Berlin. In: Grunwald, Clara: Das Kind ist der Mittelpunkt. Hrsg. von
Axel Holtz. Ulm und Münster 1995, S. 14–36.

Quellentext

Clara Grunwald: Erziehung des Kleinkindes nach den Ge-
danken der Maria Montessori (Montessori-Methode). In
Paul Oestreich: Bausteine zur neuen Schule. München 1923,
S. 37–47

Erziehung des Kleinkindes nach den Gedanken der Maria Montessori (Montessori-Methode)

Von Clara Grunwald

Eine naturgemäße Erziehung ist nur möglich in einer Umgebung, die der Natur des Kindes angepaßt ist. Diese Umgebung muß die Mittel enthalten, deren das Kind bedarf, um durch seine eigene Tätigkeit zur Entwicklung

> seiner Sinne,
> seiner Muskeln,
> seines Intellekts,
> seiner sozialen Gefühle

zu gelangen.

Zur Entwicklung seiner Sinne bedarf das Kind einfacher Beschäftigungsmittel. Das heutige Spielzeug ist zu kompliziert. Das Kind verlangt nach Beschäftigungsmaterial, das einen Sinn besonders reizt, z. B. Würfel, die in der Größe abgestuft, aber alle von gleicher Farbe sind, oder Täfelchen, die verschieden gefärbt, aber alle von gleicher Größe und Form sind, oder Glocken, die alle von gleicher äußerer Beschaffenheit sind, aber verschiedene Töne geben usw.

Die Spiele mit diesen Beschäftigungsmitteln müssen einfach und den Bedürfnissen des Kindes angepaßt sein, so daß sie sein natürliches Interesse erregen; sie sind für das Kind nicht geeignet, sobald dem Erwachsenen die Aufgabe zufällt, das Kind zur Beschäftigung mit ihnen anzuregen. Deshalb muß das Beschäftigungsmaterial so beschaffen sein, daß Fehler und Irrtümer des Kindes durch das Material selbst aufgezeigt werden.

So kann das Kind durch seine Tätigkeit nicht nur seinem natürlichen Trieb zur Ausbildung und Verfeinerung seiner Sinne genügen, es kann auch die Eindrücke, die es täglich in buntem Durcheinander aufnimmt, ordnen. Der Erwachsene kann ihm gelegentlich zu dem genau und klar gewonnenen Begriff (Größe, Farbe, Ton usw.) das Wort hinzufügen. Das Material muß ferner so beschaffen sein, daß man es dem Kinde zur freien Verfügung überlassen kann, damit es sich ohne Eingreifen des Erwachsenen so lange oder kurze Zeit damit beschäftigen kann, wie es seinem Bedürfnis entspricht, oder mit andern Worten: so lange, bis seine spontane Aufmerksamkeit erschöpft ist. An solchen selbsttätigen Kindern kann die Psychologie ganz neue Erfahrungen sammeln über die Kraft und Dauer der spontanen Aufmerksamkeit in den verschiedenen Lebensaltern, über die individuellen Verschiedenheiten usw. Den genannten Anforderungen an geeignete Beschäftigungsmittel entspricht am vollkommensten das „Material für die Entwicklung der Sinne", das Maria Montessori erdacht und nach wissenschaftlichen Beobachtungsmethoden ausprobiert hat.

Um die noch unkoordinierten Bewegungen des Kleinkindes zu vervollkommnen, um ihm die Beherrschung seiner Muskeln und dadurch Sicherheit zu verschaffen, muß man ihm Gelegenheit zu Bewegungen und Tätigkeiten, die ihm Freude machen, geben. Das Kind erfreut sich am meisten an Bewegungen, die einen intelligenten Zweck haben. Man gebe ihm seinen eigenen kleinen Haushalt, in dem es die vorkommenden Arbeiten selbst verrichten darf; man gebe ihm auch das passende Handwerkszeug dazu: kleine Besen und Schrubber, die in Größe und Gewicht seinen Maßen und Kräften angepaßt sind, kleine Eimer, kleine Wischtücher, die es selbst auszuwinden vermag. Das Kind spült und trocknet seine eigenen kleinen Teller und Schüsseln, wenn wir ihm Abwaschtische, die seiner Größe entsprechen, und kleine Tücher zur Verfügung stellen; es wäscht mit Entzücken kleine Wäsche. Es organisiert nach einiger Zeit seine Arbeit und die seiner Gefährten. Das Kind lernt sich selbst an- und ausziehen und sich waschen; es gewinnt eine große Selbständigkeit, die es beglückt, und es entwickelt gleichzeitig seine Muskeln. Es arbeitet im Garten, gräbt sein Beet um, setzt Pflanzen, bindet sie an Stäbe, jätet Unkraut, pflückt Früchte, pflegt das Kleinvieh usw. Eine weitere Vervollkommnung der Bewegungen führen die von Frau Dr. Montessori vorgeschlagenen Gleichgewichtsübungen, Gang- und Greifübungen, herbei: eine Übung zum Zusammenwirken der Fingermuskeln stellt auch die Tätigkeit des Kindes dar, eine Figur mit einem Buntstift zu umziehen und den Innenraum der Figur auf dem Papier mit parallelen Strichen zu füllen; das Kind lernt Richtung halten bei denselben Bewegungen in verschiedenen Raumgrenzen. Die größte Wichtigkeit muß auch bei diesen Tätigkeiten darauf gelegt werden, daß sie freiwillig geschehen und nicht länger ausgeübt werden, als dem Bedürfnis des Kindes entspricht. Das Bedürfnis des Kindes wird uns von der Natur angezeigt durch seine freiwillige und freudige Tätigkeit, durch sein Interesse an seiner Arbeit. Sobald dieses erlahmt, ist die Zeit um, in der die Übung dem Kinde nützlich ist. Andererseits darf die Tätigkeit des Kindes auch nicht gewaltsam unterbrochen werden. Das Geschrei der Kinder, die man aus einer Tätigkeit reißt, der sie sich noch mit Hingebung widmen, ist ein berechtigter Protest gegen Vergewaltigung. „Gehorsam" und „Pflichtgefühl", die man durch Zwang vergeblich zu erzielen hofft, entstehen in Wirklichkeit durch das Gegenteil von Zwang: durch die Bildung und Entwicklung des Willens, die infolge freiwilliger, zweckmäßiger Tätigkeit geschieht. So, wie die Ausbildung der Sinne im frühen Kindesalter zu einer Verfeinerung der Sinne führt, die später nie mehr, zu erreichen ist, wie die volle Sicherheit und Anmut der Bewegungen nur in der Jugend erworben werden kann, so ist diese Zeit auch von größter Wichtigkeit dafür, ob wir mit einem gebrochenen oder mit einem erzogenen Willen ins Leben treten. Wählen, Entscheiden, Verantwortung übernehmen, auch das muß in der Jugend durch eigenes Tun geübt, nur dadurch kann die Willensfähigkeit erworben werden.

Durch die Sinnesübungen wird das Kind zu lebhaftem Beobachten seiner Umgebung angeregt. Die konzentrierte Aufmerksamkeit, die es allen seinen Beschäftigungen widmet, führt es zu genauem Anschauen aller Einzelheiten. Das gut Beobachtete und mit starkem Interesse Angeschaute drängt das Kind zum Ausdruck durch das Wort oder durch Zeichnen, Bilden, Singen oder durch die Bewegungen seines Körpers. Der Erwachsene kann aber auch hier durch Eingreifen nur zerstören, was keimen will, wir müssen mehr Ehrfurcht vor dem sich entwickelnden Leben bekommen. Was wir tun können, darf nur indirekte Hilfe sein: Wir können dem Kinde Mittel geben, um seine Sinne zu verfeinern, die Reaktionsfähigkeit seiner Muskeln zu erhöhen, seine Aufmerksamkeit zu konzentrieren; wir können ihm eine Technik geben, indem wir es schöne Figuren mit bunten Strichen füllen lassen, die ihm Freude machen und ihm durch diese Tätigkeit die Gewalt über das Schreibgerät verschaffen; wir können ihm Ton in die Hand geben und es eine Technik durch das Herstellen einfacher Formen – kleine Ziegelsteine, Schüsseln usw. –

gewinnen lassen. Wir lassen durch die Musik und die Übungen
auf dem Strich die Rhythmik seiner Bewegungen sich entfalten, aber
nachdem wir ihm die Mittel zur Entfaltung seiner Fähigkeiten und
zu ihrer Vervollkommnung gegeben haben, müssen wir still zur Seite
stehen und auf die Äußerungen des schöpferischen Triebes warten;
wir dürfen nicht versuchen, das, was wachsen will, zu treiben. „Wir
müssen den Ursachen dienen", sagt die Montessori, „nicht den Wirkungen." Die Entwicklung der Sinne und der Beobachtungsfähigkeit
übt einen Einfluß auf die Entwicklung des Intellekts, der die Wahr-
nehmungen der Sinne aufnimmt und verarbeitet, die Beobachtungen
ordnet. Dem Kinde genügt das Material für die Sinnesübungen nicht
mehr, es verlangt nach einem andern, an dem es intellektuelle Übungen vornehmen kann. Es muß Dinge erhalten, an denen es bei seinen
Beschäftigungen Beobachtungen über die Mengen- und Größenver-
hältnisse machen kann. (Die Montessorischen eingeteilten Stangen.)
Seine primitiven Zeichnungen entwickeln sich zu formen- und far-
benschönen Darstellungen ohne Zutun des Erwachsenen, der so
passiv wie möglich bleiben muß, damit das Kind aktiv werden
kann. Plastische Buchstaben (aus Sandpapier ausgeschnitten und
auf starken Karton geklebt) beschäftigen das Kind lebhaft und bereiten das spätere Schreiben vor, das sich zu seiner Zeit, da das Kind das
Schreibgerät beherrscht und die Form des Buchstabens durch seine
Beschäftigung mit dem Sandpapieralphabet genau kennt, wie von
selbst einstellt.

Gedichte und Lieder dürfen nicht „eingepaukt", nicht einmal gelehrt
werden. Man kann sie den Kindern sagen und singen. Die Kinder, die
für sie reif sind – das Bedürfnis darnach ist nur aus dem freiwilligen
Interesse der Kinder zu erkennen – werden sie immer wieder zu hören verlangen, die anderen Kinder mögen anderen selbstgewählten
Beschäftigungen nachgehen. Die Kinder, denen diese Gedichte und
Lieder „liegen", werden sie durch das häufige, aufmerksame Hören
ohne jeden Drill lernen; sie werden auch wirkliche Freude an dem
Gelernten haben. Andere Kinder werden andere Gedichte vorziehen
und oft zu hören verlangen. An solchen Kindern, die in Freiheit nach
ihrem eigenen Bedürfnis wählen können, lassen sich auch in dieser
Beziehung interessante und für die Kinderpsychologie wertvolle Beobachtungen anstellen bezüglich der Gedichte und Lieder, die die
Kinder in bestimmten Lebensaltern, unter bestimmten äußeren Bedingungen usw. bevorzugen. Ähnliche Freiheit muß für das Anhören
von Geschichten herrschen; so nur werden wir herausfinden, ob

Kinder, die ihre Beschäftigungen reizvoll finden, überhaupt Geschichten hören wollen, welche Art von Geschichten sie annehmen und welche Art von Erzählungen sie ganz ablehnen; weil sie der kindlichen Natur widersprechen.

Aus der inneren Organisierung, zu der eine solche Entwicklung seiner Fähigkeiten auf naturgemäßem Wege das Kind befähigt, erwächst seine Selbstdisziplin. Der erste Schritt zu ihr ist die Festlegung seines Interesses und seiner Aufmerksamkeit auf die gleiche Übung und die häufige Wiederholung dieser Übung aus eigenem Antrieb. Die Sicherheit in der Beherrschung seiner Bewegungen und seiner Tätigkeiten, das Fehlen der Hilfe des Erwachsenen, seines Antreibens, seines Verbietens geben dem Kinde das Gefühl seiner Selbständigkeit, geben ihm Ruhe und Fröhlichkeit. Mit der kindlichen Angst verschwinden die übermäßige Schüchternheit und die Unaufrichtigkeit. Das Selbstgefühl, das dieser Sicherheit und der Freude an seiner sinn- und zweckvollen Tätigkeit entspringt, trägt stark zu seiner Selbstdisziplinierung bei. Die Freiheit, die es bei der Wahl seiner Beschäftigungen hat, macht jede Wahl zu einer Willensübung. Wie wenige der heutigen Erwachsenen sind imstande zu wählen: nach langem Schwanken entscheidet ein Zufall oft über das Resultat der „Wahl", und nachdem sie gewählt haben, sei es der Stoff zu einem Kleide, sei es ein Geschenk, bereuen sie die Wahl und meinen, das Verworfene wäre vielleicht das bessere gewesen. Es fehlte ihnen an der nötigen Willensübung in der Jugend. Übungen im Unterlassen von Bewegungen – die vollkommene Stille bietet das Mittel zur Selbstkontrolle für die Kinder –, interessieren die Kinder sehr und sind weitere Willensübungen. – Die Klarheit und Wesenhaftigkeit der Gedanken bildet eine Grundlage des geistigen Gleichgewichts. – Durch das Miteinanderleben und Miteinanderarbeiten gelangen die Kinder zum Verständnis für die Gefühle ihrer Mitmenschen, für ihre Freuden und Schmerzen; Gelegenheit zu gegenseitiger Hilfe führt zu sozialen Handlungen, durch deren häufige Wiederholung sich die sozialen Gefühle stärken, die in den Kindern durch die Pflege von Pflanzen und Tieren schon vorbereitet wurden. Liebe zueinander und Achtung vor dem andern verbinden die Glieder der kleinen Gemeinschaft miteinander und mit ihrer erwachsenen Leiterin.

Ordnung und Reinlichkeit haben die Kinder von früh auf gelernt, selbst herzustellen, sie werden ihnen Bedürfnis wie die Reinhaltung ihres Körpers und ihrer Kleider, an die sie sich schon früh gewöhnt haben. Sie haben ihr Heim und ihre Möbelchen, ihren Garten und ihr

Beschäftigungsmaterial, all ihr gemeinsames Eigentum gemeinsam gepflegt und geschont, sie lieben die Dinge, sie werden nicht leicht etwas zerstören, sondern Gefährdetes schützen. – Ihre Räume sind mit schönen Bildern geschmückt; alles, was sie umgibt, ist einfach, geschmackvoll und schön. So nehmen sie das Verlangen nach Schönheit mit ins Leben hinein.

In einem solchen „Haus der Kinder" ist die Lehrerin Hüterin und Schützerin des Kindes und seiner Umwelt. Sie hält alles, was das Kind in seiner Entwicklung stören könnte, von ihm fern. Sie erwartet mit Geduld die Offenbarungen der Natur in jedem Kinde; sie beobachtet das Kind, um seine Notwendigkeiten kennenzulernen, aber sie greift niemals zur Unzeit in die Entwicklung des Kindes ein. Sie wacht über ihrer eignen Disziplin und über ihren Handlungen. Sie liebt die Kinder und achtet die kindliche Persönlichkeit. Ihr Verhalten gegen die Kinder ist als Beispiel ihres Verhaltens gegeneinander ein wichtiges Erziehungsmittel.

Quellentext

Clara Grunwald: Montessori-Erziehung in Familie, Kinderhaus u. Schule. Hrsg. zusammen mit Elsa Ochs: Erziehung ist Hilfe, erschienen im Verlag der Deutschen Montessori Gesellschaft e.V. Berlin o.J. (1927).

Montessori-Erziehung in Familie, Kinderhaus und Schule
Von Clara Grunwald

Pädagogen und Ärzte weisen uns eindringlich auf die große Bedeutung hin, die der Pflege und Erziehung des Säuglings und des Kleinkindes beizumessen ist. Was im Alter der zartesten Kindheit versäumt wird, so wird uns gesagt, ist im späteren Leben nie wieder völlig auszugleichen. Geben wir dagegen dem Säugling und dem Kleinkinde gesunde Entwicklungsmöglichkeiten, so schaffen wir die Grundlage für einen weiteren kräftigen und glücklichen Aufbau von Körper und Seele. Auf solche Pflege und Erziehung hat *jedes* Kind ein Anrecht. Auch das *Volksganze* hat Anspruch auf die beste Erziehung der Kinder, denn eine großzügige Lösung dieser brennenden Frage würde durch die Steigerung der körperlichen, geistigen und seelischen Kräfte des Nachwuchses der Gesellschaft die höchsten Werte schaffen. *Die Erziehung der nächsten Generation ist von Anfang an, nicht erst, wenn sie in das sogenannte schulpflichtige Alter kommt, Sache der Allgemeinheit und eine ihrer wichtigsten und dringendsten Aufgaben.* Dieser Aufgaben und unserer Verantwortlichkeit sind wir uns bisher durchaus nicht genügend bewußt gewesen. Wo sind die *vorbildlichen* Einrichtungen zur Betreuung der Säuglinge und Kleinkinder berufstätiger Mütter? Wie groß ist die Zahl solcher Einrichtungen überhaupt? Der Kindergarten bedeutet den meisten unserer Volksgenossen nichts weiter als eine Einrichtung für die Unterbringung unbeaufsichtigter Kinder. Wohl dem Kinde, meinen sie, das es nicht nötig hat, mit ihr Bekanntschaft zu machen. „Das Kleinkind ist am besten bei der Mutter aufgehoben." Mit dieser billigen Redensart meint man in weiten Kreisen, die Frage der Erziehungspflicht am Kleinkinde abtun zu können. Schalten wir für unsere Betrachtung zunächst die wenigen Kinder aus, deren Mütter sich noch heute mit Dienstboten umgeben können. Uns interessiert die ungeheure Mehrzahl der Kleinkinder, deren Mütter ohne oder mit geringer Hilfe ihren Haushalt und ihre Kinder versorgen, oder die gar noch im Hause oder außer dem Hause Erwerbsarbeit tun müssen. Nehmen wir als Beispiel eine Frau mit drei kleinen Kindern, deren Mann genug verdient, um die Familie ohne erwerbstätige Mitarbeit der Frau erhalten zu können. Die Frau hat den Säugling und die beiden Kleinkinder zu versorgen, die Wohnung zu reinigen, für den Haushalt einzukaufen, zu kochen, zu waschen und zu plätten, Kleider und Wäsche zu flicken, vielleicht auch selbst neu anzufertigen. *Kann sie am vormittag Zeit erübrigen für die Beschäftigung mit ihren Kleinkindern und für deren Erziehung?* Während die Mutter die Zimmer naß aufwischt und durchlüftet, muß sie die Kleinen in einem warmen und trockenen Raum, vielleicht in der Küche, unterbringen und dort unbeaufsichtigt lassen. Sie kann sich auch nicht um sie kümmern, wenn sie am Kochherd steht; denn während dieser Zeit flüchtet sie die Kinder vor Dampf und Küchendunst, besonders in der heißen Jahreszeit, in die gesäuberte Stube. Voll Unruhe eilt sie von Laden zu Laden, um das für die Wirtschaft Notwendige einzuholen, denn sie hat den Säugling und die Kleinkinder in der Wohnung eingeschlossen. Täglich lesen und hören wir von Unglücksfällen, die geschehen, wenn die Mutter die Wohnung verlassen muß. Eins meiner Mündel ist, während die Mutter ausging, um einzuholen, bei lebendigem Leibe verbrannt. Die Mutter, eine besonders gewissenhafte Frau, machte die Einkäufe für den Haushalt des Morgens, wenn das Bübchen noch schlief. Eines Morgens erwacht der Kleine, steigt aus dem Bettchen, holt die Streichhölzer und klettert wieder über das Gitter zurück. Wahrscheinlich hat er Streichhölzer in Brand gesetzt und ins Bett geworfen. Es gelang ihm noch aus dem brennenden Bett herauszuklettern. Als die Mutter zurückkam, stand das Kind im glimmenden Hemdchen laut schreiend innen an der verschlossenen Wohnungstür. Auf dem Wege zum Krankenhause ist es gestorben. Ein anderer meiner kleinen Pfleglinge, ein Mädchen, ist in der Küche verbrannt, während die Mutter in der Stube mit Heimarbeit beschäftigt war. Die Kleine sitzt auf einen Fußbänkchen neben dem offenen Feuerloch des Küchenherdes. Glühende Aschenteilchen stieben heraus und fallen auf ihre Schürze. Unbekannt mit der Gefahr, freut sich das Kind der leuchtenden Körner und schwenkt lustig seine Schürze. Im gleichen Augenblick stehen seine Kleider in Flammen. Schreiend läuft es zur Mutter. Mit großer Geistesgegenwart ergreift sie eine Decke und erstickt die Flammen. Nach dreitägigem

Leiden ist das Kind im Krankenhaus gestorben. Ein dreijähriger Knabe ist, während die Mutter außerhäuslicher Berufsarbeit nachging, durch Übergießen mit kochender Seifenlauge ums Lebens gekommen. Er lief der Nachbarin, in deren Wohnung er aus Gefälligkeit sich während der Abwesenheit der Mutter aufhalten durfte, „vor die Füße", als sie den Kessel trug; sie stolperte über ihn und fiel zu Boden. – Ich erwähne hier nur Fälle, deren Hergang und nähere Umstände ich genau kenne, und nur die, die mit einer Katastrophe endeten. Wie viel leiblichen und seelischen Schaden Kinder während solcher Zeiten der längeren oder kürzeren Verlassenheit nehmen, ist nicht festzustellen. –

Soll die Mutter lieber die Kleinkinder von Laden zu Laden mitnehmen? Da stehen sie oft im Zug, oft eingezwängt zwischen vielen Menschen, und sie hören Gespräche, die nicht für ihre Ohren taugen. Manchmal lassen die abgehetzten Frauen die Kinder bei einem gefälligen Ladeninhaber zurück, um sie wieder abzuholen, wenn sie ihre Einkäufe in den anderen Läden gemacht haben. Mir sind allein aus meiner Pflegerpraxis zwei Fälle bekannt, in denen Händler Sittlichkeitsverbrechen an kleinen Mädchen begangen haben, die ihnen bei solchen Gelegenheiten anvertraut worden waren. – Alle zwei bis vier Wochen ist große Wäsche. Die Mutter muß ihre Kleinkinder mit in die Waschküche nehmen, denn sie möchte sie nicht gern viele Stunden hintereinander allein in der Wohnung lassen. Zuerst patschen die Kinder fröhlich in der warmen Seifenlauge herum. Sie wollen auch waschen helfen, und wenn sie müde sind, gibt die Mutter ihnen wohl ein Strohhälmchen, daß sie sich mit Seifenblasen vergnügen können. Bald aber wird ihnen der Laugendampf zu arg. Sie werden matt, kauern auf ihren Schemelchen und lassen die Köpfe hängen. Am nächsten Tag muß ihr Aufenthalt notgedrungen der Trockenboden sein, wo die Mutter die Wäsche aufhängt. Da ist es im Winter eiskalt, im Sommer glühend heiß, kein gedeihlicher Aufenthalt für kleine Kinder. Dann kommen die Tage, an denen die Mutter stundenlang in der Küche plätten muß, die Luft ist mit Gasen gefüllt und für die kleinen Lungen nicht gesund. – An schönen Nachmittagen nimmt die überlastete Mutter trotz aller Arbeit sich die Zeit, ihre Kinder ins Freie zu führen. An den Vormittagen aber müssen sie, auch bei dem strahlendsten Sonnenschein, in der Stube sitzen, oder die Mutter muß sich entschließen, sie allein auf die Straße zu schicken und allen ihren Gefahren auszusetzen. So liegen die Verhältnisse selbst für die Kinder aus bürgerlichen Kreisen, wenn kein Dienstmädchen mehr gehalten werden kann, und man wird mir zugeben, daß bereits in den weitesten Schichten des Bürgertums die Hausfrauen ohne Hilfe im Haushalt auskommen müssen, ja, daß viele Mütter auch hier berufstätig sind. Welches ist nun die Lage der Kleinkinder in den Familien, in denen beide Eltern Erwerbsarbeit tun müssen? Ich ziehe die Klingel an der Wohnungstür einer Frau, die Aufwartestellen annimmt. Die beiden noch nicht schulpflichtigen Töchterchen sind allein zu Hause. Sie kennen mich und schließen die Tür auf. Die Ältere beschreibt mir das Haus, in dem die Mutter arbeitet. Sie weiß aber die Hausnummer nicht, und, um meine Zeit nicht mit Suchen verlieren zu müssen, bitte ich sie, mir das Haus zu zeigen. Ohne ein Wort zu erwidern, rückt das fünfjährige Kind den Kochtopf vom Feuer, legt alle Ringe auf, rückt den Topf wieder zu, nimmt die Schlüssel und sagt: „Jetzt können wir gehen." Aber nicht immer sind die Kinder so verständig: wie oft bin ich dazu gekommen, wenn kleine und größere Kinder in der Wohnung den ärgsten Unfug verübten, und ich habe mich immer nur gewundert, daß nicht noch viel mehr Unheil entsteht, als schon geschieht, und daß die Kinder, wenn sie zur Schule kommen, nicht noch viel verwilderter sind. Oft sitzt ein Kind jeden Tag viele Stunden in der Wohnung allein. Niemand gibt ihm zu essen; bis zur Heimkehr der Mutter muß es mit den Brotschnitten auskommen, die sie ihm morgens hingelegt hat. Niemand beschäftigt sich mit ihm, niemand spricht ein Wort zu ihm. Das Kind wird scheu, seelisch anormal; nicht nur seine Intelligenz bleibt völlig unentwickelt, sein Gemütsleben kann sich auch nicht entfalten. Der hohe Prozentsatz der späteren „Lebensuntüchtigen", die ein Volk so sehr belasten, ist zum Teil auf die mangelnde Fürsorge für die Kinder zurückzuführen. Diese Fürsorge wäre auch dann noch *billig,* wenn wir sie in der *großzügigsten* Weise durchführten, gegenüber den Lasten, die die Volksgemeinschaft zu tragen hat durch die Erwachsenen, an denen sie in ihrer Kindheit sich versündigt hat, weil sie nicht für ihre Erziehung und Pflege sorgte, *als sie noch gesund und unverdorben waren.* Sind die Umstände, unter denen ein großer Teil unserer Kleinkinder heranwachsen, so unbekannt, wissen die, die berufen sind, für die Wohlfahrt der Jugend zu sorgen, so wenig von der *furchtbaren Not des städtischen Kleinkindes,* daß wir uns so langsam, so unendlich langsam rühren, um Abhilfe zu schaffen? Was ist bis jetzt zur Befriedigung eines Bedürfnisses geschehen, das so gewaltig und so dringend ist? Ich will nur von Klein-Berlin reden, dessen Verhältnisse ich infolge einer vieljährigen Praxis als Pflegerin der „Zentrale für private Fürsorge" genau kennengelernt habe. Bis auf verschwindend geringe Ausnahmen beruht die gesamte erzieherische Versorgung der Kleinkinder im alten Berlin auf *Wohltätigkeit*. Die Mitglieder der Wohlfahrtsvereine bringen anerkennenswerte Opfer, aber eine so riesenhafte Aufgabe läßt sich durch die Privatwohltätigkeit nicht bewältigen. Man stelle sich einmal vor: plötzlich sollten die drei unteren Jahrgänge aller Berliner Volksschulen nicht mehr aus öffentlichen Mitteln, sondern durch die Privatwohltätigkeit, durch freiwillige Gaben, erhalten werden, und man wird sofort verstehen, wie ohnmächtig *private Wohltätigkeit* den Anforderungen *der erzieherischen Versorgung aller bedürftigen Kleinkinder* gegenüberstehen *muß*. An eine so umfassende Aufgabe haben die kirchlichen Gemeinden und die Wohlfahrtsvereine, die Einrichtungen zur Betreuung von aufsichtslosen Kleinkindern ins Leben gerufen haben, auch niemals gedacht. Sie nannten ihre Anstalten „Kinderbewahranstalten" – die kirchlichen Gemeinden nennen sie häufig „Kleinkinderschulen" – und sie umschrieben damit den Umfang der Aufgabe, die sie sich stellten. Die städtischen Zuschüsse haben allerlei Verbesserungen gebracht: hier ist ein Kindergarten aus einem ganz elenden Hinterhauswinkel in ein besseres Quartier gebracht worden, dort wurden die Wände gestrichen, fast alle Anstalten haben Liegestühle für die Mittagsruhe der Kinder angeschafft. Aber all das bleibt doch nur ein Tropfen auf einen heißen Stein und führt uns dem, was geschehen muß, *nicht näher. Ein wirklicher Schritt vorwärts sind die von den Gemeinden selbst errichteten und genügend versorgten Kindergärten und die Schulkindergärten.* Unser Gewissen muß endlich erwachen, wir müssen verstehen, daß es nicht ein freiwilliges Liebeswerk ist, wenn wir für unsere Kleinkinder sorgen, sondern daß es unsere Pflicht und Schuldigkeit ist, der wir unter allen Umständen genügen müssen, gleichgültig, ob Staat oder Stadtgemeinde arm oder reich sind. Wir *müssen,* und sobald uns die *Notwendigkeit klar ist,* werden wir auch einen Weg finden. Die praktischen Engländer haben längst erkannt, daß eine erzieherische Versorgung und Pflege ihrer Kleinkinder viel *billiger* ist als die ohne sie größeren Anforderungen der Krankenhäuser, Fürsorgeerziehungsanstalten und Gefängnisse. Sie finden Vorbeugen praktischer, als entstandene Schäden ausflicken müssen. Vom dritten Lebensjahr an hat das englische Kind bereits ein *Recht* auf Erziehung durch die Gesellschaft. In London besteht jedes Schulsystem aus den Knabenklassen, denen ein Rektor als Verwaltungsbeamter vorsteht, den Mädchenklassen, deren Verwaltung einer Rektorin obliegt, und den „Infants-Classes", d. h. Kleinkinderklassen, die ihre eigene Vorsteherin haben. *Die Kleinkinderklassen stehen allen im Bezirk wohnenden Kindern von drei bis siebeneinhalb Jahren zur Verfügung.* In diesen Klassen werden Knaben und Mädchen nicht getrennt. Die Kleinen, deren Eltern es wünschen, dürfen von 12 bis 2 Uhr zum Essen nach Hause gehen. Die übrigen Kinder essen in der Schule, und nach der Mahlzeit verwandelt sich das Eßzimmer in wenigen Minuten in einen Schlafsaal. Die kleinen, leichten Tische und Stühle werden an die Wände des Saales gestellt, und aus einem kleinen Vorraum werden von den Kindern Lagerstätten herbeigeholt und aufgestellt. Diese Ruhebettchen bieten dem Kinderkörper ein festes und elastisches Lager, auf dem er in wollene Decken gehüllt, sich ausstrecken kann, nicht gekrümmt liegen muß wie auf dem Liegestuhl, bei dem der Stoff vom Kopf- zum Fußende gespannt ist, während er richtiger zwischen den Längsseiten ausgespannt sein müßte. Die Kinder, die nach Hause gegangen sind, kehren gewöhnlich zum gemeinsamen Nachmittagsschlaf in die Schule zurück. Um 4 Uhr, wenn die Eltern ihre Arbeitsstätten verlassen, eilen auch die Kinder aus der Schule heim. – Der große Schulhof, in dem die Kleinkinder ihre eigene Ecke mit Grasplatz und Beeten und oft auch mit Tierställen haben, steht ihnen zur Verfügung. Für die Kleinen befindet sich im Schulhause eine besondere große Halle mit Klavier und Spieleinrichtungen aller Art, die die Infants-Classes nacheinander für ihre gymnastischen und rhythmischen Übungen und für Spiele, die viel Raum erfordern, benutzen. In den Klassenräumen steht den Kindern das Montessori-Material zur freien Betätigung zur Verfügung. Wo es noch nicht vorhanden ist, liegt anderes Beschäftigungsmaterial aus. Aber immer geht man von der Erkenntnis aus, *daß Kinder im Alter von drei bis siebeneinhalb Jahren nicht geschaffen sind, um stundenlang still zwischen Bank und Tisch zu sitzen, sondern um sich zu bewegen.* Man läßt sie aus dem aufgestellten Beschäftigungsmaterial das holen, was sie selbst wählen, und sie bringen die Dinge wieder an ihren Platz, wenn sie genug damit gespielt oder gearbeitet haben. Man hat erkannt, daß Aufmerksamkeit bei so jungen Geschöpfen sich nicht erzwingen oder erlisten läßt, sondern daß man die *Fähigkeit zur Aufmerksamkeit erzieht, indem man das Kind sich mit den Dingen, die es interessieren, nach freier Wahl beschäftigen läßt.* Nach und nach wird es immer länger bei dem gleichen Gegenstand verweilen können. Die Lehrerinnen in diesen Kleinkinderklassen sind keineswegs Lehrerinnen minderer Ausbildung und minderen Rechts, wie bei uns die Kindergärtnerinnen, sondern sie sind *voll ausgebildete und voll bezahlte Lehrkräfte,* die, im Gegenteil, der Schwere und Wichtigkeit ihrer Aufgabe entsprechend, *noch besonders für die Pflege und Behandlung ganz junger Kinder ausgebildet sind.* Einer solchen Lehrkraft wird die Mutter ihr Kind mit Freuden anvertrauen, denn sie weiß, das Kind wird nicht nur beaufsichtigt und in geeigneter Weise beschäftigt, sondern es erhält im Umgang mit seinen Altersgenossen eine soziale Erziehung, die sie selbst ihm im Hause niemals geben könnte, und es ist glücklicher im Kinderhause unter Altersgenossen als unter Erwachsenen im Hause. Oft findet man *bei einer* englischen Volksschule *zehn solcher Kleinkinderklassen.* Der Engländer hat augenscheinlich in diesem Punkte die Wohltätigkeit schon ganz überwunden und die *Pflicht* der menschlichen Gesellschaft ihrem Nachwuchs gegenüber voll erkannt. Wir tun jetzt mit unseren wenigen Gemeinde- und Schulkindergärten die ersten zaghaften und kleinen Schritte auf dem Wege. Der Einwand: „England ist reich, und wir sind arm; wir haben kein Geld für eine so großzügige Kleinkinderpflege", erscheint mir nicht stichhaltig. Was würden wir wohl sagen, wenn uns vorgeschlagen würde, die Schulpflicht um ein Jahr zu kürzen, weil wir dadurch Geld sparen würden? Oder würden wir die Gefängnisse schließen, *weil sie uns zu teuer sind?* Oder die Irrenhäuser? Das geht eben nicht? Nun, *es geht ebensowenig, daß wir die Erziehung unserer Kleinkinder vernachlässigen, daß wir unseren Nachwuchs in der wichtigsten Zeit seines Lebens, in der Zeit, in der die Grundlage für seine körperliche und seelische Kraft oder Schwäche, für die Bildung des Charakters, für das spätere soziale oder asoziale Verhalten gelegt wird, allen ungünstigen Umständen und Zufällen aussetzen, anstatt für seine Pflege verhältnismäßig geringe Summen auszugeben, die durch den Ausfall von Summen, die der Wiedergutmachung des Versäumten dienen, tausendmal eingespart werden.* Es geht nicht, daß wir Kinderbewahranstalten bestehen lassen, in denen Kinder nicht gedeihen können. Wenn wir kein Geld haben, um in genügender Zahl solche Kindergärten einzurichten, in denen unsere Kinder sich körperlich und geistig gesund entwickeln könne, *und die unseres Volkes würdig sind,* so müssen wir Schulden machen, um für diese *durchaus notwendige* Einrichtung die Mittel zu bekommen. Nie sind produktivere Schulden gemacht worden als diese, denn ungeheuer werden die Ersparnisse sein, wenn unsere Kinder gesund heranwachsen, wenn asoziale und antisoziale Neigungen mehr und mehr den sozialen Trieben in ihnen weichen.

Damit kommen wir zu dem „Wie" der Erziehung, zu der Frage *der gesunden Entfaltung der Persönlichkeit im Kinde.* Als Ausgangspunkt müssen wir die einfache Tatsache feststellen, daß Kinder *wachsen* müssen, nicht nur körperlich, sondern auch geistig und seelisch. Für sein körperliches Wachstum muß das Kind *seiner äußeren Umgebung* die Stoffe entnehmen, die es braucht, die Nahrung und den Sauerstoff; *aber das Wachstum selbst geschieht nach den ihm innewohnenden Gesetzen,* wir können keinen Einfluß darauf nehmen. Ebenso muß der *Geist* aus seiner äußeren Umgebung *die Nahrung ziehen,* deren er bedarf, *um sich seinen eigenen Wachstumsgesetzen gemäß zu entwickeln.* Wollen wir erkennen, was die äußere Umgebung des Kindes enthalten muß, damit es ihr das, was es zu seiner Selbstgestaltung braucht, entnehmen kann, so müssen wir zunächst die Aufgabe des Kindes in der ersten Periode seines Lebens ins Auge fassen. Es hat eine große Arbeit der Selbstorganisierung zu leisten: die Festigung der Knochen, den Aufbau des Gehirns mit allen seinen Feinheiten, die Gestaltung der Zähne, das Wachstum des ganzen Körpers. Zwei Gruppen von Funktionen müssen von dem Kinde aufgebaut werden:

1. die motorischen Funktionen, durch die es sein Gleichgewicht sichert, laufen lernt und die Bewegungen seiner Hand- und Fingermuskeln zu einem geordneten Zusammenwirken bringt,

2. die Sinnesfunktionen, die ihm Eindrücke aus seiner Umgebung vermitteln und dadurch die Grundlage für seine Intelligenz schaffen.

Zu gleicher Zeit muß das Kind eine Sprache lernen. Dabei steht es nicht nur den motorischen Schwierigkeiten der Artikulation gegenüber, sondern es muß auch Verständnis für die Bedeutung der Worte erlangen, es muß die Bezeichnungen der Dinge und ihrer Eigenschaften, der Tätigkeiten usw. erlernen, ja sogar den syntaktischen Aufbau einer Sprache begreifen. – Es muß lernen, sich in einer ihm fremden, vielgestaltigen Welt zurechtzufinden und sich ihr anzupassen.

Die äußere Umgebung muß also Dinge enthalten, an denen das Kind seine *motorischen und seine Sinnesfunktionen entwickeln und üben kann.* Zur Entwicklung seiner Muskeln muß es in der Umgebung Dinge finden, die es heben und tragen, schieben und ziehen kann. Das Kind will aber bei seinen Handlungen stets einen intelligenten Zweck sehen, deshalb interessiert es sich z. B. wenig für bloße Turnübungen. Aber geben wir ihm ein Staubtuch in die Hand und zeigen ihm, wie es seine Gerätschaften selbst reinhalten kann, so ist es gleich

Große Wäsche im Kinderhaus

Gartenarbeit

dabei mit Wischen und Reiben, als sollte man sich in allen Dingen spiegeln. Geben wir ihm einen hübschen Abwaschtisch, der seiner Größe angepaßt ist, und lassen es seine Teller und Schüsselchen abwaschen, geben wir ihm ein Waschwännchen und Seifenlauge und lassen es seine Staub- und Wischtücher selbst waschen und später auch plätten – nicht in der dampfenden Waschküche und nicht stundenlang, sondern kurze Zeit auf der Veranda, auf dem Balkon oder im Garten, lassen wir es die Wäsche im Garten zum Trocknen aufhängen oder auf die Bleiche legen und gießen, hei, da ist es bei der Hand, denn das sind Übungen, die seinem inneren Bedürfnis, die Tätigkeit seiner Muskeln zu organisieren, vortrefflich entsprechen.

Geben wir den Kindern ein Beetlein im Garten und lassen sie hacken und graben, gießen und harken, Pflanzen setzen und Unkraut jäten. Damit geben wir ihnen die allerbesten Muskelübungen, deren gesundheitlicher Wert noch dadurch erhöht wird, daß sie im Freien ausgeführt werden. Geben wir den Kindern auch ein Ställchen mit einigen Kaninchen, geben wir ihnen, wenn es sein kann, auch ein paar Hühner und Tauben, oder gar eine Ziege mit dem Zicklein zu pflegen, und wir werden sehen, wie gewissenhaft sie für das Futter, für die Reinigung des Stalles sorgen werden. Gefühle der Fürsorglichkeit und der *Wille zur Pflichterfüllung* entstehen *nur* durch die Gelegenheit zu *fürsorgerischer Tätigkeit,* durch die Möglichkeit der *freiwilligen* Übernahme von Pflichten, nicht durch Erzählungen, *nicht durch den Zwang* zur Übernahme von Arbeiten, die eben durch den Zwang dem Kinde verabscheuungswürdig werden. *Pflichtgefühl* muß wie alle anderen Kräfte des Körpers und der Seele *durch stets wiederholte, freiwillige Übung entwickelt werden,* es kann nicht erzwungen werden. Auch hierfür muß die Umgebung des Kindes die Übungsmittel enthalten.

Außer den häuslichen und den Gartenarbeiten bieten wir dem Kinde Übungen, die die Hand- und Fingermuskeln zu einem geordneten Zusammenwirken erziehen. Wir stellen ihm Holzrahmen zur Verfügung, an denen zwei Stücke Stoff befestigt sind, die durch Zuknöpfen, Zuschnüren, durch Schleifenbinden usw. in der Mitte aneinanderzuschließen sind. Auf derartige Übungen stürzen sich Kinder mit einer solchen Freude, und sie wiederholen diese Übungen so häufig, daß der Beobachter erkennt, wie stark sie dem inneren Bedürfnis des Kindes, seine Bewegungen zu koordinieren, entsprechen. Bald ist das Kind imstande, die Anwendung der mit so vieler Freude gewonnenen Fähigkeiten zu machen: es kann sich selbst anziehen, es kann seine Wäsche und Kleider selbst zuknöpfen, seine Stiefel schnüren und die Schleifen binden. Diese Möglichkeit, sich selbst zu helfen, gibt dem Kinde ein ganz neues Gefühl von Unabhängigkeit, von Freiheit, man möchte fast sagen, von höherer Menschenwürde. Es ist ganz glücklich und versucht sofort, sein Können in den Dienst anderer zu stellen, andern Kindern die Schürzen zuzubinden oder zuzuknöpfen, ihnen die Schuhbänder zu binden usw., ja, man muß anfangs darauf achten, daß sie ihren Kameraden nicht Schürzen- und Schuhbänder aufziehen, nur, um sie wieder knüpfen zu können. Aus diesen ersten kleinen Hilfeleistungen, die sich bei dem freien Zusammenleben der Kinder untereinander und mit der Lehrerin bald vermehren, entstehen die ersten sozialen Gefühle.

Ulla lernt schnüren

Auch *für Übungen im sozialen Handeln muß also die Umgebung des Kindes den Stoff bieten.* Wenn die Kinder den Tisch für andere Kinder decken, wenn sie herbeieilen, um die Suppe, die ein anderes Kind vergossen hat, schnell aufzuwischen, wenn sie das Geschirr spülen, das andere Kinder gebraucht haben, wenn sie sich über die gelungene Arbeit seines Kindes freuen und einem anderen, das noch ungeschickt ist, vorsichtig helfen, so entwickelt sich an diesen sozialen Handlungen nach und nach ein starkes soziales Fühlen. *Vorbedingung für jede Entwicklung* ist freilich, daß alles dies vom Kinde aus *freiwillig* geschehe, nicht auf Kommando der Lehrerin, *nicht klassen- und nicht gruppenweise.* Wir brauchen nicht zu fürchten, daß das Kind nicht in der geschilderten Weise reagieren würde. Alle diese Bewegungen und Handlungen sind ihm notwendig, sie entsprechen seinen inneren Bedürfnissen; daher wird es sie mit tausend Freuden tun, wenn es nur in die *rechte Umgebung* gesetzt wird, *in der die nötigen Dinge vorhanden sind,* die in Größe und Gewicht den Kräften des Kindes angepaßt sein müssen, und wenn der *rechte Pädagoge,* der freilich unbedingt *zu dieser Umgebung gehört,* vorhanden ist, der nicht zwingt und gebietet, sondern der *beobachten* und *organisieren kann.*

Gleichgewichtsübung

Für die Gleichgewichts- und rhythmischen Übungen, die das Kind nötig hat, ziehen wir ihm einen Strich auf dem Fußboden, am besten in Form einer Ellipse. Wir lassen es mit und ohne Musik einfache Gangübungen machen, wir fügen, wenn es die ersten Schwierigkeiten, die darin bestehen, auf dem Strich zu bleiben und sein Gleichgewicht zu erhalten, überwunden hat, Greifübungen hinzu, lassen es Fähnchen tragen, dann Glöckchen, die so ruhig getragen werden müssen, daß sie keinen Ton geben, eine *Selbstkontrolle* für das Kind, an der es große Freude hat; bald trägt es Gläser, die mit gefärbtem Wasser gefüllt sind, wobei es darauf ankommt, keinen Tropfen zu vergießen.

Allmählich achten die Kinder auch auf Musik und Rhythmus; ihre Bewegungen werden immer freier, und die Musik lockt reizende, kindliche Bewegungen und Tänze hervor, die der wahre Ausdruck dessen sind, was die Kinder beim Hören der Musik fühlen.

Was aber muß die Umgebung des Kindes enthalten, damit es daran die Funktionen seiner Sinne üben kann? Durch verfeinerte Sinne dringt es in eine viel ausgedehntere Welt ein. *Eine rege Aufnahmefähigkeit der Sinne bildet die Grundlage der Intelligenz.* Das Kind folgt einem Instinkt, wenn es alle Gegenstände, die in seiner Reichnähe sind, beschauen, betasten, beriechen, kosten und behorchen will. Wie kommen wir dem Kinde bei der Entwicklung seiner Sinnesfunktionen am besten zu Hilfe? Da haben wir die ebenso einfachen wie genial durchdachten Beschäftigungsmittel, die die italienische Ärztin und Pädagogin Maria Montessori geschaffen hat. Sie müssen sich in der Umgebung des Kindes befinden, aber das Kind muß auch ihnen gegenüber die Freiheit behalten, zu wählen, was zu seiner eigenen Entwicklung in eben diesem Augenblick notwendig ist. Darum müssen sie dem Kinde zur freien Verfügung stehen, jedes Stück muß sichtbar aufgestellt und für das Kind ohne Hilfe leicht zu erreichen sein, aber nichts darf ihm aufgedrängt werden. Hüten wir uns, das Kind mit offenem oder verstecktem Zwang bei einer Sache festzuhalten, für die es sich *noch nicht* interessiert, oder für die es *in diesem Augenblick* gerade nicht aufnahmefähig ist. Wir Erwachsenen sind nicht einmal die unbedingten Gebieter unserer Aufmerksamkeit; oft können wir nicht einmal aus eigener Kraft die Tore unserer Seele öffnen, daß die Bilder der Außenwelt eindringen können. Wie können wir das von dem kleinen Kinde fordern? Auch die *Fähigkeit zur Aufmerksamkeit* muß erzogen und entwickelt werden. Darum müssen wir dem Kinde Gegenstände bieten, die seine Aufmerksamkeit erregen und festhalten. Maria Montessori ist nach jahrzehntelangen psychologischen Experimenten an Hunderten von Kindern zu dem Erfahrungssatz gekommen: Ein Gegenstand, mit dem sich das Kind mit *langandauernder Aufmerksamkeit* beschäftigt, entspricht seinen inneren Bedürfnissen. *Nur solche Spielzeuge oder Beschäftigungsmittel, die die spontane Aufmerksamkeit des Kindes erregen und lange fesseln, sind für das Kind geeignet, denn nur sie können seiner Entwicklung förderlich sein.* Wenn wir z. B. das Kind Farben *ansehen* lassen, erregen wir seine Aufmerksamkeit für eine Weile, aber durchaus nicht in dem gleichen Maße, als wenn wir ihm farbige Gegenstände *in die Hand geben,* mit denen *es hantieren* kann. Wir geben ihm eine Anzahl Farbentafeln aus Holz und zeigen ihm, daß immer zwei von ihnen die gleiche Farbe tragen. Es macht ihm Freude, aus vielen verschiedenen die beiden gleichen Tafeln herauszusuchen und nebeneinander zu legen, bis es alle Täfelchen zu Paaren geordnet hat. Dann schiebt es alles durcheinander und beginnt die Übung von neuem. Oder es legt Täfelchen, die in verschiedenen Schattierungen der gleichen Farbe gefärbt sind, so nebeneinander, daß ein fein abgetöntes Farbenband entsteht.

An diesen Übungen hat das Kind eine große, sich lange Zeit erneuernde Freude, und es wiederholt sie sehr oft. Ein kleines Mädchen, das mit zweieinhalb Jahren begann, sich mit den Farbentafeln zu be-

Spiele mit Farbtafeln

schäftigen, nahm jedesmal, wenn es ins Kinderhaus kam, diese
Übung vor, ehe es zu irgendeiner anderen Beschäftigung griff. So
hielt die Kleine es eineinviertel Jahre lang. Durch äußere Umstände
war ich gezwungen, meine Versuchsklasse für vier Monate zu schließen. Die Kinder baten, einiges Spielzeug mit nach Hause zu nehmen
zu dürfen. „Was möchtest du denn am liebsten mitnehmen?" fragte
ich das kleine Mädchen. „Die Farben!" war die schnelle Antwort.
Würde das Kind die Farben auf Farbentafeln, die nebeneinander
oder untereinander auf ein Blatt gemalt sind, wie sie zuweilen in Kindergärten benutzt werden, oder auf Bildern *zum Ansehen* erhalten,
so würde es keine Ursache haben, so über die Farben nachzudenken,
als wenn es *sie aussuchen*, also sie prüfen, beurteilen und unterscheiden, Gleichheiten, Ähnlichkeiten und Gegensätze finden muß. *Seine
eigene Tätigkeit hält sein Interesse an der Übung wach und erweckt
in ihm die Freude, die die Ursache der häufigen Wiederholung der
gleichen Übung ist.* Diese freiwillige Wiederholung der Übung ist
von größter Wichtigkeit. Auf ihr beruht das allmähliche Stetigwer-
den der Aufmerksamkeit, das immer genauere Beobachten, die Verfeinerung des Sinnes und des sinnlichen Gedächtnisses. Das Montessori-Material enthält Übungen zur Schulung aller Sinne: Das Kind
spielt mit den Gehörsbüchsen und lernt die verschiedenen Arten der
Geräusche unterscheiden, die gleichen erkennen und die stärkeren
und schwächeren abstufen. Es schlägt die Glocken an, die auf die

Töne und Halbtöne der Tonleiter abgestimmt sind, und erfreut sich an einem Spiel, das darin besteht, je zwei Glocken, die auf den gleichen Ton abgestimmt sind, nebeneinander zu stellen, sie zu „paaren"; später ordnet es die Glocken nach dem Gehör zur Tonleiter. Dieses Spiel wiederholt das Kind sehr oft, und eben die Wiederholung, die selbstgewollte, aufmerksame Wiederholung der Übung ist es, die dem Kinde immer neue Gehörs-Erfahrungen gibt, die sein Gehör verfeinert.

Spiel mit abgestimmten Glocken

Kann der gleiche Erfolg erzielt werden, wenn der *Lehrer* die Glocken anschlägt und die Übung vor den Kindern macht? Das Kind hört die gleichen Töne, *aber es ist ein Unterschied, ob es passiv oder aktiv bei der Sache ist.* Wollte der Lehrer die Übung *zehnmal* vormachen und die Kindergemeinschaft müßte auf Anordnung zuhören, so würden Lehrer und Kinder sich langweilen; *das Kind aber, das gerade in einer bestimmten Entwicklungsperiode ist und sich deshalb von innen heraus, dafür interessiert, nimmt die Übung viele Wochen lang immer wieder vor.* – Einen sehr intelligenten Buben von zweieinhalb Jahren habe ich wochenlang täglich mit den Einsatzzylindern spielen sehen; an manchen Tagen hat er mit großer Befriedigung die gleiche Übung zwanzig- bis dreißigmal hintereinander gemacht, ohne aufzusehen oder auf irgend etwas, das im Raume vorging, zu achten.

Einmal, als die Kinder ihre Tische und Stühlchen an die Wand stellten, um in der Mitte des Raumes für das Gehen auf dem Strich Platz zu machen, hielt er schützend seine Hände über seine Arbeit und sagte: „nicht fortnehmen!" ließ sich aber ruhig mit Tisch und Stuhl in eine Ecke schieben, wo er weiter arbeitete, bis er plötzlich mit einem befriedigten Seufzer aufhörte und seinen Block mit den Einsetzern an ihren Platz trug.

Einsatzzylinder

Der Denkprozeß, der sich langsam auf Grund von *Erfahrungen* bildet, ist klar und sicher. Wenn das Kind durch wiederholte Sinneseindrücke, durch häufig wiederholte Übungen eine Reihe von Erfahrungen gemacht hat, kann es Begriffe bilden. Der kleine Bube, der so eifrig mit den Einsatzzylindern „arbeitete", hat unendlich viele Male die in der Dicke abgestuften, aber in allen anderen Eigenschaften völlig gleichen Einsetzer in die für jeden von ihnen passende Höhlung gestellt. Er unterscheidet jetzt auf den ersten Blick die nur um zwei Millimeter im Durchmesser verschiedenen Einsetzer, er erkennt sofort die Weite der für jeden passenden Höhlung. Längst hat er den Begriff von „dick" und „dünn" gewonnen, aber er kennt noch nicht die Worte. Da ist der Augenblick gekommen – und ihn zu erkennen, das ist die wichtige Aufgabe des beobachtenden Lehrers –, in dem es richtig ist, dem Kinde das Wort für den *bereits in seinem geistigen Besitz befindlichen Begriff* zu geben. Er stellt vor das Bübchen den dicksten und den dünnsten Einsetzer. „Das ist dick", sagt der Lehrer, „das ist dünn". Das Kind betrachtet beide Gegenstände. „Gib mir das dicke", „gib mir das dünne", fordert der Lehrer auf. Das Kind kommt seiner Aufforderung richtig nach. Um sich zu vergewissern, ob das Kind auch das Wort richtig zuordnen kann, fragt der Lehrer: „Wie ist das?" „Wie ist dies?" Damit ist der Unterricht zu Ende. Das Kind aber hat einen Begriff sehr klar gewonnen, und es freut sich darüber. Es sieht seine Umgebung an und prüft die Dinge, ob sie dick oder dünn seien. Sollte das Kind nicht verstanden haben, so darf der Lehrer aber das Kind nicht verbessern, sondern muß sich sagen, daß die Zeit für diesen kleinen Unterricht noch nicht da war, oder daß der Augenblick für das Kind nicht gut gewählt war. „Wozu denn auch verbessern?" fragt Maria Montessori, „wenn wir das Kind verbessern und zu ihm sagen würden: 'Nein, das ist falsch', dann würden diese Worte, da sie die Bedeutung eines Tadels hätten und deshalb einen stärkeren Eindruck machten als andere (also auch stärker, also z. B. dick und dünn) im Geist des Kindes haften und das Erlernen der Benennungen beeinträchtigen. – Weisen wir das Kind auf den Fehler hin, so veranlassen wir es dadurch vielleicht, dem Gedächtnis durch eine ihm nachteilige Anstrengung aufhelfen zu wollen, oder wir entmutigen das Kind, und es ist doch unsere Pflicht, *jede übermäßige Anstrengung für das Kind und jede Entmutigung zu vermeiden.*" Wenn die Kinder sich längere Zeit mit den verschiedenen „Entfaltungsmitteln" beschäftigt haben, schauen sie alle Gegenstände mit neuen Augen an: voller Begeisterung stellen sie fest, ob sie groß oder klein, kurz oder lang, ob sie glatt oder rauh, rund oder eckig sind, welche Farbe, welche Form sie haben usw. Solche vom Kinde ausgehende geistige Arbeit hat natürlich einen ganz anderen Wert für die Entwicklung des Kindes, als wenn der Erwachsene es auf die Eigenschaften der Dinge aufmerksam macht, um es zu belehren. Ein Kind, das selbst zu beobachten gewohnt ist, gewinnt einen großen Schatz von Erfahrungen, der einer späteren „äußeren Produktion", z. B. dem Zeichnen, zugute kommt. In bezug auf die Hervorbringung, „künstlerischer" Leistungen sind wir, höchst seltsamerweise, bei der Erziehung der *Kleinkinder* bis jetzt sehr ungeduldig gewesen. Man müht sich ab, aus ihnen „freie Zeichnungen", Scherenschnitte, Plastiken aus Plastilin hervorzulocken; man erklärt das Kleinkind für „frei schaffend" und „künstlerisch produktiv", *während man zur gleichen*

Zeit die heranwachsenden Menschen vom Schulkind bis zum Hochschüler als vorwiegend rezeptiv ansieht und behandelt. Das Kleinkind geht, wie wir alle beobachten können, wenn man es frei läßt, darauf aus, sich Sinnes- und Muskelerfahrungen zu verschaffen. Sein Augenmaß ist, eben durch den Mangel an Erfahrungen, noch nicht ausgebildet, seine Muskeln sind noch unkoordiniert, so daß das Händchen das, was das Auge etwa schon sieht, noch nicht einmal so, wie das Kind es will, zeichnen oder plastisch nachbilden kann. Wir müssen ihm behilflich sein, daß es die *Vorbedingungen zu späteren Leistungen* in sich gestalten kann. Kinder haben große Freude am Malen mit Buntstiften und Wasserfarben, an der Beschäftigung mit ungestaltetem Material, wie Papier und Töpferton, an dem Umgehen mit allerlei Werkzeugen, wie Schere, Hammer u. dgl. Striche ziehen ist eine ebenso notwendige Übung zum Koordinieren der Fingermuskeln wie Basteln aller Art, womit wir das Kind sich so leidenschaftlich beschäftigen sehen. Können wir nicht auch hier dem Kinde, das aus einem richtigen Instinkt heraus diese Dinge begehrt, eine verständige Hilfe leisten? Wir geben ihm sehr einfache Schablonen, die es auf Papier legt und mit dem Buntstift umzieht, so daß die Umrißformen auf dem Papier zu sehen sind.

Es kann sie nach Belieben zusammenstellen und Sterne, Rosetten, Muster aller Art entwerfen. Zuerst sind die Muster arm und ohne eigene Erfindung, aber auch hier tut die *Wiederholung der Übung* und die dadurch kommende Erfahrung das ihrige: die Zeichnungen werden immer formenreicher. Wir sorgen für gute, weiche Buntstifte in Holzfassung und zeigen den Kindern, wie schön es aussieht, wenn sie ihre Zeichnungen mit dichten parallelen Strichen ausfüllen. Mit leidenschaftlichem Eifer geben sie sich dieser Beschäftigung hin. Zuerst gehorchen ihre Muskeln noch gar nicht; die Striche laufen darüber hinaus. Aber immer sicherer werden Hand und Auge, immer hübscher und harmonischer werden die Farbenzusammenstellungen.

Jetzt ist die *Technik gewonnen* und *der Grund gelegt* zu *wirklichen freien Zeichnungen,* die entstehen, sobald in dem Kinde die Lust zur Darstellung sich regt. Diese Zeichnungen werden gut, denn sie geben wieder, was das Kind mit *spontaner Aufmerksamkeit in allen seinen Einzelheiten* betrachtet und beobachtet hat. Einem sechsjährigen Knaben in meiner Klasse fielen im Herbst die bunten Blätter auf, und er hatte große Freude an ihren Farben. Das Kind sammelte die Herbstblätter verschiedener Bäume, zeichnete sie zu Hause sorgfältig ab und suchte genau die Schattierungen und das Ineinandergreifen der veschiedenen Farben zu treffen. In England und in Holland habe ich von den älteren Montessori-Zöglingen sehr schöne freie Zeichnungen gesehen, die hauptsächlich Blumen und Tiere darstellten und von einer erstaunlichen Beobachtungsfähigkeit zeugten. Warum wollen nicht auch wir mit der „künstlerischen" Betätigung unserer Kleinkinder lieber ein wenig warten und dafür *reife* Früchte ernten? Wir lehren die Technik, den Gebrauch des Materials, aber wir lassen die Kinder frei, geben niemals Muster oder Vorbilder, wir stellen vor allem keine Aufgaben. Wir sagen nicht: „Heute wollen wir ein Haus zeichnen", oder ein Vogelnest oder sonst etwas Bestimmtes, sondern wir überlassen alles der individuellen Tätigkeit des Kindes. Ebenso halten wir es mit dem Töpfern. Der Ton steht den Kindern zur Verfügung. Die Lehrerin zeigt das Ausrollen des Tons, den Aufbau einer Schale, eines Bechers aus den Tonrollen, das Bemalen der Gegenstände, die zur Freude der Kinder gebrannt und dadurch gebrauchsfähig gemacht werden. Ob und wann das Kind zu figürlichen Darstellungen übergeht, das wird *beobachtet*. Aber kein Montessori-Lehrer wird sich von dem Ehrgeiz, etwas von seinen Schülern „künstlerisch Gestaltetes" vorweisen zu können, dazu verleiten lassen, das Kind in seinem Entwicklungsgang zu beirren und zu stören.

Weben mit großen Perlen und mit Wolle

Einfache Holzrahmen und eine Fülle bunter Wollsträhnen, unter denen das Kind nach Belieben wählen darf, locken zu den ersten Versuchen im Weben. Die Muster entstehen bei der Arbeit. Geübtere Kinder entwerfen sie auch, bevor sie die Arbeit beginnen. Viele Kinder bevorzugen zuerst die Perlweberei, die auf einfachen Kästen, die an den Längsseiten ausgeschnitten sind, mit großen, farbigen Perlen ausgeführt wird. Für die Kinder im Schulalter soll Gelegenheit zu weiteren handwerklichen Tätigkeiten geschaffen werden. Wir denken besonders an das Arbeiten in Pappe, Holz und Metall, an Nähen und Stopfen (Selbständigmachen auch der Knaben), vor allem an Landarbeit, sobald es uns gelungen sein wird, die praktischen Vorbedingungen dafür zu schaffen.

Das „primitive Zeichnen", das die Fingermuskeln und das Auge zum späteren freien Zeichnen vorbereitet, bereitet auch das spätere *Schreiben* vor. Die größeren Kinder, die über die Übungen zur Ausbildung der Sinne bereits hinausgewachsen sind, fangen an, sich lebhaft für die Zahlen und Buchstaben aus Sandpapier, die auf starkem Karton aufgezogen sind, zu interessieren. In den Augen der Kinder sind auch sie Spiele, denn auch mit ihnen arbeiten die Kinder nach eigener Wahl, die von ihrem inneren Bedürfnis diktiert wird. Das Kind läßt seine Finger über das Sandpapier gleiten und prägt die Form des Buchstabens seinem Auge, stärker aber noch seinem Muskelgedächtnis ein. Auf seinen Wunsch nennt ihm der Lehrer den Namen des Lautes. Bald setzt es Wörter mit dem beweglichen Alphabet zusammen.

Es gibt hier keine Grenze zwischen Kindergarten und Schule. Das eine Kind kommt in seiner Entwicklung früh zu dem Punkt, wo es der Buchstaben bedarf: mag es sie nehmen. Ein anderes Kind hat einen ganz anderen Entwicklungsgang; es verweilt länger bei Farben, bei Formen und Tönen. Mag es doch. Vielleicht geht seine intellektuelle Entwicklung nachher viel schneller voran, so daß es das Kind, das früher bei den intellektuellen Übungen angekommen war, überholt. Wenn das aber auch nicht geschieht: *die Hauptsache ist, daß jedes Kind seinen eigenen Wachstumsgesetzen folgen darf: dann wird es sich kräftig und gesund entwickeln.* – Auch für die Kinder, die sich für Zahlenverhältnisse interessieren, gibt es ein Material, an dem sie Versuche machen und Erfahrungen gewinnen können; das sind die Stangen mit blauen und roten Abschnitten. Man kann die Teile zählen, man kann mehrere Stangen nebeneinander legen und ihre Teile zusammenzählen, man nimmt die Stangen wieder auseinander und

Spiel mit Worten

entdeckt so das Abziehen. Alles aber lernt man durch eigenes, denkendes Handeln. Nichts wird vorgesagt, nichts wird angelernt, nichts wird aufgedrängt.

Montessori-Klasse in Berlin-Wilmersdorf

Wollen wir dieser Methode in der *Schule* weiter folgen, so gibt es auch ein weiterführendes Material, an dem die Kinder selbständig lesen lernen, eins, an dem sie sich ihre Kenntnisse in Grammatik erarbeiten, ein anderes, an dem sie sich im Rechnen weiterbilden, wieder eins, an dem sie Geometrie lernen usw. Dann hört auch für die Schulkinder das unselige Treiben der Langsamen, das qualvolle Zurückhalten der Vorwärtsdrängenden auf. Dann brauchen wir nicht mehr Kinder ganze Jahrespensen in allen Fächern wiederholen zu lassen, weil sie vielleicht in einem oder in zwei Fächern nicht so schnell vorwärtsgehen können wie ihre Kameraden, oder weil sie gerade an einem Punkte ihrer Entwicklung angekommen sind, *an dem der Körper seine Kräfte für seinen Aufbau braucht* und, *vielleicht nur für kurze Zeit,* weniger Kräfte für die Arbeit des Lernens aufwenden kann. *In den Montessori-Schulen hat sich gezeigt, daß die Kinder nicht weniger lernen als in der üblichen Schule; aber das, was sie lernen, ist ihr wirkliches geistiges Eigentum geworden.* Die ungünstigen Begleiterscheinungen des Schulbesuchs, die wir bis jetzt für unabänderlich gehalten haben, wie Stillstand des körperlichen Wachstums in der ersten Schulzeit, nervöse Erscheinungen aller Art, Unlust zu ausdauernder Tätigkeit, Aufhören der Fragelust und der originellen kindlichen Einfälle, sind hier nicht eingetreten. Die Elternschaft der Montessori-Schulklassen berichten freudig, wie gut ihren Kindern „die Schule bekommt". Wir hoffen, daß die Kinder in den deutschen Montessori-Schulen, in denen wir erst auf eine kurze Zeit der Erfahrung zurückblicken können, mit ebenso gesunder und unbeschädigter Lern- und Arbeitslust aufwachsen werden, wie wir sie bei den holländischen Montessori-Schülern und -Schülerinnen bewundern, von denen die Lehrer der höheren Schulen, die sie nach vollendeter sechsjähriger Grundschulpflicht aufnahmen, übereinstimmend an die Regierung berichteten, „daß die Kinder aus den Montessori-Schulen in allen wissenschaftlichen Fächern sehr gut vorgebildet sind, und daß sie sich durch selbständiges Arbeiten und moralischen Hochstand auszeichnen."

Oft wird gesagt, man vermißt „die Ausbildung der Phantasie" bei unserer Art, zu erziehen und zu unterrichten, weil wir es ablehnen, den *Kleinkindern Märchen* zu erzählen. Größeren Kindern, die schon zwischen Wahrheit und Dichtung, zwischen Wahrheit und holder Täuschung unterscheiden können, wird das Erzählen und das Lesen von Märchen und Sagen ganz gewiß nichts schaden. Aber warum sollten wir denn unseren Kleinen, die doch *zuerst die wirklichen* Dinge kennenlernen wollen, das Zurechtfinden in unserer Welt so schwer machen und, *statt ihnen zu helfen,* sie am Erkennen der Wirklichkeit verhindern? Enthält die Wirklichkeit nicht Wunder über

Wunder für das kleine Kind? Ich ging an einem klaren Wintertage mit einem zweijährigen Kinde an das Ufer eines Teiches, wo es täglich zu spielen pflegte. Heute war zum ersten Male das Eis tragfähig, und viele Kinder sausten mit ihren Rodelschlitten die Böschung hinunter auf die Fläche des kleinen Sees. Da fing mein Bübchen an zu schreien: „Kinder festhalten! Kinder fallen ins Wasser!" und zog mich an der Hand, damit ich ihnen zu Hilfe käme. Ich nahm den Jungen auf den Arm und ging mit ihm aufs Eis. Er schrie: „Wasser! Wasser!" „Nein" sagte ich, „Eis!" und stampfte mit dem Fuße darauf. „Kein Wasser?" fragt das Kind zweifelnd und verwirrt. „Doch", sagte ich, „wenn es warm wird, wird es wieder Wasser; wenn es kalt ist, gefriert es und wird Eis." Ist das nicht Wunder genug, um ein Kinderköpfchen in Erstaunen zu setzen? Wäre es nicht eine *Grausamkeit,* mit den Nixen und dem Eismann zu kommen? Genügt uns Erwachsenen – denn, seien wir doch ehrlich, nur zu *unserem* Vergnügen bauen wir die Wunderwelten in den Köpfen der Kinder auf, ohne daran zu denken, wie sehr wir ihnen damit schaden – genügt uns das frohe Erstaunen der Kinder über die keimenden Eicheln und Kastanien im Blumentopf oder über die ersten Ranken der Bohnen und Erbsen, die sie gepflanzt haben, ihr Entzücken über das Hervorbrechen der Knospen an den Sträuchern, über die bunten Blumen, über die Eier und die Jungen im Vogelnest nicht? Sie staunen über das Buntwerden der Blätter im Herbst, über das Fallen der Blätter, sie staunen über das Stück Holz und den Topf, die auf dem Wasser schwimmen, während ihre Münze, die hineinfiel, untergegangen ist. Sind das alles nicht Wunder für das kleine Kind? Ist das Flugzeug nicht ein größeres Wunder als Andersens fliegender Koffer? Mag das größere Kind sich auch an der Erzählung freuen, das Kleinkind verbindet mit den Worten der komplizierten Erzählungen der Märchen entweder gar keinen Sinn oder einen ganz andern, als wir meinen. Bedarf das Kind dann wirklich *zur Bildung seiner Phantasie* Hexen und Zauberer, der Riesen und Zwerge, der gläsernen Berge und der mit Edelsteinen gefüllten Höhlen? Glaubt man wirklich, daß die geheimnisvolle Gestaltungskraft in seinem Innern *schläft,* und daß sie *dadurch erweckt* werden könne, daß man ihm seltsame Geschichten erzählt und *es daran wie an Wirklichkeiten glauben macht?* Können wir dadurch etwas anderes erreichen, als das Kind wirr und töricht zu machen, so, daß es Wirkliches und Unwirkliches nicht mehr unterscheiden kann? Und welchen Einfluß können die Geschichten auf seine lebendige Vorstellungs- und Darstellungskraft haben? Wird ein Mensch Maler oder Dichter, Bildhauer oder musikalischer Gestalter, weil seine Phantasie in der zartesten Kindheit durch *Märchen* angeregt wurde, *oder weil die Natur die gestaltende Kraft in ihn gelegt hat? Die lebendige Vorstellungs- und Gestaltungskraft ist in uns und strebt nach Entwicklung* wie alle Fähigkeiten unseres Körpers und unseres Geistes, unserer Sinne und unserer Seele. Sie entzieht sich jedem Zugriff von außen; *der Wille, sie von außen her zu formen, kann nur zerstören.* In der Tat schläfern wir durch das Erzählen von phantastischen Dingen die Phantsie des Kindes ein, denn der *Erfinder* der Wundergeschichte *gebraucht seine Phantasie,* aber der Phantasie *des Kindes* bleibt *nichts mehr zu tun und zu gestalten übrig.* Für kleine Kinder sind, *wenn sie Geschichten verlangen,* schlichte Erzählungen, die die einfachen Ereignisse ihres eignen täglichen Lebens wiedergeben, Erzählungen von Kindern, Tieren, Pflanzen, die erwünschtesten. Man kann sich davon leicht überzeugen, wenn man den Kindern, während sie zeichnen oder weben, etwas erzählt und beobachtet, bei welchen Erzählungen sie aufmerksam folgen und häufige Wiederholungen verlangen. Erzählungen für Kinder dürfen keine Tendenz haben. Wie alle furchterregenden Erzählungen sind auch solche unbedingt auszuschließen, in denen schlechte und unrechtmäßige Handlungen ausgeführt werden, die später durch schwere, willkürliche Bestrafung der Missetäter gesühnt werden. Das sind zu schwere Belastungen für das kindliche Gemüt. Selbst die Erzählungen von hilfreichen Zaubern und gütigen Feen machen kleine Kinder oft sehr unruhig, wie wir aus gelegentlichen Äußerungen oder aus Worten, die das Kind im Schlafe spricht, entnehmen können: dem Kinde ist es unheimlich, daß es von Wesen umgeben sein soll, die es mit seinen Sinnen nicht wahrnehmen kann und mit denen es sich selbst nicht in Kontakt setzen kann, die aber ihrerseits fähig sind, Einwirkungen auf das Kind vorzunehmen. – – Wir müssen scharf unterscheiden zwischen dem ziellosen Umherschweifen der Gedanken, das wir im gewöhnlichen Leben als „phantastisch" bezeichnen, *und der aufbauenden Vorstellungs- und Gestaltungskraft, der wirklichen Phantasie,* wie sie uns am erkennbarsten im Künstler, im Baumeister, im Gelehrten entgegentritt. Was befähigt diese Menschen zu ihren Leistungen, die uns in Erstaunen und in Bewunderung versetzen? Was haben sie ihren Mitmenschen voraus? *Das ist die Fähigkeit, der Außenwelt lange Zeit eine angestrengte Aufmerksamkeit zuzuwenden und Einzelheiten mit Genauigkeit wiederzugeben.* Nicht das Phantastische entzückt uns an einem Kunstwerk, sondern das ihm innewohnende

Leben, die gesteigerte Wirklichkeit. Der Künstler wächst am Studium der wirklichen Dinge, der wirklichen Menschen, der wirklichen Zustände.

Wir sind davon ausgegangen, daß das Kind alles, was es zu seiner Entwicklung braucht, in seiner Umgebung finden muß: Nahrung für seinen Körper, Luft zum Atmen, Gegenstände, an denen es seine Muskeln kräftigen und koordinieren kann, Gegenstände, an denen es Übungen zur Ausbildung seiner Sinne vornehmen kann, Mitmenschen, Pflanzen und Tiere, die es lieben und pflegen kann, damit die Gefühle der Hilfsbereitschaft, der Fürsorglichkeit für andere Geschöpfe, damit das Pflichtbewußtsein und die Neigung zu sorgfältiger Ausführung aller Obliegenheiten sich entwickeln können. Jeder Gegenstand soll seinen ihm eigenen und für ihn passenden Platz haben, damit des Kindes Ordnungsliebe durch sein Handeln wachse. Alle Gegenstände müssen *schön* sein, damit das ästhetische Empfinden sich entwickle. In seiner Umgebung müssen vor allem seine *Altersgenossen* sein; das Zusammenleben mit ihnen, die gegenseitigen Hilfeleistungen, die gemeinsame Sorge für die Behaglichkeit aller, das Interesse an der Arbeit der Kameraden üben und entwickeln die sozialen Gefühle. Sollte die Umgebung des Kindes nicht auch das enthalten können, woraus die Phantasie, die lebendige und geheimnisvolle aufbauende Vorstellungs- und Gestaltungskraft unseres Innern, ihre Nahrung ziehen kann? Auch sie *wächst* nach den uns innewohnenden Wachstumsgesetzen. Sie nährt sich, wie uns die Beobachtung des Künstlers, des Phantasiereichsten unter uns, zeigt, an der *Wirklichkeit.* Wir müssen dem Kinde Sachen geben, die wirklich vorhanden sind, an denen es sich betätigen und Erfahrungen sammeln kann, die nach *natürlichen Gesetzen* zu seiner Entwicklung führen können, *aber dem Kinde überlassen, daraus zu wählen, was es braucht.*

„Es ist eine falsche Auffassung, die praktische Betätigung des Menschen habe mit der Phantasie nichts zu tun. *Phantasterei und trockene Phantasielosigkeit gehen Hand in Hand.* Der schöpferische Geist schafft mit neuen Einfällen neue Situationen. Der Phantast verirrt sich ins Blaue. Die Phantasie, reguliert und kontrolliert von vernünftiger Überlegung, erschließt die neuen Wege." (Gustav Stresemann: Rede zum Nobelpreis.) – –

Es ist nicht leicht, für das *einzelne* Kind Umgebung und Spielzeug angemessen zu gestalten. Aber Stätten, die eigens für die Kinder errichtet und erhalten werden, wie Kindergärten und Schulen, sollten so ausgestaltet und geleitet werden, daß allen Kindern *volle Bewe-gungsfreiheit und ungehemmte Entwicklungsmöglichkeit gewähr-leistet sind.*

Entsprechen die Montessori-Kinderhäuser (Kindergärten mit An-wendung der Montessori-Methode) und die Montessori-Schulen dieser Forderung? Wie sind sie eingerichtet?

Volkskinderhaus in Lichtenberg. Dachgarten

Unsere Volkskinderhäuser brauchen für je 30 bis 40 Kleinkinder zwei Räume im Erdgeschoß von der Größe der üblichen Klassenräume und etwas Gartenland. Ein Raum dient den Kindern als Wohn-, Spiel- und Arbeitszimmer, der andere wird für die Mahlzeiten, für die rhythmischen Übungen und für die Mittagsruhe der Kinder benutzt. Die Kindertische und die Stühlchen sind so leicht, daß sie von einem kleinen Kinde vom Platz gerückt oder fortgetragen werden können. Sie haben einfache, gefällige Formen. In ihren Maßen sind sie den Kindern genau angepaßt, und sie sind in hellen, fröhlichen, harmoni-schen Farben gehalten oder ganz weiß gestrichen und lackiert. Die Schränke sind niedrig, die Schubladen sind in Reichhöhe kleiner Kin-der angebracht. Schöne Bilder hängen an den Wänden, so tief, daß die Kinder sie bequem ansehen können. An den Fenstern stehen Blu-mentöpfe, auf den Tischen stehen hübsche Vasen und Schalen mit Blumen. „Zweckmäßigkeiten, Einfachheit und Schönheit sollen die

Führer der ersten Schritte des Kindes sein." (Montessori) Die Wasch-
schüsseln und die Wasserkrüge, die die Kinder benutzen, die Teller,
von denen sie essen, sind aus zerbrechlichem Material.

Diese Umgebung hat eine Stimme für das Kind, die verständlicher
und eindringlicher zu ihm spricht, als die Ermahnungen des Erwachsenen es können. Die schönen, hellen Möbel sagen: „Mache mich
nicht schmutzig! Halte mich frei von Staub! Siehe, ich habe einen
Flecken bekommen; beseitige ihn!" Die zerbrechlichen Gegenstände
warnen: „Gehe vorsichtig mit uns um. Wir sind dir nützlich, und wir
sind schön. Du kannst uns aber leicht verderben." Durch das Umgehen mit den schönen Dingen, die dem Kinde vertraut und sehr lieb
werden, kommt es bald zu einem sorglichen Wesen und zu verständi-
gem Handeln.

Die *Ordnung* in der Umgebung hilft nach Ansicht Dr. Montessoris
dem Kinde, sein *Gedächtnis* zu entwickeln. Sie sagte darüber in einem ihrer Vorträge: „Um sich abstrakter Dinge erinnern zu können,
muß das Kind sich erst plastischer Dinge erinnern können, und dabei
spielt der Platz, den die Dinge einnehmen, eine große Rolle. Wir wissen auch nicht, was im Kinde vorgeht; aber wir bemerken, daß die
Kinder Dinge, die nicht an dem gewohnten Platz stehen, eifrig in die
ihnen bekannte Ordnung bringen."

Können die liebevollsten Eltern, die an Mitteln reichsten, ihren Kindern eine Umgebung schaffen, wie wir sie hier vor uns sehen, die so auf das Kind und seine *Entwicklungsnotwendigkeiten* abgestimmt ist, eine Umgebung, die die Menschen und die Sachen enthält, die das Kind braucht, um körperlich, geistig und seelisch zu gedeihen? Jedes Kind sollte *wenigstens* während der *Vormittagsstunden* einer solchen Gemeinschaftserziehung teilhaftig werden, vor allem des sozialen Umganges mit *vielen* gleichaltrigen, älteren und jüngeren *Kindern*, damit es Zusammenleben, Anpassen, Einfügen zu einer Zeit lernt, in der alles entwicklungsfähig in ihm ist, denn werden wir später weniger schwierige, seltsame, einsame und „vertrocknete" Menschen haben. Die Kinder, deren Eltern durch häusliche oder Erwerbsarbeit in Anspruch genommen sind, sollen weder dem „Kinderfräulein" noch dem Dienstmädchen, weder der gefälligen Nachbarin noch der altersschwachen Großmutter anvertraut werden, sie sollen weder allein in der Wohnung bleiben noch der Straße ausgesetzt werden: alle sollen in die Hut liebevoller, gewissenhafter und für ihren Beruf vollständig ausgebildeter, hygienisch und psychologisch geschulter, mütterlich empfindender Menschen gegeben werden und in einer Umgebung den Tag verbringen, die eine wirkliche „gute Kinderstube" darstellt, deren durch nichts zu ersetzenden Wert wir alle kennen. Um die geordnete und ausreichende Ernährung der Kinder zu sichern, und um verständige und gute Eßgewohnheiten fürs Leben mitzugeben, wollen wir, daß die Kleinen ihre Mahlzeiten im Kinderhause einnehmen.

Die für die Kleinkinder so wichtige Mittagsruhe wird, wenn das Wetter es irgend erlaubt, im Freien gehalten, andernfalls in gut durchlüfteten Räumen. Sie ist für die Kinder im Kinderhause eine Selbstverständlichkeit, während ihre Durchführung im Elternhause oft Schwierigkeiten bereitet.

Die Eltern holen nachmittags oder abends, wenn sie ihren Berufspflichten oder ihrer Pflicht im Hause genügt haben, ihren Buben oder Mädel aus dem Kinderhause ab. Mit Freuden hören sie dem lebhaften Geplauder des Kindes zu, gehen sie auf seine kleinen Erlebnisse, auf seine Probleme und Fragen ein: Vertrauen und Liebe werden gegeben und genommen. Wenn aber die Eltern um des Kindes willen, das sie allein lassen oder in ungeeignete Hände geben mußten, sich während der Arbeit mit Sorgen zerquält haben, wenn sie am Abend innerlich aufgerieben sind und noch viel nervöser als die tägliche Arbeit und Mühe es schon mit sich bringt, wenn das Kind der Mutter bei

Mittagessen im Garten.

der eiligen Arbeit „immer zwischen den Füßen herumläuft", wenn
sie es den Tag über oft ungeduldig zurückweisen mußte und dabei
doch mit innerem Unbehagen fühlte, daß sie ihm Unrecht tat, so „fördert" das *Fehlen* des Kinderhauses nicht das Familienleben. Nein, *die
Zusammenarbeit von Kinderhaus und Familie fördert!* Wenn die Eltern beruhigt ihrer Arbeit nachgehen und bei der Heimkehr ihre
Freude an ihrem gut gepflegten, sich günstig entwickelnden Kinde
haben dürfen, wenn sie seine lustigen und ursprünglichen Einfälle
genießen und auf sie eingehen können, wenn das Kind seinerseits ruhige, glückliche Stunden mit gütigen Eltern verleben darf, so ist das
eine wirkliche Förderung des Kindes *und* des Familienlebens.

So nimmt also das Kinderhaus *der Familie* alle *Pflichten ab? ist die
ängstliche Frage, die oft an uns gerichtet wird, die Familie soll also
keine Pflichten mehr haben, sondern nur noch die Freude* am Kinde?
Nein, soviel *könnte* das Kinderhaus gar nicht leisten.

Den Eltern wird der *wichtigste Teil* der *körperlichen* und *seelischen
Pflege* des Kindes immer bleiben. Sie haben das Kind bis zu seinem
Eintritt ins Kinderhaus ernährt und den Grund gelegt zu richtiger Erziehung und Gewöhnung. Sie haben von Anfang an darauf gehalten,
daß die Pausen zwischen den Mahlzeiten streng eingehalten werden,
daß das Kind „zwischen den Mahlzeiten" nichts ißt und, ausgenom-
men an ungewöhnlich heißen Tagen, nichts trinkt. Sie haben dafür
gesorgt, dem Kinde die Speisen stets appetitlich anzurichten, und es

frühzeitig an möglichst selbständiges Essen und an Trinken aus dem
Glas oder der Tasse gewöhnt. Die Mutter hat es möglich gemacht,
trotzdem Fleisch oder Eier so viel schneller und müheloser zu bereiten sind, dem Kinde täglich Gemüse und Obst zu geben. Sie hat dem
Kinde jedes Übermaß von Süßigkeiten fern gehalten, selbst auf die
Gefahr hin, unverständige Verwandte oder Freunde, die die Spender
waren, zu verärgern; sie hat die kleinen Mengen von Süßigkeiten, die
sie für unschädlich hielt, dem Kinde stets nur *nach der Hauptmahl-
zeit* gegeben. Sie hat ihr Kind so erzogen, daß es gesunde Speisen in
gehöriger Menge ißt und auf Leckereien leicht verzichtet. Bier und
andere Spirituosen, Bohnenkaffee und sonstige aufregende Genuß-
mittel hat sie stets, auch in den kleinsten Mengen, ihrem Kinde fern-
gehalten. Wie schwer ist es, besonders in beschränkten Wohnungen,
die Kinder abends rechtzeitig zu Bett zu bringen und für einen Schlaf
zu sorgen, der weder durch künstliches Licht noch durch zu lautes
Sprechen der Familienangehörigen oder etwaiger Besucher gestört
wird. Wie oft müssen die Eltern besonders große Opfer bringen, um
den Kindern gute Betten in ausreichender Zahl zu schaffen. Das Kin-
derbett muß eine gute, elastische Matratze haben; unter keinen Umständen darf das Kind auf einem weichen Unterbett liegen, das mit
Federn gefüllt ist. Zum Zudecken sind wollene Decken, die auf der
dem Kinderkörper zugewandten Seite mit Wäschestoff bezogen
sind, das beste; im Winter kann man ein leichte Federbett darüber legen. Das Kind soll immer, auch im Winter, bei geöffnetem Fenster
schlafen. Nur bei ungewöhnlicher Kälte sind die Fenster zu schließen, nachdem vorher gründlich gelüftet worden ist.

Die Familie beschafft die Kleidung des Kindes, und die Mutter wählt
sie täglich mit Sorgfalt, denn das Kind soll weder schwitzen noch
frieren. Wäsche und Kleidung des Kindes soll oft gewechselt und oft
gewaschen werden; wahrlich, keine leichte Aufgabe, und sie erfüllen, ist doch so ungeheuer wichtig! Abends reinigt die Mutter gründlich den ganzen Körper des Kindes, morgens genügt eine leichtere
Waschung. In beschränkten Wohnungsverhältnissen ist es schwierig
durchzuführen, daß die Kinder regelmäßig gebadet werden, und
doch weiß jede Mutter es ein- oder auch zweimal in der Woche zu ermöglichen.

Ebenso wichtig wie die Körperpflege ist die seelische Pflege des Kindes in der Familie. Vor allem muß der Erzieher auf die *körperliche
Züchtigung verzichten* können. Sie wird um so leichter *entbehrlich,
je konsequenter* der Erzieher ist: Was aus vernünftigen Gründen ver-

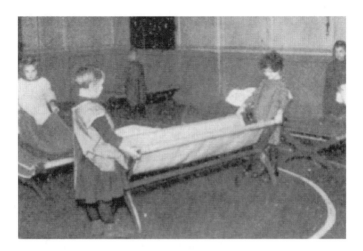

Die Kinder im Volkskinderhaus am Leopoldplatz stellen ihre Betten auf, versehen sie mit Kissen und wollenen Decken.

boten worden ist, darf nicht nachträglich erlaubt werden, weil das Kind durch Bitten oder Geschrei den Erwachsenen mürbe macht oder gar, weil Bitten und Weinen des Kindes der Eitelkeit und dem Machtgefühl des Erwachsenen schmeicheln. Oft ist es besser, das Kind abzulenken, als es durch schroffe Forderungen oder Verbote zu reizen und seinen Trotz herauszufordern. *Doch muß das Kind von Anfang an daran gewöhnt werden,* einer ruhigen, freundlichen Weisung sofort zu folgen, ohne daß es eines langen Hin- und Herredens zwischen Erzieher und Kind bedarf: das fortwährende Verhandeln macht die Kinder nervös: sie sind immer in Spannung auf den Ausgang der Verhandlungen. Statt des Gefühls der Sicherheit und Geborgenheit, das das Glück des Kindes ist, entsteht ein Gefühl der Unsicherheit und des hin- und herwogenden Kampfes. Eine kurze, sachliche Begründung der Weisung wird zuweilen erwünscht sein, aber bei einem richtigen Vertrauensverhältnis zwischen Kind und Erwachsenen wird vom Kinde die Begründung einer Weisung nicht allzu häufig verlangt werden. Auch das *Kind* liebt im Grunde die schnelle und reibungslose Abwicklung der Angelegenheiten. Wichtig ist, daß mit den Kindern stets ruhig und höflich gesprochen wird, nicht im Ton des Befehlshabers, aber erst recht nicht in jenem süßlichen, weichlichen Ton, den manche Leute gern Kindern gegenüber anschlagen, der ihnen aber ebenso lästig und unangenehm ist wie unverlangte Liebkosungen. Das Kind will ernst genommen werden, und es fühlt sich durch Herablassung ebenso bedrückt wie durch unmotivierte Strenge. „Wir alle sind so sehr daran gewöhnt zu hören, daß der Erwachsene und ganz besonders der Erzieher sich zum Kinde machen müsse, daß wir diese Suggestion nur schwer überwinden können. Wir können uns weder zu Kindern machen, noch hat das Kind das Bedürfnis, daß wir es tun, noch wäre es nützlich für das Kind, wenn wir es täten." (Maria Montessori) Schwierigkeiten mit den Kindern wegen des rechtzeitigen Schlafengehens und wegen des Einhaltens der Mahlzeiten werden selten entstehen, wenn im Hause ein geordnetes und geregeltes Wesen herrscht. – Wenn das Kind im Hause Zanken oder erregtes Reden hört, so wird es selbst erregt und „weiß oft nicht, was es will"; wenn die Erwachsenen seiner Umgebung sich nicht beherrschen können, wie soll der kleine, sich entwickelnde Mensch da zur Selbstbeherrschung gelangen? Kinder um sich haben, das ist ein Glück, *das mit ernster Selbsterziehung, mit viel Selbstüberwindung* erkauft sein will, von den Opfern an Genüssen und Vergnügungen gar nicht zu reden! Wie oft müssen die Eltern zu Hause bleiben, weil sie ihre Kinder nicht in die schlechte Luft des Kinos oder des Gasthauses bringen wollen, wie oft müssen sie einen Besuch unterlassen, weil sie wegen des weiten Weges das Kind nicht rechtzeitig zur gewohnten Schlafenszeit nach Hause zurückbringen könnten. Viele „Ungezogenheiten" der Kinder, unter denen nicht nur die Eltern, sondern noch mehr die armen, nervösen, „launenhaften" Kinder schwer leiden, sind nur auf *falsches Verhalten der Eltern* zurückzuführen. Nicht umsonst ist der *Montag* der Tag, der in allen Schulen und leider auch noch in unseren Kinderhäusern gefürchtet ist, weil am Montag „mit den Kindern so wenig anzufangen ist".

An den *Elternabenden* und in Einzelunterredungen sollten Eltern und Lehrkräfte die Beobachtungen, die sie an den Kindern machen, mit tiefem Ernst besprechen, damit eine verständnisvolle und richtige Behandlung eines jeden Kindes in der Familie wie in Kinderhaus und Schule die Gewähr biete, daß das Kind gesund und ohne Hemmungen, die ihm das spätere Leben erschweren und verbittern können, aufwachse.

Unsere *vereinten Bestrebungen* müssen darauf gerichtet sein, daß immer mehr Montessori-Kinderhäuser entstehen, bis ihre Zahl groß genug ist, daß *jedem* Kinde sein Recht wird auf die bestmögliche Erziehung und Pflege in den Jahren der zartesten Kindheit, die die entscheidenden für das ganze Leben sind. Zu wünschen ist, daß diese

Erziehung und Pflege nicht mit dem sechsten Lebensjahre abgebrochen wird, sondern daß sich an das Montessori-Kinderhaus die Montessori-Schule schließe mit ihren Möglichkeiten des „einsichtigen", natürlichen Lernens auf der Grundlage der Selbstbestätigung und des Interesses an der eigenen Tätigkeit.

Den Kindern und den Eltern ist dieses Heft gewidmet.

Kinder waren es, denen die Montessori-Erziehung ihre Entstehung verdankt.

„Meine Methode ist eine Anwendung dieser Grundsätze auf das normale Kind. Sie umfaßt heute die Studien und Erfahrungen eines Zeitraumes von 20 Jahren. Mit Bescheidenheit, Geduld und Liebe muß man sich *neben* das Kind stellen, und mit Hilfe der Wissenschaft muß man versuchen, die feinsten Regungen seiner Seele zu erkennen und zu verstehen, die verborgenen Notwendigkeiten dieses neuen Wesens, das seine eignen Wünsche noch nicht in Worten und durch Fragen zu erkennen geben kann, zu entdecken, um durch diese Erfahrungen die adäquate Behandlung festzustellen, die ihm die Mittel zum Leben und zur Entwicklung gibt. Können Sie sich eine Erziehung vorstellen, die von der Sorge ausgeht, daß das Kind ein guter Staatsbürger und ein gebildeter Mensch werde, die aber die Bildung seiner Seele, seiner Persönlichkeit vernachlässigt? Nein, Sie werden sagen: Worauf es ankommt, ist, daß du, o Kind, den heiligen Samen, der tief in deine Seele gelegt ist, entwickelst, und ich, dein Lehrer, will dein Helfer sein.

Da die menschliche Seele sich nicht von Brot, sondern von geistiger Größe nährt, da die Intelligenz sich von Wissen, der Wille sich von spontaner Aktivität nährt, so müssen wir, wenn wir ein gesundes Kind erziehen wollen, ihm geben, was es braucht: Erlebnisse, Erfahrungen und Wissen, Gelegenheit zur Entfaltung seiner Aktivität. Das Kind will verstehen, handeln, wachsen, sich entwickeln. Daraus geht hervor, daß, wenn wir versuchen, *sein Leben dementsprechend zu gestalten,* wenn wir ihm Gelegenheit geben, seinen Charakter und sein Gemüt zu entwickeln, *wir es auf die beste Art unterrichten,* und daß es ihm dann an Wissen nicht fehlen wird. Dann fehlt ihm auch die Schönheit und Gesundheit des Körpers nicht, weil auch der physische Körper sich nicht nur vom Brote, sondern auch von der Zufriedenheit des Herzens nährt.

Eine Zeitlang wurde dieser Weg der Erziehung die 'neue Methode' genannt. Bald aber erkannte man, daß *das Kind* der Mittelpunkt dieses Werkes ist. Die Kinder sind es, die uns eine bessere Menschheit als die unsrige erleben lassen, eine Menschheit voller Ursprünglichkeit, Kraft und Schönheit. Wenn wir die Kinder nicht in unsere Formen pressen, sehen wir, daß sie Tugenden besitzen, die wir ihrem frühen Lebensalter kaum zutrauen: unermüdlichen Tätigkeitstrieb, Nächstenliebe, innere Disziplin.

Die Kinder haben also dieses Erziehungswerk, das ich vor Ihnen entwickeln will, hervorgebracht, und sie haben diese Ideen in der Welt verbreitet. Eltern und Lehrer haben gewünscht, daß die Kinder so heranwachsen möchten, und in manchen Ländern wünschten auch die Behörden, daß die Kinder so erzogen würden, weil von ihnen die Zukunft und das Heil der Völker abhängt.

Werke von Männern und Frauen haben wir schon viel gesehen; nun, dies ist das Werk des Kindes." (Aus Maria Montessori: „Das Werk des Kindes".)

Den *Eltern* liegt die *Weiterführung* des Werkes ob. Wir werben um die Mitarbeit der Eltern. Wenn die Eltern sich mit uns zusammenschließen, wenn ihr Wille fest und ernst ist, dann wird das „Haus der Kinder" in ganz Deutschland, in der ganzen Welt zur Wirklichkeit werden, dann wird die Schule der Zukunft ins Leben treten.

MICHAEL KLEIN-LANDECK

Aktuelle Aufgabenfelder der Montessori-Pädagogik [1]

1. Weiterentwicklung der Montessori-Pädagogik als Daueraufgabe

In Montessori-Kreisen besteht kaum Zweifel an der Notwendigkeit einer kontinuierlichen Weiterentwicklung der Montessori-Arbeit. Der rasche Wandel gesellschaftlicher Realitäten und Lebensverhältnisse führt heute zu ständig wachsenden Anforderungen und Ansprüchen an Pädagogik. Auch ein reformpädagogisches Erziehungskonzept kann es sich daher auf Dauer nicht leisten, einen Status Quo festzuschreiben und auf dem erreichten Stand stehen zu bleiben. Es gilt, die zeitgemäße Aktualisierung stets im Auge zu behalten. Das bedeutet keineswegs, dass man voreilig alles Tradierte in Frage stellen und Bewährtes über Bord werfen muss, um sich nach modischen Trends zu richten. Montessori-Pädagogik ist weltweit erfolgreich, anerkannt und bei weitem *kein Schnee vom vergangenen Jahrhundert!*

Will man sich aber nicht dem Verdacht aussetzen, heutigen Herausforderungen mit tradierten Rezepten zu begegnen, bedeutet Weiterentwicklung, sich neuen Aufgaben zu stellen und *dann* nach neuen Antworten auf neue Probleme zu suchen, wenn alte Lösungen nicht (mehr) tragen. Eine kontinuierliche Selbstvergewisserung hinsichtlich ihrer Modernität und heutigen Tragfähigkeit sollte daher für jeden selbstverständlich sein, dem an einer qualitativ hochwertigen, theoretisch und prak-

---

[1] Wenn im Folgenden vereinfachend von Schülern, Lehrern und Pädagogen etc. gesprochen wird, so geschieht dies aus ökonomischen Gründen sowie zum Zweck der leichteren Lesbarkeit. Diese Schreibweise bezeichnet selbstverständlich auch Schülerinnen, Lehrerinnen und Pädagoginnen.

tisch fundierten Weiterführung der Montessori-Pädagogik gelegen ist. Die daraus erwachsenden Aufgabenfelder lassen sich in zwei Hauptdimensionen unterscheiden: die *organisatorisch-politische* und die *pädagogisch-innovative* Dimension. Da in meinem Beitrag vor allem auf innovative Ansätze Bezug genommen wird, sei hier die Frage der Organisationsstrukturen nur kurz gestreift.

1.1 Organisatorisch-politische Aufgaben

Montessori-Arbeit in Deutschland hat heute solche Ausmaße erlangt, dass moderne, professionelle Strukturen erforderlich sind, um eine konstruktive Weiterentwicklung nach Innen und offensive Präsentation nach Außen leisten und sogar noch intensivieren zu können. Es zeichnet sich ab, dass langfristig eine noch stärkere Vernetzung aller Bemühungen unverzichtbar ist, will man der Gefahr eines ineffektiven Nebeneinanders bzw. leider oft auch konkurrierenden Gegeneinanders einzelner Vereine, Arbeitsgemeinschaften, Landesverbände etc. entgehen. Dazu wäre möglicherweise eine gewisse Zentralisierung der Strukturen hilfreich, die gemeinsam von den wichtigen Montessori-Organisationen in Deutschland zu schaffen wäre. Eine solche Zentralisierung könnte

- den *Informationsaustausch* und die *Zusammenarbeit* zwischen den einzelnen, z. T. weit verstreuten Montessori-Einrichtungen erleichtern,

- die *Zusammenarbeit* mit Schulbehörden, Verwaltungen und Politik optimieren,

- die *Koordinierung* der Montessori-Aktivitäten auf lokaler, regionaler, Landes- und Bundesebene sowie im europäischen bzw. internationalen Raum stärken und einer Zersplitterung der Energien vorbeugen,

- Strategien zur professionelleren *Öffentlichkeitsarbeit* entwickeln helfen,

- durch die Einrichtung regionaler oder zentraler *Ausbildungszentren* die Aus-, Fort- und Weiterbildung von Montessori-Pädagogen organisieren und einheitliche *Qualitätsstandards* sichern helfen,

- durch *Materialbörsen* und die Koordination eines bundesweiten *Personalmarktes* die Arbeit in der Praxis erleichtern.

1.2 Pädagogisch-innovative Aufgaben

Vor allem aber muss sich Montessori-Pädagogik heute auch der Fragen und Probleme annehmen, die von Montessori nicht oder nur ansatzweise bearbeitet wurden, entweder weil sie hier keinen Bedarf erkannte oder dieser zu ihren Lebzeiten objektiv noch gar nicht gegeben war. Damit ist die *pädagogisch-innovative Dimension* angesprochen. Ein Kriterium zur Beurteilung der Modernität einer Pädagogik ist es, ob sie sich aktuellen Herausforderungen stellt und hier eigene Akzente setzt oder ob sie sich mit Hinweis auf ihre Traditionen für drängende Zeitprobleme nicht zuständig fühlt bzw. glaubt, diese im Rückgriff auf bewährte Rezepte lösen zu können.

Dazu gehört etwa der *musisch-künstlerische* Bereich, der in der Montessori-Pädagogik nur in Ansätzen erschlossen ist; der Bereich der *Neuen Medien*, der Montessori in seinem heutigen Ausmaß noch nicht bekannt sein konnte; die Einführung montessoripädagogischer Elemente im *berufsbildenden Bereich*, für die bisher kein allgemeines Konzept vorliegt; der *Fremdsprachenunterricht* an Montessori-Schulen, für den keine eigene Methode existiert, sowie Fragen der *interkulturellen Erziehung*, *Hochbegabtenförderung* und *Integration Behinderter* in der Montessori-Praxis. Auf diesen Gebieten liegen zahlreiche Erfahrungen und vielversprechende Ansätze vor, die es in Zukunft noch auszubauen gilt. Nachfolgend sollen exemplarisch drei besonders bedeutsame Aufgabenfelder näher beleuchtet werden: Die *„Kosmische Erziehung"* Maria Montessoris, die *Montessori-Sekundarstufe* und die Frage der *Erwachsenenbildung* in der Montessori-Pädagogik.

2. Die „Kosmische Erziehung" Maria Montessoris

In ihrem Spätwerk bettet Maria Montessori die Grundlagen ihrer Pädagogik in eine umfassende Weltsicht ein, die bereits zentrale Aspekte unserer heute im Wandel begriffenen Einstellung zur Natur vorwegnimmt. Hervorzuheben ist, dass sie sich dabei „ökologischer Denkformen bedient und diese zur Grundlage eines neuen Bildungskonzeptes macht" (Ludwig 1995, S. 263). Aber schon früh reflektiert Montessori den Stellenwert der Natur in der Erziehung: Sie will Kinder für das Naturschöne sensibilisieren, sie die Natur als Schöpfung Gottes begreifen und in ihrem Eigenwert anerkennen lassen.

2.1 Die Natur im Frühwerk Maria Montessoris

Schon in ihrem Frühwerk *Il Metodo* findet sich ein Kapitel über *Die Natur in der Erziehung*. Natur wird hier sehr aus der Perspektive des Kindes betrachtet, das entscheidende Kräfte zu seiner physischen und psychischen Entwicklung aus ihr empfange. Eine einfache, ländliche Umgebung sei die natürliche, gesunde und daher kindgerechte Umgebung und besser als „the very confused and complicated environment" (Montessori 1979a, S. 18) der Stadt. Natur stimuliere vorzüglich den kindlichen Explorationsdrang, und besonders Tiere und Pflanzen stellen nach Montessori Erziehungsmittel dar, die eine sittliche Selbsterziehung hervorrufen: Die „flehende Stimme des bedürftigen Lebens" (dies. 1913, S. 147) appelliere stark an den Pflegeinstinkt. Da aber das Gefühl, gebraucht zu werden, die Seele des Kindes befriedige, seien ihm vielfältige Gelegenheiten zum Ausleben solcher Gefühle zu bieten.

Der Anbau von Pflanzen könne in besonderem Maße „einen Begriff des Unendlichen geben" (a. a. O., S. 150) und durch die Faszination am Wachstum die Bewunderung der Naturerscheinungen fördern. Von der Beobachtung der Natur über ihre Achtung hin zu verantwortlicher Fürsorge soll der Weg nach Montessori führen. Als Endpunkt dieser Entwicklung könne sich ein religiöses Naturgefühl einstellen, das durch die Wunder der Schöpfung genährt werde: „One of our aims was to help the child, by making him observe created things, to raise his thoughts to their Creator" (dies. 1930, S. 23).

In spätere Neuauflagen von *Il Metodo* fließt auch Montessoris Kritik an den industriegesellschaftlichen Entwicklungen des 20. Jahrhunderts ein: Der Zivilisationsmensch lebe in einer künstlichen Welt und enthalte Kindern elementare Naturerfahrungen vor. Dies lasse wichtige Entwicklungskräfte verkümmern und störe das normale Verhältnis zur Natur. Einer Erziehung in natürlicher Umgebung spricht Montessori nun kompensatorische Funktion zu: Schule soll das Kind in engen Kontakt mit der Natur bringen und seinem Aktivitätsdrang reizvolle Handlungsziele eröffnen, denn: „Das Gefühl für die Natur wächst mit der Übung, wie alles andere" (dies. 1994, S. 80).

2.2 Die Dimension des Kosmischen bei Maria Montessori

Ab den 30er Jahren stellt Montessori diese Überlegungen zunehmend in einen größeren Reflexionshorizont, indem sie die Frage nach der Stellung der Menschen im Kosmos aufgreift. Sie philosophiert über die Beziehungen von Gott, Welt und Mensch, ohne dabei immer hinreichend zwischen wissenschaftlich begründeter Erkenntnis und eigener religiöser Interpretation zu unterscheiden. Ihre *Kosmische Theorie* als an der christlichen Offenbarung, an metaphysischen Theoremen und an ethischen Grundsätzen orientiertes Gesamtdeutungskonzept bildet die Grundlage für ihre Konzeption einer *Kosmischen Erziehung* (vgl. Kratochwil 1991, S. 70).

Der Kosmos-Gedanke selbst geht nicht auf Montessori zurück. Vielmehr schließt sie hier an eine lange ideengeschichtliche Tradition des Abendlandes an, die unter Kosmos eine harmonische Weltordnung versteht: Das Universum wird als einheitliches Ganzes betrachtet, dem eine sinnvolle Ordnung innewohnt. Parallelen zum Denken eines Thomas von Aquin, Amos Comenius oder Teilhard de Chardin, Anklänge an theosophisches Gedankengut oder die Schriften ihres Onkels, des Priestergelehrten Antonio Stoppani, sind wiederholt aufgezeigt worden (vgl. besonders Oswald 1989). Auch mag Montessori durch die Arbeiten des französischen Insektenforschers Jean-Henri Fabre manche Anregung empfangen haben, den sie nachweislich gut kannte und sehr schätzte. Unabhängig vom jeweiligen Gewicht dieser Einflüsse lässt sich die Dimension des Kosmischen als Schlüssel zum Verständnis ihres Gesamtwerkes

verstehen, da das Attribut kosmisch bei Montessori die Kate-
gorien Erziehung und Bildung grundsätzlich bestimmt. Somit
ist *Kosmische Erziehung* kein zusätzliches Unterrichtsfach
oder gar eine spezifische Variante des Sachunterrichts, sondern
vielmehr pädagogischer Überbau der Montessori-Pädagogik.

2.2.1 Grundzüge der Kosmischen Theorie

Nach Montessori stellt das Universum eine dynamische Einheit
dar, in der in einem komplexen Interdependenzverhältnis alles
miteinander verknüpft ist und sich im Fließgleichgewicht befindet. Eine harmonische Ordnung entsteht dadurch, dass alle
Dinge innerhalb des Gesamtgefüges eine spezifische Funktion
erfüllen und dabei in ihrer Ganzheit auf ein höheres Ziel hin
streben: „Pflanzen verdauen anorganische Materie, wobei sie
Nahrung für Tiere und Menschen produzieren. Auf der anderen Seite säubern sie die Luft, machen die Erde fruchtbar und
halten diese mit ihren Wurzeln. [...] Insekten bestäuben Blumen und Vögel, tragen die Samen an entfernte Orte" (Montessori 1950, S. 14).

Solche ökologischen Funktionszusammenhänge erhalten dadurch eine gewisse Stabilität, dass jede Art unbewusst ihren
Beitrag zur Selbsterhaltung und zum Erhalt des Ganzen leistet.
Jede Gefährdung einer Art stört aber diese Balance, denn „das
Leben der einen steht in Beziehung zum Leben der anderen"
(dies. 1973, S. 108). Für Montessori geschieht all dies nicht zu-
fällig. Anders als Darwin geht sie vom göttlichen Ursprung eines Schöpfungsplans aus, der der Gesamtentwicklung Ziel,
Richtung und Sinn verleiht. Nicht das Überleben des Stärkeren
und der Kampf ums Dasein seien dabei die treibende Kraft,
sondern die selbstlose Liebe und der Schutz des Schwachen,
die den Fortbestand des Lebens sichern.

Aufgabe des Menschen sei es, an der Vervollkommnung des
Schöpfungswerkes mitwirken, ohne das harmonische Gleichgewicht zu gefährden. Ziel sei aber nicht die Stabilisierung einer von Gott gegebenen Ordnung, sondern dynamische Weiterentwicklung und der Aufbau einer neuen Welt, die allen ein
friedliches, humanes, „großzügigeres und würdigeres Leben

als jemals zuvor" (Montessori 1993, S. 100) ermögliche. Solcher Fortschritt entstehe jedoch nur im Einklang mit der Natur und nicht, indem man sie mit Füßen trete. Montessori kritisiert in diesem Kontext das Mißverhältnis zwischen Macht und Gewissen des Menschen. Sie fordert eine neue Moral und globale Verantwortlichkeit für diese *Eine Welt.*

2.2.2 Grundzüge der Kosmischen Erziehung

Dazu soll insbesondere die *Kosmische Erziehung* beitragen, deren Grundzüge Montessori in ihrem Spätwerk entwickelt. Praktische Unterrichtsversuche erfolgen vor allem während ihrer Indienaufenthalte, wo sie zusammen mit ihrem Sohn Mario zahlreiche Lernmaterialien konzipiert. Leider legt sie kein systematisches Konzept mehr vor, sondern umreißt dieses nur schemenhaft, so dass bis heute die Unschärfe des Begriffes *Kosmische Erziehung* symptomatisch ist. Mithin sind aktuelle Ansätze zur Theoriebildung sehr heterogen, und noch ist kein Konsens über die theoretischen Implikationen der *Kosmischen Erziehung* in Sicht. Auch ihre Praxis existiert noch nicht als gesicherter Bestand der Montessori-Pädagogik, da weitreichende fachwissenschaftliche und fachdidaktische Vorarbeiten noch ausstehen.

Ziel der *Kosmischen Erziehung* ist nach Montessori „ein neuer und besserer Mensch, dem man die neue Welt anvertrauen kann" (Montessori 1998, S. 35). Dieser soll ökologisches Verantwortungsbewußtsein besitzen, Gefühle der Mitmenschlichkeit, solidarische Handlungsbereitschaft und eine gewisse Ehrfurcht vor sich selbst, den Mitmenschen, dem Leben und vor Gott zeigen. *Kosmische Erziehung* ist das alle Bildungs- und Erziehungsbemühungen integrierende Gesamtcurriculum, das jedem pädagogischen Handeln eine einheitsstiftende Zielperspektive geben soll. Für Montessori ist sie es, die als Basis der Grundschulerziehung „eine neue Form intellektueller Bildung vermittelt", „neue Gefühle der Menschlichkeit kultiviert" und dabei „den Verstand und das Gewissen aller Menschen in einer Harmonie vereinen (soll)" (dies. 1993, S. 26f).

Im Zentrum der *Kosmischen Erziehung* steht ein universaler Lehrplan, dessen fundamentales Bildungsprinzip „die Wechselbeziehung aller Dinge und ihre Zentrierung in dem kosmischen Plan" (ebd., S. 100) ist. Er soll eine globale Sicht des Universums vermitteln und vernetztes Denken lehren. Das Grundlagenwissen entstammt den Natur- und Sozialwissenschaften. Allerdings geht es nicht um die Vermittlung isolierter Fakten, sondern um Einsicht in komplexe Zusammenhänge, die jedoch auf dem Studium exemplarisch ausgewählter Details basieren kann.

In methodischer Hinsicht bleibt die freie Wahl der Arbeit Grundprinzip, d. h. dass man das Kind „für eine Wirklichkeit interessiert, die es dann durch seine Aktivität entdeckt" (dies. 1966, S. 37). Im Kontext der *Kosmischen Erziehung* plädiert Montessori dabei für eine Vielfalt der Methoden wie etwa Originale Begegnung, Gruppenarbeit, Experiment, Projekt oder Erzählung:

- Lebendige Naturbegegnung bedeute, die Erscheinungen mit allen Sinnen zu erleben und von ihnen unmittelbar ergriffen zu werden. Statt mit Material einen *Schlüssel zur Welt* zu reichen, müsse *Kosmische Erziehung* primär „die Welt selbst darbieten" (Montessori 1993, S. 118).

- Nach Montessori können aber auch spannende, anschauliche Erzählungen wie ihre *Cosmic Tales* (Montessori sen. 1958) das Interesse an evolutionsgeschichtlichen oder ökologischen Themen wecken, die Phantasie beflügeln und durch das Überwinden von Raum und Zeit imaginatives Denken fördern. Dabei sollen zunächst Überblicke über Sachverhalte vermittelt werden, deren Aspekte sich dann in Einzelarbeit vertiefen lassen.

- Ferner entwickelt sie Lernmaterialien zur Vermittlung biologischer und geographischer Grundbegriffe. Zwar geht für sie der Material-Arbeit in der Regel die Entdeckung in der Natur voraus. Zur ordnenden Klärung von Eindrücken, als Verständnishilfe und Gedächtnisstütze für wichtige Fachterminologie könne sie jedoch sinnvoll sein.

● Schließlich betont Montessori wiederholt den Stellenwert kleiner naturwissenschaftlicher Versuche, des Anbaus von Getreide und Kräutern, der Anlage von Aquarien, Herbarien und Terrarien, der Tier- und Pflanzenpflege sowie der Gartenarbeit mit Schülern.

2.3 Offene Aufgabenfelder

Montessori gibt schulischer Bildung durch ihre Ausrichtung auf die kosmische Perspektive ein einendes Band, das die Erkenntnisse verschiedener Disziplinen unter einer integrierenden Perspektive zusammenführen soll. Aufgrund seines ökologischen, interkulturellen und friedenspädagogischen Charakters ist dieser Ansatz zukunftsweisend und von Innovationskraft für pädagogische Schulentwicklung.

Die Geschichte der *Kosmischen Erziehung* ist aber auch eine Geschichte der offenen Fragen, und ihre Theorie und Praxis sind bis heute noch nicht „umfassend reflektiert, geschweige denn an aktuelle Diskussionen adaptiert" (Holtz 1998, S. 7). Montessoris Ansatz ist damit zwar noch unfertig und verbesserungswürdig, aber auch verbesserungsfähig. Insbesondere sind die weitere Ausarbeitung ihres theoretischen Fundierungshorizonts und eine Weiterentwicklung unterrichtspraktischer Realisierungsmöglichkeiten erforderlich, da sich hier nur an fragmentarische Vorarbeiten anknüpfen lässt. Eine umfassende Interpretation kann an dieser Stelle nicht geleistet werden, dazu sei auf den umfangreichen Tagungsband der Montessori-Vereinigung (Fischer [Hg.] u. a. 1999) verwiesen. Hier können lediglich einige offene Fragen und Probleme angesprochen werden.

Auf *curricularer Ebene* ist anzumerken, dass bis heute kein universaler Lehrplan vorliegt, d. h. kein verbindlicher Themen- und Inhaltskanon der *Kosmischen Erziehung* existiert. In Ermangelung eines Kerncurriculums wird oft unter *Kosmische Erziehung* gefasst, was sich anderen Fächern nicht eindeutig zuordnen lässt. Nicht unproblematisch ist es, dass oft Disziplinen zu ihren Bezugswissenschaften gerechnet werden, die in der Lehrerbildung keine zentrale Rolle spielen. Offen bleibt somit, welche Fächer und Inhalte zur *Kosmischen Erziehung* gehören, wie ihre Auswahl zu legitimieren ist, wie sie aufeinander bezogen und gewichtet werden, welche Lehrbefähigungen erforderlich sind und wo diese erworben werden können.

Montessoris Forderung nach einer *ganzheitlichen Sicht der Dinge* ist zwar modern. Trotz der wissenschaftlichen Bestätigung vieler ihrer Auffassungen entgeht sie aber möglicherweise nicht der Gefahr, durch die Vermittlung von Haltungen in eine a priori unterstellte (kosmische) Weltordnung einführen zu wollen. Erfährt die Welt nicht eine individuelle Sinngebung erst durch das ordnende Tun des Denkens, so dass Lernen als einheitsstiftende Aktivität, als ein Zusammenfügen von Einzelerscheinungen und damit als prozessuale Aufgabe anzusehen ist? Nach Ansicht von Kritikern kann der Mensch auf Grund seines begrenzten Erkenntnisvermögens gar nicht wissen, ob die sinnlich wahrnehmbaren Einzelphänomene in der Welt wirklich in einem geordneten Zusammenhang stehen und ihnen Sinn nur im Rahmen eines vorgegebenen Gesamtzwecks zukommt.

Montessori ist sehr am *fächerübergreifenden Lernen* gelegen. Da sie aber nur wenige Praxisbeispiele vorstellt, bleibt weitgehend offen, wie bei der Tendenz, ein in seinen Grenzen nicht klar definiertes Fächerkonglomerat zu sein, der *wissenschaftliche Charakter des Unterrichts* gesichert bleiben soll. Leider liegen auch keine empirischen Studien zur *Kosmischen Erziehung* vor, die darüber Auskunft geben, ob und mit welchem Erfolg Kinder tatsächlich eine verantwortungsvolle Haltung zur Natur entwickeln und welche Methode sich dazu besonders eignet. Bis heute wissen wir nicht genau, wie Menschen eigentlich vom Wissen über Natur zum Handeln im Einklang mit der Natur gelangen. Ob sich also Montessoris hohe Erwartungen an die *Kosmische Erziehung* erfüllen, beweist vielleicht manche Einzelerfahrung in der Praxis. Wissenschaftlich betrachtet tappen wir jedoch weitgehend im Dunkeln.

Dringliche Aufgabe ist es, den Bestand an *Lernmaterialien* zur *Kosmischen Erziehung* zu sichten, systematisch zu erfassen, kritisch zu analysieren und verfügbar zu machen: Arbeitsmittel wie *Tierbaum*, *Zeitmaschine* oder *Geologiebaukasten* wurden inzwischen auch breiten Kreisen bekannt und zugänglich gemacht. Doch wäre weiterhin zu klären, welche Materialien sich besonders bewährt haben, um die Bildung eines kosmischen Bewußtseins zu befördern, und wie ihre Vernetzung zu leisten wäre, um ebenso sachlogische Lernwege zu eröffnen wie in anderen Fächern. Zu diskutieren wäre aber auch, angesichts Montessoris eindeutiger Warnung „‚Keep the material limited!'" (zit. nach Gillet 1972, S. 8), die Gefahr einer inflationären Materialproduktion und der möglichen Einengung kindlicher Erlebnisfähigkeit durch ein Überangebot an Material.

Kosmische Erziehung will Kognition, Emotion und Moral gleichermaßen ansprechen. Daher ist neben dem materialgeleiteten Lernen das *handlungsorientierte Lernen* unverzichtbar und vor der medial vermittelten, didaktisch aufbereiteten Erfahrung kommt die authentische Erfahrung aus erster Hand (Grazzini 1998). Einblicke in die Montessori-Praxis unterstreichen die zentrale Bedeutung der praktischen Arbeit in der Natur als einer vorbereiteten Umgebung für die *Kosmische Erziehung.* In der Literatur finden sich Berichte über Naturbeobachtung, Arbeit im Schulgarten oder Projekte zur Anlage von Ökosystemen, ohne dass diese Ansätze bisher eine Bündelung, Zusammenfassung oder gar Eingang in die Montessori-Lehrerausbildung erfahren hätten. Nach einer „*Methodik der Kosmischen Erziehung*" wird man vergeblich suchen. So liegen eher einzelne Erfahrungen und Anregungen vor, als systematisch ausgearbeitete Konzepte, die als Allgemeingut der Montessori-Pädagogik gelten könnten.

In diesem Kontext scheint mir ein offenes Aufgabenfeld besonders relevant zu sein: Bislang galt die Aufmerksamkeit der Montessori-Pädagogik vorwiegend dem Schaffen vorbereiteter Umgebungen in geschlossenen Räumen. Hier ist jedoch ein Perspektivwechsel überfällig, dergestalt, dass auch der Garten, das Gelände um die Montessori-Einrichtung als vorbereitete Umgebung verstanden wird bzw. zu einer solchen gestaltet werden muss. Hier besteht erheblicher Diskussionsbedarf und ein breites, wenn auch noch ungestilltes Interesse an Konzepten für eine Montessori-gerechte Gestaltung von Freigeländen um Kinderhäuser und Schulen, für die Vorbereitung kindgerechter Erfahrungsfelder im Sinne der *Kosmischen Erziehung.*

Nur angedeutet sei schließlich noch die Frage, inwiefern Cosmic Tales wie die an den Schöpfungsbericht angelehnte Geschichte *God who has no hands* (Montessori sen. 1958) Kinder heute noch erreichen, ob solche Erzählungen „tragfähige Fundamente für den Aufbau eines wirklich wissenschaftsbegründeten Verhältnisses zur Welt und ihrer Geschichte" (Oswald 1989, S. 138) darstellen oder ob sie nicht wissenschaftliche und religiöse Aspekte unzulässig verschwimmen lassen. Der Hinweis scheint berechtigt, dass die anthropomorphe Erzählweise und der deterministische Grundton der Geschichte ein Verwischen der Grenzen von Fakt und Fiktion begünstigen und der „Eingleisung" (Böhm 1969, S. 104) des Menschen in eine vorgegebene Ordnung Vorschub leisten können.

All diese Hinweise belegen die produktive Offenheit der Praxis *Kosmischer Erziehung*. Zugleich wird jedoch das Desiderat einer konsensfähigen theoretischen Fundierung dieser Praxis sowie einer intensiven Weiterentwicklung der Lernangebote sichtbar. Ungeachtet der zahlreichen und vielfältigen, weit über Montessori-Kreise hinaus beachteten Ansätze ist eine echte Grundlegung schulischer Bildung durch die *Kosmische Erziehung* an deutschen Montessori-Schulen zur Zeit noch nicht gegeben. Vielmehr befindet sich die Praxis „in einem Prozeß des Suchens und der Versuche" (Holtstiege 1997, S. 127) zu ihrer didaktischen Aufarbeitung, so dass hier für die Montessori-Pädagogik noch ein weites Arbeitsfeld absehbar ist.

3. Montessori-Pädagogik in der Sekundarstufe

Maria Montessori gilt als bedeutende Vorschul- und Grundschulpädagogin. Weniger bekannt ist die Tatsache, dass ihre Konzeption von der frühen Kindheit bis in das Erwachsenenalter reicht und sogar Anregungen zur Reform der Universität beinhaltet. 1920 stellt sie erstmals ihre Konzeption einer Sekundarschule vor. Schon zehn Jahre später wird in Amsterdam ein erstes Montessori-Lyzeum gegründet, weitere Einrichtungen folgen in Rotterdam (1936), Utrecht (1945) und Den Haag (1950). In Deutschland nehmen die Bemühungen um eine

Einführung der Montessori-Pädagogik an weiterführenden Schulen erst später zu. Heute arbeiten hier etwa vierzig Sekundarschulen bzw. Schulzweige nach Montessori, mit steigender Tendenz in NRW, Süddeutschland und den neuen Bundesländern.

3.1 Montessoris Kritik am Bildungswesen ihrer Zeit

Nach Ansicht Montessoris deformiert die traditionelle Schule Kinder körperlich und seelisch: Eingezwängt in ihre Bänke müssen sie passiv den Lektionen folgen, Lernen durch lebendige Erfahrung und praktisches Tun bilden die Ausnahme. Indem Schüler permanent „hinter dem Verstand des Lehrers herlaufen" (Montessori 1996, S. 251), werden die echte Auseinandersetzung mit den Inhalten und die Ausbildung geistiger Selbständigkeit verhindert. Schule sei weder den kindlichen noch den gesellschaftlichen Bedürfnissen angepasst: „Wer behaupten würde, das Prinzip der Freiheit gestalte heute Pädagogik und Schule, würde ausgelacht wie ein Kind, das beim Anblick der aufgespießten Schmetterlinge darauf beharrt, sie seien lebendig und könnten fliegen" (dies. 1979, S. 110).

Manche Kritikpunkte sind heute in ihrer Schärfe überholt, andere dürften weiterhin aktuell sein. Vielfach wird eine neue Lernkultur mit moderneren Unterrichtsformen und stärker an der Lebenswelt Jugendlicher orientierten Themen gewünscht. Vor allem der Frontalunterricht und das Fachlehrerprinzip werden zunehmend als bedenklich empfunden. Dazu schon Montessori: „In jeder Stunde wechseln Lehrer und Unterrichtsstoff [...] ohne jeden sinnvollen Zusammenhang. Man kann sich in einer Stunde nicht völlig auf einen neuen Gedanken umstellen. Hat man sich aber darauf eingestellt, kommt sogleich ein anderer Studienrat, der ein anderes Fach lehrt. Und in dieser geistigen Hetze läuft diese schwierige Periode des menschlichen Lebens ab" (Montessori 1993, S. 133).

3.2 Erdkinderplan – Erfahrungsschule des sozialen Lebens

Montessori will Schüler nicht in ein fertiges System einpassen, sondern in stärkerem Maße deren Interessen und Bedürfnisse zum Ansatzpunkt schulischer Bildung machen. In ihrem *Erd-*

kinderplan entwirft sie das Modell einer *Erfahrungsschule des sozialen Lebens* (12–18 Jahre) auf dem Lande, die eine umfassende Bildung, vielfältige soziale Erfahrungen und Bewährungsmöglichkeiten durch praktische Arbeit in schuleigenen Betrieben (Gasthaus, Geschäft und Bauernhof) vermitteln soll.

Das Studienprogramm umfasst drei große Aufgabenfelder: Moralische Pflege, Leibespflege und den Fachunterricht in verschiedenen Disziplinen. Montessoris Reforminteresse gilt jedoch mehr den Methoden als den Inhalten. Sie will Jugendlichen attraktive Wahlmöglichkeiten und selbsttätige Arbeit in Freiheit bieten. Dabei seien die besten Methoden „diejenigen, die beim Schüler ein Maximum an Interesse hervorrufen, die ihm die Möglichkeit geben, allein zu arbeiten, selbst seine Erfahrungen zu machen und die erlauben, die Studien mit dem praktischen Leben abzuwechseln" (ebd., S. 154). Daneben fordert sie für diese Altersstufe verstärkt auch die Möglichkeit der Gruppenarbeit, die sich spontan aus den Aufgaben und Wünschen der Schüler ergeben kann.

3.3 Entwicklung der Montessori-Sekundarschulen in Deutschland

Abgesehen von einzelnen Ansätzen an amerikanischen Einrichtungen ist der *Erdkinderplan* bisher wohl nirgends vollständig verwirklicht worden. Generell orientiert man sich im Sekundarbereich eher an den Prinzipien der Grundschularbeit und versucht, diese für höhere Altersstufen weiterzuentwikkeln. So auch in Deutschland, wo die Arbeit nach Montessori in den 70er Jahren verstärkt im Sekundarbereich aufgenommen wird, an Schulen in freier Trägerschaft und in Montessori-Zweigen von Regelschulen, welche die Wahl zwischen beiden Schullaufbahnen erlauben. Der Unterricht ist den Richtlinien des jeweiligen Bundeslandes verpflichtet, so dass sich diese Schulen von anderen nicht hinsichtlich der Inhalte und Abschlüsse unterscheiden, sondern nur durch die Methoden. Da jede Einrichtung ihr eigenes Profil hat, können hier nur einige gemeinsame Merkmale aufgezeigt werden.

Abb. 1

In der *Unterstufe* bildet die Freiarbeit in ihrer klassischen Form das Kernstück des Unterrichts (Klein-Landeck 1998). Sie ist verzahnt mit anderen Arbeitsformen, vor allem dem gebundenen Fachunterricht. Im Umfang von bis zu zehn Wochenstunden, d. h. etwa zwei Stunden täglich, bearbeiten die Schüler in einer altersgemäß vorbereiteten Umgebung die Inhalte der beteiligten Fächer. Neben dem Montessori-Material werden weitere Arbeitsmittel für selbsttätiges Lernen benötigt, zunehmend auch geeignete Software, um in jedem Fach differenzierte Lernangebote machen zu können. Ergänzend kommen besonders in den sozialwissenschaftlichen Fächern kleinere Arbeitsvorhaben hinzu, die das Interesse der Jugendlichen erwecken. Sie arbeiten nun zunehmend auch mit Sachbüchern, Nachschlagewerken, Karten, Arbeitsblättern etc., so dass Montessoris Grundprinzipien weiterhin tragen, ihr Materialbegriff jedoch eine Ausweitung erfährt.

Die Neigung von Schülern, mit zunehmendem Alter das didaktische Material als kindisch anzusehen und abzulehnen, aber auch die sachlich begründete Integration projektartiger Verfahren in die Freiarbeit nehmen in der *Mittelstufe* weiter zu.

Jugendliche können hier in Themen ihrer Wahl eindringen, sich in wichtigen Arbeitstechniken üben und dabei Schlüsselqualifikationen wie die Fähigkeit zur eigenständigen Beschaffung, Verarbeitung und Darbietung von Informationen erwerben. Oft werden in der Freiarbeit auch schriftliche Facharbeiten angefertigt, die gewöhnlich mit einer Ergebnispräsentation abschließen. Eine weitere Möglichkeit zur Realisierung altersgemäßer Freiarbeitsformen an Montessori-Sekundarschulen besteht in der Durchführung langfristig angelegter, fächerübergreifender Projekte in realen Handlungsbezügen, insofern auch hier vielfältige Wahl-, Gestaltungs- und Mitbestimmungsmöglichkeiten für Schüler gegeben sind (Meisterjahn-Knebel 1995).

Ansätze zur Weiterentwicklung der Montessori-Arbeit auf der *Oberstufe* sind noch rar, abgesehen von einer bekannten Pilotstudie (Heimbring 1992) zur Erprobung fachgebundener Freiarbeit im Leistungskurs Physik: Innerhalb des Rahmenthemas „Geschichte der Elektrizität" erhielten Schüler Wahlmöglichkeiten und Freiräume für selbsttätiges Arbeiten und konnten sich dabei in wissenschaftliche Verfahren einüben. Allerdings wirkt sich die Struktur der Oberstufe offenbar nicht förderlich auf die Entwicklung solcher Konzepte aus. Die Auflösung der Klassenverbände, Neuzugänge und die Kooperation mit Nachbarschulen sorgen für heterogene Kurse, in denen sich nicht immer an gleiches Methodenwissen anknüpfen lässt. Aber auch der zunehmende Notendruck kommt erschwerend hinzu. Dennoch zeichnen sich hier noch reizvolle Entwicklungsaufgaben für die Zukunft ab.

Festzuhalten bleibt, dass Montessori-Pädagogik in der Sekundarstufe an der meist spontanen Lernbereitschaft von Fünftklässlern ansetzt und versucht, ihre Entwicklung zu Selbstständigkeit und Verantwortlichkeit zu fördern. Dies gelingt, ungeachtet der oft ungünstigen Rahmenbedingungen, mit zum Teil beeindruckenden Erfolgen. Allerdings präsentiert sich die Unterrichtspraxis derzeit recht facettenreich und versteht sich keineswegs als abgeschlossen. Die Notwendigkeit der Weiterentwicklung und weiteren Profilierung der Arbeit in der Sekundarstufe stellt die Montessori-Pädagogik vor große Aufgaben.

3.4 Offene Aufgabenfelder

Auf Grund der besonderen Rahmenbedingungen lassen sich im Sekundarbereich einige zentrale montessoripädagogische Elemente nicht oder nur eingeschränkt umsetzen. Für ein noch besseres Gelingen der Montessori-Praxis wäre es aber hilfreich, Lösungen u. a. für folgende Probleme zu finden:

3.4.1 Institutionelle Probleme

Umfangreiche curriculare Vorgaben führen nicht selten zu Stoffüberfrachtung und Zeitdruck, die dem Montessori-Unterricht abträglich sind. Damit geht oft ein gewisser Elterndruck einher, der sich in überzogenen Erwartungen an das Lernoutput der Freiarbeit äußert. Montessoris Aufforderung „Lasst den Kindern Zeit" wird leider immer wieder durch eine problematische Anspruchshaltung begegnet, die mit unterrichtsökonomischem Effizienzdenken den pädagogischen Sinn der Freiarbeit umzukehren droht. In diesem Kontext wirft unser Zensuren- und Versetzungssystem die Grundsatzfrage nach einer Kompatibilität von Tests und Noten mit Montessori-Prinzipien auf.

Die an Montessori-Grundschulen übliche Altersmischung mit ihren pädagogisch-didaktischen Vorzügen kommt im Sekundarbereich nicht zum Tragen. Starre Versetzungsordnungen erschweren bzw. verbieten flexible Übergänge zwischen den Klassen, wie Montessori sie vorsah. Die vierjährige Grundschule macht den Neubeginn in Klasse 5 oft problematisch: Kinder werden aus stabilen Klassengemeinschaften herausgerissen und müssen sich nun wieder in neue Gruppen hineinfinden. Nach Ansicht vieler gelingt dies entwicklungsbedingt zu einem späteren Zeitpunkt besser, so dass zahlreiche Montessori-Pädagogen die sechsjährige Grundschule fordern. Aber auch die mangelnde Vertrautheit mancher Fünftklässler mit der Freiarbeit kann gerade zu Beginn der Sekundarstufe die Montessori-Arbeit erschweren.

Schulbehördliche Einstellungspraktiken können sich erschwerend auswirken, insofern eine Montessori-Sekundarschule ihren Bedarf an qualifizierten Lehrkräften nicht durch entsprechende Stellenzuweisungen decken kann. Hier dürfte aber durch die quantitative Zunahme gezielter Stellenausschreibungen durch die einstellende Schule selbst inzwischen einiges in Bewegung geraten sein.

3.4.2 Unterrichtsorganisatorische Probleme

Auch unterrichtsorganisatorische Gründe zwingen zu Kompromissen und erschweren die Montessori-Arbeit in der Sekundarstufe. Die kontinuierliche Betreuung der Freiarbeit durch eine konstante Bezugsperson ist essentiell wichtig und kann besonders durch einen Tutor geleistet werden, der möglichst viele Fächer in seiner Klasse unterrichtet. Wird er häufig in den ersten Unterrichtsstunden eingesetzt, kann er die Freiarbeit in lernbiologisch günstigen Zeiten am frühen Morgen anbieten. Findet sie aus stundenplantechnischen Gründen zu wechselnden Zeiten statt oder in späten Randstunden, wird sie reihum von verschiedenen Lehrpersonen mit unterschiedlichen Erziehungsstilen geleitet, kann das die Arbeitsatmosphäre empfindlich belasten und ihren Erfolg gefährden.

Offen zu diskutieren sind weiterhin der angemessene Gesamtanteil der Freiarbeit im Stundenplan, ihre sinnvolle Verzahnung mit dem Fachunterricht sowie geeignete Dokumentationsformen der individuellen Lernfortschritte. Allerdings sind hier wohl keine allgemeingültigen Antworten zu erwarten, sondern nur individuelle Lösungen, die von den jeweiligen Kollegien und Klassenteams gefunden werden müssen. Wünschenswert wären eine intensive Weiterentwicklung der Freiarbeit in Mittel- und Oberstufe sowie ein breiterer Austausch über Bewährtes. Hier könnte eine noch stärkere Vernetzung und Kommunikation der Montessori-Schulen untereinander Abhilfe schaffen, aber auch die vermehrte Darstellung von Erfahrungen und Konzepten in der Fachliteratur.

3.4.3 Ausstattungsbedingte Probleme

Gelungene Montessori-Praxis setzt eine Vielfalt geeigneter Arbeitsorte voraus. An Grundschulen werden neben dem Klassenraum oft Differenzierungsräume, Emporen und Flure einbezogen. Im Sekundarbereich scheint die Organisation von Arbeitsplätzen außerhalb der Klasse schwieriger zu sein, besonders in Montessori-Klassen an Regelschulen, wo ansonsten andere Unterrichtsformen vorherrschen. Das Problem der Ausstattung von Räumen mit offenen Regalen für das Material ist hingegen leichter zu lösen, da man hier nicht selten auf Elternspenden, ausrangierte Schulmöbel etc. zurückgreifen kann.

Kernproblem im Sekundarbereich scheint das didaktische Material zu sein: *Erstens* setzt die Individualisierung des Lernens eine *reiche Materialfülle* voraus. Montessori entwickelte aber für die Sekundarstufe nur wenige Arbeitsmittel und berücksichtigte manche Lernbereiche gar nicht, wie etwa die Fremdsprachen. In anderen Fächern bedarf der Materialbestand einer Ergänzung und Aktualisierung. Lehrer müssen daher viele Materialien anschaffen oder selber herstellen, was zeitaufwendig und kostenintensiv ist. Daher bleibt es weiterhin eine dringliche Aufgabe, bewährtes Sekundarstufenmaterial bekannt und zugänglich zu machen, was bisher in kleinen Lehrerzirkeln, auf Materialbörsen und in Montessori-Ausbildungskursen geschieht. Eine ständige Erweiterung der Publikationsformen könnte jedoch die Praxisarbeit erleichtern und allen Interessierten wertvolle Anregungen geben.

Abb. 2

Abb. 3

Zweitens zeigen sich *sachbezogene Grenzen* der Material-
arbeit in Lernbereichen, in denen z.B. komplexe, interdiszi-
plinäre Fragen behandelt werden. Hier ist die Materialisierung
von Inhalten oft nicht sinnvoll bzw. unmöglich. Auch ästhetische, ethische oder Glaubenserfahrungen lassen sich nicht immer durch die Arbeit mit didaktischem Material herbeiführen,
da diese die vielfältigen Bedeutungsebenen und Deutungs-
möglichkeiten menschlicher Objektivationen oft nicht erfassen.

Drittens gibt es *entwicklungspsychologisch* bedingte Grenzen,
da ältere Schüler vielfach das Material ablehnen und ein attrak-
tives Computerprogramm mehr Aufforderungscharakter für
sie besitzt als ein Arbeitsmittel. Daher sollte man im Sekundarbereich nicht an einem engen Materialbegriff festhalten, sondern ihn erweitern durch den Einbezug qualitativ hochwertiger
Software, Nachschlagewerke, Sachbücher etc., insofern sie einer kritischen Prüfung auf ihre Eignung als *Schlüssel zur Welt*
im Sinne Montessoris Stand halten. Eine unreflektierte Über-
tragung wichtiger Prinzipien von der Grundschule auf die Sekundarstufe, ohne die der Altersgruppe entsprechenden Modi-
fikationen vorzunehmen, wäre unangemessen.

4. Erwachsenenbildung in der Montessori-Pädagogik

Zeitlebens versucht Maria Montessori, ihre im Bereich der Vorschul- und Schulerziehung gewonnenen Ideen und Konzepte auf andere didaktische Aufgabenfelder zu übertragen, so auch auf die Erwachsenenbildung.

So bemängelt sie etwa den erheblichen Modernitätsrückstand der Universität und erkennt den einzigen Unterschied zur Schule darin, dass Studierende „nicht dazu angehalten werden, ihre Vorlesungen zu wiederholen, noch Hausaufgaben zu machen: d. h. als Menschen, die an eine erzwungene Arbeit gewöhnt sind, die immer kontrolliert wird, arbeiten sie weniger" (Montessori 1966, S. 122). Haupttriebfeder für ein Studium sei nicht Interesse, sondern der Wunsch nach guten Abschlüssen. Montessori kritisiert in diesem Kontext aber auch eine tradierte Hochschuldidaktik, die sich in bloßer Faktenvermittlung erschöpfe, anstatt Studierenden das selbstständige Forschen zu lehren. Vor diesem Hintergrund setzt sie sich für eine umfassende Reform der Universität ein.

Überdies befasst sich Montessori mit dem Problem des Weltanalphabetismus und stellt Überlegungen an, wie man Erwachsene das Lesen und Schreiben lehren kann. Insbesondere reflektiert sie das Phänomen des funktionalen Analphabetismus in den Industrieländern und stellt konkrete unterrichtsmethodische Vorschläge zum Einsatz von Lernmaterial vor (vgl. Montessori 1998).

Über einzelne Anregungen hinaus entwickelt sie jedoch kein allgemeines Konzept für die Erwachsenenbildung, und heutige Montessori-Pädagogen äußern sich nur sehr zurückhaltend zu dieser Thematik. Ein geeigneter Bereich, um das Verhältnis von Erwachsenenbildung und Montessori-Pädagogik auf den Prüfstand zu heben und zugleich ein zentrales Aufgabenfeld zu markieren, ist die Lehrerfortbildung zur Qualifizierung von Montessori-Pädagogen im Rahmen der Montessori-Diplom-Kurse.

4.1 Lehrerbildung in der Krise

Kritik an der Lehrerbildung hat gegenwärtig Hochkonjunktur. Beklagt wird das „beziehungslose Nebeneinander von Fachwissenschaft, Fachdidaktik und Erziehungswissenschaft" (Wittenbruch 1997, S. 267) im Studium sowie eine überholte Seminardidaktik, bei der Studierende in jeder Sitzung passiv Referate hören. Dabei finde keine echte Auseinandersetzung mit der Sache und somit kein wirklicher Bildungsprozeß statt. Mithin sei die Lehrerbildung eine *Lehrerausbildung ohne Bildung.*

Nach Ansicht vieler sollte das Studium verstärkt auch ein experimentelles Vorbereitungsfeld für die spätere Berufspraxis sein. Es könne nicht angehen, dass in den Schulen handlungsorientierter Unterricht Einzug halte, während Lehrerbildung „sitzend, hörend und darüber-redend" (v. Hentig 1993, S. 249) vonstatten gehe. Studierende müssten alternative Unterrichtsformen selbst erfahren, statt im Seminar durch Referate ihre Ziele, Begründungen und Realisierungsformen nur rezeptiv zur Kenntnis zu nehmen. Dies setze modellhafte Lehrveranstaltungen voraus, in denen methodische Innovationen praktisch erprobt und kritisch reflektiert werden könnten.

Stellt die Montessori-Ausbildung ein Gegenmodell zur defizitären Lehrerbildung an den Universitäten dar? Kann eine Zusatzqualifikation durch den Erwerb des Montessori-Diploms die herkömmliche Ausbildung ergänzen und Lücken schließen? Kann Montessori-Pädagogik methodische Impulse für innovative Lehrerbildung geben? Wie vermittelt sich überhaupt eine Pädagogik, bei der die Freiheit des Kindes im Zentrum steht, an erwachsene Pädagogen?

4.2 Lehrgänge zum Erwerb des Montessori-Diploms

Seit Montessoris erstem Ausbildungskurs im Jahre 1909 führen spezielle Lehrgänge in Theorie und Praxis ihrer Pädagogik ein und schließen mit dem Erwerb eines Diploms ab. Neben Vorträgen zur Theorie bilden praktische Übungen mit dem didaktischen Material den Hauptbestandteil der Kursarbeit. Bei Hospitationen erfolgt darüber hinaus eine Anleitung im genauen

Beobachten von Kindern. Nachfolgend sollen Struktur, Inhalte und Methoden der von den großen deutschen Montessori-Organisationen bundesweit angebotenen Lehrgänge erläutert werden.

4.2.1 Curricularer Aufbau

Die Ausbildungsinhalte orientieren sich an Montessoris Curriculum für das Kinderhaus und die ersten sechs Schuljahre, so dass Erzieher- und Lehrerausbildung integriert sind. In der Theorie steht die Vermittlung anthropologischer und entwicklungspsychologischer Erkenntnisse, allgemeiner pädagogischer Grundsätze und charakteristischer Merkmale der Montessori-Praxis im Vordergrund. Ferner werden fachspezifische und fachübergreifende Themen wie religiöse, soziale oder sittliche Erziehung aus Sicht der Montessori-Pädagogik behandelt. Ihre Anordnung im Kursprogramm berücksichtigt sachlogische und lernmotivationale Aspekte und begünstigt eine sinnvolle Verzahnung von Theorie- und Praxisanteilen.

In den didaktischen Bereichen Sinneserziehung, Übungen des täglichen Lebens, Bewegungs- und Stilleübungen, Mathematik, Geometrie, Sprache und Kosmische Erziehung werden Montessori-Materialien und weiterführende Übungen vorgestellt. Hier üben sich die Teilnehmer in der Handhabung und Darbietung der Arbeitsmittel und machen sich mit den wesentlichen Kriterien vertraut, denen ein Material genügen muss. Auf dieser Grundlage lernen sie, Freiarbeitsmaterialien selber herzustellen.

Eine differenzierte Beobachtungsfähigkeit ist nach Montessori Schlüsselkompetenz jedes Pädagogen, da nur der angemessen erzieherisch handeln kann, der individuelle Lernprozesse von Kindern präzise zu erkennen vermag. Zur Ausbildung dieser Fähigkeit finden Einführungsseminare statt und werden Beobachtungsübungen in Montessori-Einrichtungen durchgeführt.

Neben diesen Basis-Lehrgängen verzeichnen auch die *Zertifikatskurse Montessori-Pädagogik in der Sekundarstufe* einen regen Zulauf, da mit der Zunahme der Montessori-Arbeit im Sekundarbereich auch der Bedarf an entsprechen-

den Qualifizierungsmaßnahmen wächst. Zertifikatskurse sind
besonders auf die Arbeit an Sekundarschulen zugeschnitten, so
dass in der Theorie eine Fokussierung auf psychologische, pädagogische und methodische Aspekte des Jugendalters erfolgt.
Auch die Inhalte der didaktischen Bereiche lassen eine klare
Akzentuierung im Bereich der Sekundarstufe erkennen, während Aspekte der Vor- und Grundschulerziehung in Grundzü-
gen behandelt werden.

4.2.2 Zum Anregungsgehalt für Pädagogen

Beide Kursformen sind geeignet, zum differenzierten pädagogischen und didaktischen Sehen, Denken und Handeln anzu-
leiten. Für Eltern, angehende oder berufstätige Pädagogen
und andere Interessierte kann die Teilnahme an einem Montes-
sorikurs eine Hilfe sein, vertiefte Einsichten in pädagogisch-di-
daktische Zusammenhänge zu gewinnen und neue Perspektiven für die erzieherische oder unterrichtliche Tätigkeit zu erkennen. Mit Ludwig (1994) lassen sich u. a. folgende Aspekte
nennen:

- An Montessoris Ansatz lassen sich Einsichten über den Zusammenhang von *Anthropologie und Pädagogik* gewinnen,
  da sie ihre *Pädagogik vom Kinde aus* vor dem Hintergrund
  anthropologischer und psychologischer Erkenntnisse entwickelt. Teilnehmer lernen hier etwa, die Bedeutung des
  Lernens mit allen Sinnen einzuschätzen und erfahren am
  Montessori-Material zugleich konkrete Realisierungsmöglichkeiten dieses Prinzips.

- Nach Montessori ist das Kind aktiver Bildner seiner eigenen
  Persönlichkeit. Daher versteht sie *Erziehung als Hilfe zur
  Selbsthilfe* auf dem Weg zur Unabhängigkeit. Das Studium
  ihrer Praxis gibt wertvolle Anregungen für die Vorbereitung
  kindgerechter Lernumgebungen, die Neugestaltung der Er-
  zieherrolle und die Herstellung von Arbeitsmitteln für
  selbsttätiges Lernen.

- Montessori fordert ein *neues Verständnis der Erzieher- und
  Lehrerrolle:* Pädagogen müssen sich stärker zurückhalten
  und Lernpartner, Helfer und Berater des Kindes werden,

„ohne dabei die Autorität seiner Persönlichkeit aufzugeben" (Ludwig 1994, S. 95). Dass dieser Paradigmenwechsel heute nach Ansicht vieler eine Grundbedingung für die Öffnung von Unterricht darstellt, lässt sich an der Montessori-Pädagogik gut untersuchen.

- Montessori entwirft einen *einheitlichen, kontinuierlichen Bildungsgang* innerhalb einer Institution für Drei- bis Zwölf-jährige. Dieses Konzept gibt viele Impulse für die aktuelle Diskussion um eine Flexibilisierung von Einschulungstermi-nen, die Entschärfung der Versetzungsproblematik oder die sechsjährige Grundschule.

- Herzstück der Unterrichtsorganisation bei Montessori ist die Freiarbeit. Hospitationen erlauben einen lebendigen Ein-blick in diese *Unterrichtsform* und lassen wichtige Phänome-ne studieren: die radikale Form der Binnendifferenzierung, das Lernen in altersgemischten Gruppen, die Wahlfreiheit in Bezug auf Inhalt, Partner, Lerntempo und Arbeitsplatz etc.

- Eine Reihe *drängender Themen* werden zukünftig wohl die Lehrertätigkeit und damit auch die Lehrerbildung zuneh-mend bestimmen. Vor allem ökologische, interkulturelle, friedenerzieherische und integrative Fragestellungen wer-den in der schulischen Bildung stärker gewichtet werden müssen. Auch hier verfügt die Montessori-Praxis über wert-volle Erfahrungen, kann sie doch etwa auf eine lange Tradi-tion integrativer Erziehung und Unterrichtung zurückblik-ken. Hiervon können Kursteilnehmer profitieren und ler-nen.

- Zu ergänzen wären schließlich noch die Anregungen, welche die Montessori-Pädagogik zu verschiedenen *fachdidakti-schen Diskussionen* beitragen kann, so in der Religionspäd-agogik, der Mathematik-Didaktik oder der Didaktik des Sachunterrichts.

4.2.3 Die Montessori-Ausbildung aus Sicht von Kursteilnehmern

Eine breit angelegte Erhebung zur Evaluation der Montessori-Ausbildung steht noch aus. Vereinzelte, punktuelle Befragun-gen von Absolventen spiegeln nur spezifische Kurssituationen wider und lassen sich daher kaum verallgemeinern. Dennoch ergeben sich dabei interessante Hinweise auf positive Effekte und Problembereiche der Lehrgangspraxis sowie konkrete Verbesserungsmöglichkeiten. Die folgenden Ausführungen gehen auf eine kleinere Studie zurück (Klein-Landeck 1997, ders. 2000), in der Teilnehmer eines Montessori-Kurses Auskunft über ihre anfänglichen Erwartungen und abschließenden Eindrücke geben. Ihre Einschätzung des Ertrages der Ausbildung deckt sich weitgehend mit den Urteilen von Absolventen anderer Kurse.

Teilnehmer verbinden mit ihrer Anmeldung mehrheitlich den Wunsch nach einer Verbesserung ihrer Berufspraxis. Diese Erwartung scheint sich in hohem Maße zu erfüllen: Die meisten würden den Besuch eines Montessori-Kurses weiterempfehlen, da sie viele Anregungen für die eigene Arbeit mitnehmen können. Dies deutet auf eine hohe Praxisrelevanz der Ausbildung hin. Aber auch das Studium der Theorie der Montessori-Pädagogik wird als Bereicherung und Beitrag zur eigenen Professionalisierung erlebt, weil sich neue Perspektiven auf die Arbeit eröffnen und das pädagogische Wissen erweitert wird. Die Gesamteinschätzung des Lehrgangs fällt daher überwiegend positiv aus. Allerdings lassen die Antworten der Teilnehmer auch einen gewissen Diskussionsbedarf hinsichtlich der Inhalte und Methoden der Ausbildung erkennen. Aus dem Erfordernis einer erwachsenenpädagogisch zeitgemäßen, möglichst aber auch montessorisch profilierten Kurspraxis ergeben sich weitere Aufgabenfelder für die Montessori-Pädagogik.

4.3 Offene Aufgabenfelder

Ein bisher vielleicht unterschätzter Aspekt ist der Umstand, dass in Montessori-Kursen nicht nur didaktisches Know-how vermittelt wird, sondern immer auch *persönlichkeitsbildende Prozesse* initiiert werden. Zahlreiche Befragte geben an, ein neues pädagogisches Selbstverständnis aufgebaut und ein anderes Bild vom Kind gewonnen zu haben. Ernst zu nehmen ist daher ihr berechtigter Wunsch, solche an sich und anderen beobachteten Entwicklungen auch im Rahmen der Kurse gemeinsam stärker zu reflektieren.

Vielfach wird gewünscht, die Montessori-Pädagogik noch mehr im Horizont neuerer wissenschaftlicher Erkenntnisse zu diskutieren. Beschränkte sich – nicht zuletzt aus Zeit- und Kostengründen – die *Theorievermittlung* bisher überwiegend auf die Weitergabe eines tradierten Themen- und Inhaltskanons, i. e. der pädagogischen Sichtweise Montessoris, ist diese Praxis heute zu überdenken: Zum einen bedarf jede Theorie einer fortlaufenden Überprüfung durch andere, konkurrierende Ansätze. Nach meiner Überzeugung haben Kursteilnehmer ein Anrecht auf die Vermittlung wissenschaftlich überprüfter und überprüfbarer Aussagen. Vor allem aber sehen sich manche von ihnen auf Grund ihres Vorwissens nicht in der Lage, ihre Kenntnis der Montessori-Pädagogik in größere fachliche Zusammenhänge (Was unterscheidet Montessori von Fröbel? Ist ihr Spracherziehungsansatz noch aktuell? Wie modern ist ihr Lernmaterial?) einzuordnen. Da viele sich dies aber wünschen, sollte ihnen entsprechende Hilfestellung gegeben werden.

In Bezug auf die *Praxisvermittlung* fordern viele Absolventen größere Methodenvielfalt und Selbsttätigkeit der Teilnehmer. Daher sollten noch größere Anstrengungen unternommen werden, um ihnen das Phänomen „Freie Arbeit" in der Kursarbeit überzeugend und anregend erfahrbar zu machen. Damit nicht zentrale Grundsätze der Montessori-Pädagogik durch eigenes Methodeneinerlei konterkariert werden, was sie allzu leicht unglaubhaft machen könnte, sind bereits vielfältige Bestrebungen im Gange. Es gilt, die schwierige Gratwanderung zu meistern zwischen dem Anspruch, mit möglichst geringem Zeitaufwand die Arbeit mit dem Material zu lehren, und der Aufgabe, dies nicht über bloßes Vorzeigen und Nachtun zu erreichen. Generell sollten die Montessori-Prinzipien dabei noch stärker Eingang in die methodische Gestalt der Kurspraxis finden.

5. Zusammenfassung

Abschließend ist nochmals zu unterstreichen, dass mit den hier exemplarisch aufgeführten Aufgabenfeldern keineswegs strukturelle Defizite markiert sind, sondern wichtige Orientierungspunkte und Denkrichtungen für eine stetige Verbesserung und aktualisierende Weiterentwicklung der Montessori-Pädagogik. Dass Montessoris Konzeption so vielseitig ist und ihr breites, erwiesenermaßen tragfähiges Fundament solche Entwicklungs*möglichkeiten* überhaupt bietet, erklärt vielleicht das auch nach 100 Jahren nicht nachlassende Interesse an ihr. Ihre Entwicklungs*fähigkeit* verleiht ihr besonderen Reiz und macht die Montessori-Pädagogik für viele einzigartig – weltweit.

Literaturhinweise

Böhm, Winfried: Maria Montessori. Hintergrund und Prinzipien ihres pädagogischen Denkens. Bad Heilbrunn 1969.

Fischer, Reinhard / Klein-Landeck, Michael / Ludwig, Harald (Hg.): Die „Kosmische Erziehung" Maria Montessoris. Münster 1999.

Gillet, A.M.: Introduction to Biology, in: AMI Communications H. 4 (1972), S. 4–15.

Grazzini, Camillo: Cosmic Education at the Elementary Level and the Role of the Materials, in: AMI Communications H. 2/3 (1998), S. 14–28.

Heimbring, Darko: Montessori-Pädagogik und naturwissenschaftlicher Unterricht. 2. Aufl. Aachen 1992.

Hentig, Hartmut v.: Die Schule neu denken. München / Wien 1993.

Holtstiege, Hildegard: Kosmos, Kosmische Erziehung, in: Steenberg, Ulrich (Hg.): Handlexikon zur Montessori-Pädagogik. Ulm 1997, S. 123–128.

Holtz, Axel: Grundlagen der Kosmischen Erziehung. Ulm 1998.

Klein-Landeck, Michael: Zur Einschätzung der Montessori-Ausbildung durch Kursteilnehmer, in: Das Kind H. 22/1997, S. 72–84

ders.: Montessoris Sekundarschule als „Erfahrungsschule des sozialen Lebens", in: Ludwig, Harald (Hg.): Erziehen mit Maria Montessori, 2. Aufl. Freiburg 1998, S. 108–125.

ders.: Freie Arbeit bei Maria Montessori und Peter Petersen. 2. Aufl. Münster 1998.

ders.: Fremdsprachenbegegnung als Beitrag zum Frieden in der Einen Welt, in: Ludwig, Harald / Fischer, Reinhard / Heitkämper, Peter (Hg.): Erziehung zum Frieden für Eine Welt – Der Beitrag der Montessori-Pädagogik. Münster 2000, S. 190–199.

ders.: Der Stellenwert des Materials in der Montessori-Pädagogik, in: Meisterjahn-Knebel, Gudula / Klein-Landeck, Michael / Wollenweber, Frauke: Vorbereitete Umgebung. Alles kann Material sein! Pädagogische Schriften der ADMV. H. 8, Düsseldorf 2000, S. 18–41.

ders.: Kleine Schritte zur Freiarbeit, in PÄDAGOGIK 52 (2000) H. 11, S. 10–12.

ders.: Lehrerbildung und Montessori-Pädagogik, in: Bohnsack, Fritz / Leber, Stefan (Hg.): Alternative Konzepte für die Lehrerbildung, Bd. 1: Portraits. Bad Heilbrunn 2000, S. 134–175.

Kratochwil, Leopold: Die pädagogische Bedeutung der Dimension des Kosmischen im Werk Maria Montessoris, in: Montessori-Werkbrief 29 (1991), H. 2, S. 69–82.

Ludwig, Harald: Montessori-Pädagogik als Modell. Zu Möglichkeiten und Grenzen der Montessori-Pädagogik in der Lehreraus- (und -fort)bildung, in: Montessori 32 (1994), H. 3/4, S. 87–104.

ders.: Renaissance der Reformpädagogik? Zur Aktualität der Reformpädagogik für die Gestaltung heutiger Schulwirklichkeit, in: Engagement – Zeitschrift für Erziehung und Schule. H. 4 (1995), S. 253–268.

Meisterjahn-Knebel, Gudula: Montessori-Pädagogik und Bildungsreform im Schulwesen. Frankfurt/M. 1995.

Montessori, Maria: Selbsttätige Erziehung im frühen Kindesalter. Stuttgart 1913.

dies.: The Child in the Church. 2. Aufl. London / Edinburgh 1930.

dies.: Von der Kindheit zur Jugend. Freiburg 1966.

dies.: Frieden und Erziehung. Freiburg 1973.

dies.: Spannungsfeld Kind – Gesellschaft – Welt. Freiburg 1979.

dies.: The Education of the Adolescent, in: AMI Communications H. 1 (1979a), S. 16–23.

dies.: „Kosmische Erziehung", 2. Aufl. Freiburg 1993.

dies.: Die Entdeckung des Kindes. 11. Aufl. Freiburg 1994.

dies.: Schule des Kindes. 6. Aufl. Freiburg 1996.

dies.: Erziehung für eine neue Welt. Freiburg 1998.

Montessori, Maria / Montessori, Mario sen. (1950): Vorträge zur „Kosmischen Erziehung", in: Montessori 36 (1998), H. 1/2, S. 7–27.

Montessori, Mario sen.: God who has no hands, in: AMI Communications, Christmas 1958, S. 1–11.

Oswald, Paul: Wirklichkeit und Vision. Eine realistisch-visionäre Konzeption und die Ansätze ihrer praktischen Verwirklichung: Montessoris „Kosmische Erziehung", in: Montessori-Werkbrief 27 (1989), H. 4, S. 124–138.

Wittenbruch, Wilhelm: Lehrerausbildung ohne Bildung. Anmerkungen zur Situation der Lehrerbildung an deutschen Universitäten, in: Vierteljahresschrift für wissenschaftliche Pädagogik 73 (1997), H. 2, S. 254–273.

Quellentext

*Maria Montessori: Die Erziehungspläne in ihrer Reihenfolge.
In: Maria Montessori: Von der Kindheit zur Jugend. Hrsg. und
eingeleitet von Paul Oswald. Freiburg, Basel, Wien 1966,
S. 23–25.*

Die Erziehungspläne in ihrer Reihenfolge

Von Maria Montessori

Den aufeinanderfolgenden Persönlichkeitsphasen des Kindes müssen aufeinanderfolgende Erziehungspläne (des plans d'éducation) entsprechen.

Unsere Methoden sind nicht nach bestimmten Prinzipien ausgerichtet, sondern nach den Eigenarten der verschiedenen Altersstufen. Daraus ergibt sich die Notwendigkeit mehrerer Erziehungspläne.

Man könnte diese verschiedenen Entwicklungsstufen mit den *Metamorphosen* der Insekten vergleichen. Wenn das Insekt dem Ei entschlüpft, ist es ganz klein und hat eine bestimmte Form und bestimmte Farben. Dann formt es sich nach und nach um, wobei es ein Tier der gleichen Gattung bleibt und dieselben Bedürfnisse und Gewohnheiten behält. Es ist ein Individuum, das sich *entwickelt.* Aber eines Tages ereignet sich etwas Neues: Das Insekt spinnt einen Kokon und wird zu einer Puppe. Dann unterliegt diese ihrerseits einer neuen und langsamen Entwicklung. Schließlich verläßt das Insekt den Kokon in der Form eines Schmetterlings.

Wir könnten eine Parallele zwischen der Entwicklung des Insekts und der des Kindes ziehen. Da aber der Übergang zwischen den Entwicklungsstufen beim Kind nicht so klar begrenzt und ersichtlich ist wie beim Insekt, würde es entsprechender sein, wenn man vielmehr von „Wiedergeburten" („renaissances") spräche. In der Tat haben wir bei jeder neuen Stufe ein anderes Kind vor uns, dessen Merkmale sich von denen der vorausgegangenen Stufen unterscheiden.

1. Unser erster Erziehungsplan befaßt sich deshalb mit dem Kleinkind, von seiner Geburt angefangen bis etwa zum 7. Lebensjahr; und da sich in dieser so bedeutsamen Periode viele Umwandlungen vollziehen, haben wir folgende Unterteilungen vorgenommen:

    a)   Die ersten 2 Lebensjahre.

    b)   Von 3 bis 5 Jahren.

    c)   Das 6. und 7. Jahr.

2. In der Periode von 7 bis 12 Jahren, das heißt in derjenigen, die dem Jugendalter vorausgeht, und die übrigens ebenso unterteilt werden kann, haben wir einen anderen Erziehungsplan, auf den wir noch zurückkommen werden. Wenn die Veränderungen der ersten Periode als ein Wachsen betrachtet werden können, dann kann man in der folgenden Periode von wahren Metamorphosen sprechen.

3. Von 12 bis 18 Jahren: Dasselbe könnte man von dieser Periode des Jugendalters sagen.

In jeder Periode finden wir ein wachsendes Wesen wieder, das aber jedesmal andersgeartet ist.

Im folgenden wollen wir die beiden letzten Erziehungspläne nacheinander betrachten, da der erste bereits behandelt worden ist[1].

Eine gedrängte Analyse kann auf die Veränderungen nur hinweisen; sie folgen aufeinander, ohne die Kontinuität zu unterbrechen: Das Kind wächst, bis es ein Erwachsener ist; und gerade diese Veränderungen sind für die Erziehungsmethode von größter Wichtigkeit.

Die Prinzipien, die während der ersten Periode nützlicherweise angewandt werden, sind nicht dieselben, die man während der zweiten Periode anwenden muß. Wir befinden uns damit im *praktischen Teil der Erziehung.*

Ein Beispiel: Wenn das kleine Kind das Lockerwerden eines Zahnes fühlt, so ist das ein Zeichen dafür, daß die erste Periode seiner Kindheit beendet ist. Die Erscheinung verläuft ohne große Beachtung in der Familie; wenn der Zahn zu locker wird, zieht man ihn einfach aus; diesem Ereignis wird dann eine gewisse Beachtung geschenkt: Man bewahrt den Zahn auf, und diese kleine Zeremonie stellt den Beginn eines neuen Lebensabschnittes des Kindes dar. Es dauert noch eine lange Zeit, bis alle Milchzähne ausfallen und das Kind seine neuen Zähne bekommt. Wenn es dagegen durch ein Unglück nötig wird, einen seiner neuen Zähne auszuziehen, dann wird es nicht mehr ein Seidenfaden sein, dessen man sich bedient. Es handelt sich vielmehr darum, ein festes und dauerhaftes Organ auszuziehen. Das ist nur ein Beispiel unter den vielen Manifestationen dieses Alters. Alle seine Charakteristika – sowohl physische als auch psychische – bilden die Glieder der Kette, die die Metamorphose des Kindes darstellt: Es ist nun gleichzeitig stärker und schlanker, seine Haare sind nicht mehre so hübsch; psychologisch gesehen, ist es nicht mehr so lieb und angenehm.

---

[1] Pédagogie scientifique, 2 vol. (Larousse). – L'Enfant, 1 vol. (Desclée de Brouwer). In Deutsch: Selbsttätige Erziehung im frühen Kindesalter (Stuttgart [2]1928); Neuauflage durch das Willmann-Institut in Vorbereitung.

Quellentext

Maria Montessori: Die Metamorphosen. In: Maria Montessori: Von der Kindheit zur Jugend. Hrsg. und eingeleitet von Paul Oswald. Freiburg, Basel, Wien 1966, S. 26–31.

Die Metamorphosen
Von Maria Montessori

Von 7 bis 12 Jahren muß das Kind seinen Aktionsbereich erweitern. Wie wir schon gesehen haben[1], entsprach dem Kleinkind als Umgebung ein eng geschlossener Bereich; in ihm bildeten sich soziale Beziehungen. In der zweiten Periode braucht das Kind für seine sozialen Erfahrungen notwendig einen ausgedehnten Bereich. Man kann seine Entwicklung nicht fördern, wenn man es in seiner ersten Umgebung läßt.

Neben anderen Wirklichkeiten muß das Kind sich etwa darüber klarwerden, was das Geld bedeuten soll. Ohne Geld könnte es uns passieren, daß wir mitten unter den wunderbarsten Dingen spazierten, ohne jemals mit ihnen in Berührung kommen zu können. Uns würde es wie einem Vogel ergehen, dessen Schnabel gebrochen ist, und der auf einem Haufen Körner verhungern müßte.

Das Geld ist für den Menschen das Mittel zur Beschaffung der Dinge; daher beansprucht es ein großes Interesse. Man muß es als einen „Metallschlüssel" betrachten, der die Türen zu einer „höheren Welt" (supernature) öffnet.

Deshalb müssen die Kinder eine persönliche Erfahrung damit machen, indem sie selbst Gegenstände kaufen und sich darüber klarwerden, was sie mit der Geldeinheit ihres Landes kaufen können.

Was kann man z. B. für eine DM kaufen? Und wenn ich beim Schreibwarenhändler für eine DM Papier gekauft habe, dann ist meine DM ja nicht verschwunden. Der Händler wird dafür wieder Dinge im Werte von einer DM kaufen. Es ist immer dieselbe DM, die von Hand zu Hand wandert und jedesmal einem Menschen etwas einbringt, das er braucht. Wieviel Ware konnte so schon eine DM kaufen, die vor fünfzehn Jahren geprägt wurde? Das Geld, mit dem wir so umgehen, ist immer das Ergebnis der Arbeit von Menschen; es sollte immer ein Mittel bleiben.

---

[1] Selbsttätige Erziehung im frühen Kindesalter.

So muß das Kind zu einer größeren Gesellschaft in soziale Beziehungen treten. Die von der Welt abgeschlossene Schule, so wie sie heute verstanden wird, kann dem Kinde nicht mehr genügen. Etwas fehlt dort zur vollen Entfaltung seiner Personalität (personnalité)[2]. Wir stellen bei ihm eine gewisse Rückentwicklung fest, Äußerungen seines Charakters, die wir als Anomalien bewerten: Es sind ganz einfach Reaktionen auf eine ihm unzureichend gewordene Umgebung; aber das sehen wir nicht. Es ist gang und gäbe, daß das Kind das tun soll, was der Erwachsene ihm vorschreibt, selbst wenn die Umgebung nicht mehr den Bedürfnissen des Kindes entspricht; zeigen sich dann aber Abwegigkeiten in seinem Charakter, dann sagen wir einfach, das Kind ist „böse", und wir korrigieren es; aber meistens ignorieren wir den Grund dieser Unarten. Doch das Kind beweist durch seine Haltung nur, was wir soeben behauptet haben. Nur um sich seinem engen Bereich zu entziehen, geht das Kind nicht mehr willig zur Schule; es geht lieber Frösche fangen oder spielt lieber auf der Straße. Diese Vorkommnisse, die so oberflächlich erscheinen, sind ein Beweis für das Bedürfnis des Kindes, die Grenzen seines Aktionsbereiches, in dem es sich bis jetzt entwickelt hat, zu erweitern.

„Gebt dem Kaiser, was des Kaisers ist, und Gott, was Gottes ist ..." Ein Teil unseres Lebens gehört Gott, der andere dem Menschen. Von ihm hängt das Leben ab. Vom Milieu, dem wir angehören: vom sozialen Leben. Und wenn das Kind unter gewissen Bedingungen steht, die es begünstigen, dann zeigt es eine außergewöhnliche Aktivität (activité extraordinaire). Seine Intelligenz überrascht uns, weil alle seine Funktionen gleichmäßig in Tätigkeit sind, ganz so wie es beim Menschen normal ist. Es handelt sich hier also nicht mehr nur darum, die Erziehungsmethoden zu ändern: Hier zeigt sich uns vielmehr ein Problem von Lebensbedeutung (problème vital).

So nimmt z. B. das Spinngewebe einen viel größeren Raum ein als die Spinne selbst. Und dieses Gewebe stellt ihren Aktionsbereich dar, indem es die Insekten festhält, die mit ihm in Berührung kommen. Dieses Gewebe wird nach einem Plan gebaut: Ein von der Spinne abgesonderter Faden verbindet zwei Zweige, zwei Steine oder zwei sonstige Haltepunkte. Dann werden die Radialen gewebt. Und somit

---

[2] Personnalité umschließt, ähnlich wie das von Montessori im Italienischen immer verwandte personalità, die Bedeutungen: Persönlichkeit, Person, Personsein. Um einer einheitlichen Terminologie willen ist es hier immer mit Personalität, das alle diese Bedeutungen einschließt, wiedergegeben; denn der Begriff Persönlichkeit ist einerseits zu sehr ethisch fixiert, andererseits aber in der Pädagogik abgenutzt und belastet.

haben wir den Konstruktionsplan fertig. Zum Schluß webt die Spinne ihren Faden um den Mittelpunkt, indem sie in einer Entfernung kreist, die immer auf das genaueste berechnet ist. Wenn die beiden Haltepunkte nahe beieinanderliegen, wird das Netz klein sein. Je größer die Abstände voneinander sind, um so größer wird das Netz sein. Aber immer wird es nach einem genauen Plan gewebt sein, mit derselben Exaktheit.

In der gleichen Weise wie dieses Netz ist der Geist (l'ésprit) des Kindes nach einem genauen Plan strukturiert (construit); und diese geistige Struktur (construction) ermöglicht dem Kinde zu erfassen, was sich in seinem Bereich ereignet, über seine anfängliche Fassungskraft hinaus.

Je nachdem, ob das Kind in einer einfachen oder komplizierten Umwelt lebt, wird sein Netz mehr oder weniger umfassend sein und ihm ermöglichen, mehr oder wenigere Dinge zu erreichen.

Darum müssen wir diese innere Struktur und ihre Äußerungen wohl beachten, auch wenn sie uns manchmal nutzlos erscheinen. Diese Struktur ist notwendig. Denn dank ihrer erweitert das Kind seinen psychischen Bereich (champ psychique) und folglich seine Aufnahmefähigkeit (puissance réceptive).

Die Schule als eine Einrichtung der Wissensvermittlung (l'instruction) zu betrachten, ist ein Standpunkt; ein anderer besteht darin, die Schule als *eine Vorbereitung für das Leben* (une préparation à la vie) aufzufassen. Im letzteren Fall muß die Schule alle Lebensbedürfnisse befriedigen.

Eine Erziehung, die darin besteht, das Kind zu korrigieren oder es dahin zu bringen, daß es die Unterdrückung seiner eigentlichen Existenz annimmt, ist eine Erziehung, die das Kind in eine Anomalie hineindrängt.

Darum ist uns die Pfadfinderschaft, die den Kindern außerhalb der Schule ein geordnetes Leben gebracht hat, immer interessant erschienen.

Der Übergang zum zweiten Erziehungsplan ist ein Übergang vom Sinnenhaften, Materiellen zum Abstrakten. Etwa mit 7 Jahren macht sich das Bedürfnis zur Abstraktion und Intellektualität bemerkbar, während es bis zu diesem Alter für das Kind von Wichtigkeit war, Beziehungen zwischen den Dingen herzustellen, d. h. die äußere Welt mit Hilfe der Sinne zu ordnen und zu absorbieren.

In diesem Alter vollzieht sich eine Entwicklung zur intellektuellen und moralischen Seite hin.

Man kann zwischen den beiden Perioden Parallelen ziehen; sie gehören aber dennoch verschiedenen Erziehungsplänen an. Mit 7 Jahren
zeichnet sich der Anfang einer Orientierung an moralischen Fragen
ab, an der Beurteilung der Handlungen. Eines der eigenartigsten
Merkmale, die man beobachten kann, ist das Interesse, das beim Kinde durch bestimmte Tatsachen angeregt wird, die es bis dahin noch
nicht wahrgenommen hatte. So beschäftigt es sich jetzt stark damit,
zu wissen, ob das, was es tut, gut oder schlecht getan ist. Das große
Problem des Guten und Bösen tut sich vor ihm auf. Diese intensive
Beschäftigung ist verbunden mit einer ganz besonderen inneren Sensibilität: dem *Gewissen*. Und diese Sensibilität ist ein ganz natürliches Markmal.

Die Periode von 7 bis 12 Jahren ist also eine Periode, die für die moralische Erziehung besonders wichtig ist ... Der Erwachsene muß sich
der Entwicklung bewußt werden, die sich in dieser Zeit in der Seele
des Kindes vollzieht, und muß ihm eine entsprechende Behandlung
zuteil werden lassen.

Wenn die Lehrerin in der ersten Periode eine große Feinfühligkeit
darin bezeigen mußte, daß sie möglichst wenig in die Aktivität des
Kindes eingriff (einer überwiegend motorischen und sensitiven Aktivität), so muß sie jetzt ihre Feinfühligkeit auf das Moralische richten.
Da liegt das Problem dieses Alters. Einfach zu denken, daß das moralische Problem sich erst später einstellt, bedeutet, die Umwandlung
des Kindes zu vernachlässigen, die sich jetzt vollzieht. Später wird
das moralische Problem viel schwieriger, wenn man dem Kinde nicht
rechtzeitig in dieser sensiblen Periode (période sensible) geholfen
hat. In jenem Falle wird die soziale Anpassung dornenreicher sein.

In diesem Alter bildet sich ebenso der Begriff der Gerechtigkeit
gleichzeitig mit dem Verständnis für die Beziehungen zwischen den
Handlungen und den Bedürfnissen der anderen. Man findet dieses
Gerechtigkeitsgefühl, das dem Menschen so oft abgeht, im Laufe der
Entwicklung des Kindes. Wenn man dieses Gerechtigkeitsgefühl
nicht richtig erkennt, entsteht daraus eine falsche Vorstellung von
Gerechtigkeit.

Die Gerechtigkeit, die gewöhnlich in der Schule und in der Familie
angewandt wird, könnte man „zuteilende Gerechtigkeit" (justice dis-
tributive)[3] nennen, d. h. Gleichheit für alle, sowohl bei den Strafen als
auch bei den Belohnungen. Eine besondere individuelle Behandlung

---

[3] Siehe J. Pieper, Über die Gerechtigkeit (München [3]1960); (Anm. des Herausge-
bers).

würde hiernach als Ungerechtigkeit erscheinen, wie sich aus dem Begriff des Rechts ergibt. Darin liegt eine Bestätigung der Individualität
im Sinne des Egoismus und der Isolierung; eine solche Auffassung
begünstigt die innere Entwicklung nicht. Dagegen geht die Gerechtigkeit, wie man sie gewöhnlich nicht betrachtet, gerade aus der inneren Erziehung (l'éducation intérieure) hervor. Das rein äußere Prinzip der distributiven Gerechtigkeit und des individuellen Rechtes
zerstört das angeborene und natürliche Empfinden für die wahre
Gerechtigkeit.

Quellentext

Maria Montessori: Das „Erdkind". In: Maria Montessori: Von der Kindheit zur Jugend. Hrsg. und eingeleitet von Paul Oswald. Freiburg, Basel, Wien 1966, S. 91–106.

Das „Erdkind"[1]
(l'Enfant à la terre)
Von Maria Montessori

Allgemeine Betrachtungen

Das Bedürfnis nach einer Reform der höheren Schulbildung, das sich so gebieterisch meldet, stellt nicht allein ein erzieherisches, sondern auch ein menschliches und soziales Problem dar, das man folgendermaßen zusammenfassen kann: Die Schulen, so wie sie heute sind, sind weder den Bedürfnissen des jungen Menschen noch denen unserer jetzigen Epoche angepaßt.

Die Gesellschaft, deren Schwierigkeiten und Gegensätze einen Höhepunkt erreicht haben, muß einer Krise ins Gesicht sehen, die den Frieden der Welt und sogar die Zivilisation selbst bedroht. Der Fortschritt, durch die Wissenschaft und ihre praktischen Anwendungen realisiert, steht zwar mit dieser Krise in enger Verbindung, ist aber dennoch nicht ihre Ursache. Mehr als in anderen Dingen liegt sie in dem Mißverhältnis, das zwischen der Entwicklung des Menschen und der der äußeren Welt besteht, deren Gang er nicht gefolgt ist.

Während der materielle Fortschritt außerordentlich schnell das soziale Leben völlig umgeformt hat, steht die schulische Entwicklung, da sie unbeweglich auf einem Stand verharrt, der nicht einmal den Bedürfnissen der Vergangenheit entsprach, heute in einem absoluten Widerspruch zum menschlichen Fortschritt.

---

[1] Wie Dr. Jordan aus Utrecht berichtete, hat M. Montessori selbst die Bezeichnung „Erdkind" in deutscher Sprache geprägt, weshalb wir sie hier beibehalten wollen. Vgl. Einleitung, S. 9 u. Schulz, a.a.0., S. 244, A 58. [Gemeint ist hier die Einleitung von Paul Oswald 1966; dort auch der Hinweis auf G. Schulz 1961, I. H.-S.]

Wenn eine Reform der höheren Schule für sich allein nicht alle Probleme unserer Epoche lösen kann, so muß sie doch eine notwendige Etappe darstellen und zur Wiederherstellung der Gesellschaft einen praktischen – wenn auch unvollkommenen – Beitrag liefern.

Dem Problem der Erziehung wohnt heute eine Bedeutung allgemeiner Art inne. Seine Lösung muß die Entwicklung des Menschen fördern und schützen. Durch die Verbesserung des Individuums muß die Erziehung die Gesellschaft verbessern helfen.

Die Erziehung der jungen Menschen nimmt eine ungeheure Bedeutung ein, weil die Reifezeit der Abschnitt ist, in dem das Kind zum Mann wird, d. h. Mitglied der Gesellschaft.

Wenn die Pubertät – vom Physischen aus gesehen – ein Übergang ist zwischen dem Zustand der Kindheit und dem des Erwachsenen, so ist sie, vom Psychologischen[2] aus betrachtet, ein Übergang von der Mentalität des Kindes – das innerhalb der Familie lebt – zur Mentalität des Erwachsenen, der in der Gesellschaft leben muß.

Das Kind hat von seiner Geburt an bis zum Alter von 12 Jahren einen geschlossenen Zyklus vollendet. Von 7 bis 12 Jahren hat es dank seiner Freiheit und unserem Verhalten ihm gegenüber einen Grad von Bildung erreicht, der um 3 Jahre dem von Kindern anderer Schulen voraus ist. Darüber hinaus hat ihm unsere Erziehung außer der Bildung die Möglichkeit gegeben, seine sozialen Beziehungen mit anderen Individuen zu erleichtern.

Gerade in diesem Alter hat das Kind diesen Lebensabschnitt beendet, und die Natur läßt das klar sehen. In diesem Moment muß man das Studium auf die Menschheit richten, auf das menschliche Leben und besonders auf die Menschen, die geholfen haben, die Zivilisation voranzutreiben. Beim Kinde bis zu 12 Jahren mußte die Natur das überwiegende Interesse bilden. Nach 12 Jahren müssen wir bei ihm das Gefühl für die Gesellschaft entwickeln, das dazu beitragen muß, unter den Menschen mehr Verständnis herbeizuführen und daraus folgend mehr Liebe. Laßt uns zu diesem Zweck die Achtung und das Verständnis für die Arbeit und das Leben der Menschen entwickeln! Drängen wir auf praktische Arbeiten (mit der Erde, den Gasen usw.)! Lassen wir das Kind an mancher sozialen Arbeit teilnehmen. Helfen wir ihm intellektuellerweise durch Studien, die Arbeit des Menschen in der Gesellschaft zu ergründen, um bei ihm jenes menschliche Verstehen und jene Solidarität zu entwickeln, die heute so sehr fehlen!

---

[2] Psychologisch kann im Sprachgebrauch Montessoris auch die Bedeutung von psychisch haben.

Wenn die Moral den künftigen Generationen das Gefühl der Anhänglichkeit – nicht nur allein an das Vaterland, sondern an die ganze Menschheit – bringen wird, dann wird die Grundlage der Liebe und des Friedens gelegt sein.

Diese zwei neuen Bedürfnisse des Jugendlichen – beschützt zu sein während der empfindlichen Periode des physischen Überganges und in den Stand versetzt zu sein, die Rolle des Menschen, die er in der Gesellschaft spielen wird, zu begreifen, lassen zwei Probleme von gleicher Wichtigkeit auftauchen, die die Erziehung in diesem Alter betreffen.

Führen wir im einzelnen auf, daß die soziale Konjunktur unserer Epoche, die die stärksten Rückwirkungen nach sich ziehen muß, die Unsicherheit der Zukunft im Gefolge hat.

Die materielle Welt befindet sich in einer vollständigen Umwandlung und bietet die Ungewißheiten und Gefahren, die aus einer neuen Anpassung entstanden sind. Wir haben jene „Sicherheit" der alten Zeit verloren. Jene Zeit ist vorüber, wo der Beruf sich ungestört vom Vater auf den Sohn vererbte. Die Gewißheit einer guten Anstellung, die gute Studien belohnte, ist verloren. Die Familie kann das nicht mehr wie früher garantieren. Nicht einmal der Staat ist in der Lage, seinen Bürgern, die für höhere Berufe bestimmt sind, eine Anstellung zuzusichern, wenn sie ihre Fachschulen absolviert haben. Man muß nun den neuen Schwierigkeiten ins Auge sehen, die die Unsicherheit der modernen Bedingungen hat auftauchen lassen.

Die Welt befindet sich zum Teil im Zustand des Auseinanderfallens, zum Teil im Zustand des Wiederaufbaues. Der Wechsel zwischen Fortschritt und Regression schafft die Unsicherheit. Man kann die Welt mit einem Stück Land vergleichen, das im Begriff ist, sich der Probe des Pfluges auszusetzen.

Unter diesen sozialen Bedingungen müssen wir uns daran erinnern, daß der einzige sichere Führer der Erziehung darin besteht, die Personalität der Kinder zu fördern.

Man muß folglich die menschliche Personalität für alle unvorhergesehenen Eventualitäten vorbereiten, und zwar nicht nur allein unter dem Blickwinkel derjenigen Bedingungen, die allein die Logik voraussehen kann. Ohne strenge Spezialisierung muß man in ihr eine Möglichkeit der schmiegsamen und lebendigen Anpassung entwikkeln. In diesem wilden Kampf, zu dem sich das soziale Leben entwikkelt hat, bedarf der Mensch außer seines Mutes eines starken Charakters und eines schnellen Verstandes. Er muß zugleich seine Grundsätze durch moralische Übungen verstärken und praktische Fähigkeiten besitzen, um den Schwierigkeiten des Lebens ins Auge sehen zu können.

Die Fähigkeit zur Anpassung ist heute wesentlich; denn wenn der Fortschritt unaufhörlich neue Karrieren öffnet, so unterdrückt er auch unaufhörlich die traditionellen Berufe oder revolutioniert sie.

Es kann zweifellos nicht die Rede davon sein, in den höheren Schulen die Vorbereitung auf die intellektuellen Berufe auszuschließen, noch weniger, in ihnen die Bildung zu verringern. Im Gegenteil! Die Erziehung muß in ihnen sehr weit und vollständig sein, nicht nur für diejenigen, die sich für einen intellektuellen Beruf entschließen, sondern vielmehr für alle Menschen, die in einer Epoche leben, die vom Fortschritt der Naturwissenschaft und ihren Anwendungen geprägt ist.

Der Bauer braucht heute eine Ausbildung; er muß die komplexen Probleme unserer Zeit verstehen. Andernfalls würde er nichts sein als ein Paar Hände, ohne Verständnis für die Rolle, die seine Arbeit im Bereich der Gesellschaft spielt. So wie er jetzt noch ist, könnte man sagen, er hätte keinen Kopf; wohingegen die Intellektuellen Schwächlinge bleiben würden, solange ihre Hände untauglich blieben. Ihr Geist würde unfruchtbar bleiben, wenn er sich nicht der Größe der praktischen Wirklichkeiten, die sie umgeben, bewußt würde.

Menschen, die Hände, aber keinen Kopf haben, und Menschen, die einen Kopf, aber keine Hände haben, sind in der modernen Gesellschaft in gleicher Weise fehl am Platze.

Das Problem einer Reform der höheren Schule wird weder dadurch gelöst, daß man die „Bildung" unterdrückt, noch dadurch, daß man die Notwendigkeit aus dem Auge verliert, die Jugend für die intellektuellen Berufe vorzubereiten. Aber es ist wesentlich, daß diese Vorbereitung die Menschen nicht in ein falsches Gefühl der Sicherheit wiegt und sie nicht unfähig macht, sich den unvorhergesehenen Schwierigkeiten der Wirklichkeit zu stellen, indem man sie über die Bedingungen der Welt, in der sie leben müssen, in Unwissenheit läßt.

Vor noch nicht langer Zeit führte man den Sport in freier Luft in die Erziehung ein, um den jungen Menschen, die eingeschlossen und sitzend lebten, körperliche Übungen zu verschaffen. Heute macht sich das Bedürfnis nach einer dynamischeren Charaktererziehung (éducation plus dynamique du caractère) und nach einem klareren Bewußtsein der sozialen Realität (réalité sociale) bemerkbar.

Die höhere Schule, so wie sie heute existiert, hat kein anderes Ziel, als die Schüler für eine Laufbahn vorzubereiten, als ob die sozialen Bedingungen, unter denen wir leben, noch immer friedlich und stabil wären. Diese Schule verwendet keinerlei spezielle Sorgfalt auf die Personalität der Kinder, noch viel weniger bekümmert sie sich um die körperlichen Dinge, die in dieser Periode der Reife notwendig sind. So entspricht sie nicht nur nicht mehr den sozialen Verhältnissen von heute, sondern sie ist auch vollkommen ohnmächtig vor der Aufgabe, die die ihrige sein müßte: Die Entfaltung der Personalität der Jugendlichen zu beschützen und zu begünstigen, jene menschliche Energie, von der die Zukunft abhängt.

Die jungen Menschen werden zur Arbeit gezwungen, durch ein „Müssen", durch „Notwendigkeit" und nicht durch Interesse. Kein bestimmtes Ziel wird ihnen vor Augen gestellt, das ihnen sofort eine Befriedigung bringen und ihr Interesse an einer fortdauernden Anstrengung erneuern würde.

Sie werden von einer äußeren und unlogischen Macht dirigiert, und der beste Teil ihrer individuellen Energie wird verschleudert. Heranwachsende und junge Menschen werden bis zu ihrer Reife wie Grundschulkinder behandelt. Im Alter von 14 und 16 Jahren sind sie noch immer den kleinlichen Behandlungen durch „schlechte Zensuren" unterworfen, mit denen die Studienräte ihre Arbeit abwägen. Diese Methode ist jener analog, die leblose Dinge unter Zuhilfenahme einer Waage abwägt. Die Arbeit wird wie eine unbelebte Materie „gemessen" und nicht wie ein Produkt des Lebens „beurteilt". Und gerade von diesen Zensuren hängt die Zukunft des Studenten ab. Unter solchen Bedingungen bildet das Studium eine niederdrückende Bürde, die schwer auf der Jugend lastet, wohingegen es doch ein Privileg darstellen sollte: Die Einweihung, in die Wissenschaft, den Stolz unserer Zivilisation. Die jungen Menschen, d. h. die Menschen der kommenden Zeit, sind nach einem engen und künstlichen Modell geformt. Welch elendes Leben bietet man ihnen an, welch endlose Strafe, welche unwürdige Entsagung ihrer teuersten Hoffnungen!

Außerdem ist die höhere Schule, so wie sie heute besteht, ein Hindernis für die körperliche Entwicklung der jungen Menschen. Die Periode, in der der Körper seiner Reife entgegengeht, ist in der Tat eine schwierige Periode: Der Organismus wandelt sich um, seine Entwicklung schreitet schnell voran. Er ist in diesem Augenblick in einer so empfindlichen Zeit, daß die Ärzte diese Zeit mit dem Augenblick der Geburt und der Periode des schnellen Wachstums in den ersten

Jahren vergleichen. Man stellt eine besondere Anfälligkeit für gewisse Krankheiten fest, die unter dem Namen „Krankheiten der Reifezeit" zusammengefaßt sind. Die Anfälligkeit für Tuberkulose ist eine der hauptsächlichsten Gefahren, denen das Kind während jener Umwandlung, in der es zum Erwachsenen wird, ausgesetzt ist.

In gleicher Weise kritisch ist diese Periode unter dem psychologischen Aspekt. Es ist das Alter der Zweifel und der Unschlüssigkeiten, der heftigen Gemütsbewegungen und der Entmutigung. In dieser Zeit tritt eine Verminderung der intellektuellen Fähigkeiten ein. Die Schwierigkeit, sich auf das Studieren zu konzentrieren, hängt nicht von einem Mangel an gutem Willen ab, sondern sie macht eine der psychologischen Eigenschaften dieses Alters aus. Die Kraft der Aneignung und das Gedächtnis, die die jungen Menschen mit einem solchen Interesse für die Details und die materiellen Dinge ausstattete, scheinen ihre Natur zu ändern.

Prüfen wir nun, was beim jungen Menschen in der höheren Schule vor sich geht: In jeder Stunde wechseln Lehrer und Unterrichtsstoff; sie wechseln ohne jeden sinnvollen Zusammenhang. Man kann sich in einer Stunde nicht völlig auf einen neuen Gedanken umstellen. Hat man sich aber darauf eingestellt, kommt sogleich ein anderer Studienrat, der ein anderes Fach lehrt. Und in dieser geistigen Hetze läuft diese schwierige Periode des menschlichen Lebens ab. Man beschränkt sich darauf, Wissensstoff zu vermitteln, viel Wissensstoff, eine Menge Gegenstände zu berühren, aber alle mit der gleichen Oberflächlichkeit. Man lehrt Latein, Mathematik in der gleichen Art und Weise wie Religion, wo doch die Religion nicht ein Fach wie andere Fächer ist. Hierfür wäre nämlich ein spezielles Studium nötig ebenso wie auch für die Aufbaugesetze der Gesellschaft.

Die wesentlichen Dinge werden gegenwärtig nach demselben Plan wie die Details gelehrt. Wir müssen dagegen dem Bewußtsein das geben, was es im Leben erwartet.

Die Reifezeit ist durch einen Zustand der Erwartung gekennzeichnet, durch die Bevorzugung von schöpferischen Arbeiten und durch das Bedürfnis, das Selbstvertrauen zu stärken. Das Kind wird plötzlich übersensibel gegenüber einer barschen Behandlung und den Erniedrigungen, die es bis dahin mit geduldiger Gleichgültigkeit ertragen hatte. Und die rebellierenden Reaktionen voll Bitterkeit, die daraus entstehen, bringen manchmal moralisch anomale Charakterzüge hervor; wohingegen doch in dieser Zeit, während dieser „sensiblen Periode", sich die Gefühle für die Gerechtigkeit und persönliche Würde entwickeln sollten; d. h. die edelsten Charaktereigenschaften, die den Menschen darauf vorbereiten sollten, ein soziales Wesen zu werden.

Die Umwandlung ist beachtlich. Man hat diese Epoche mit „Wieder-
geburt" bezeichnet. Man wird wahrhaftig zum zweitenmal geboren.
Es ist also eine Geburt zu einem anderen Leben. Das Individuum
wird zu einem sozialen Neugeborenen.

Es ist ein sozialer Mensch, der zwar noch nicht existiert, aber bereits
geboren ist. Er ist bezüglich seines Körpers noch voller Schwächen
und neuer Bedürfnisse. Die Ärzte sagen, daß in diesem Alter eine
starke Sterblichkeit herrscht, die man mit der der Säuglinge verglichen kann. Es ist überdies leicht begreiflich, wie sehr das schnelle
Wachstum des Körpers das Individuum entkräftet.

Parallel damit geht eine starke innere Entwicklung vor sich.

Was ist das? Ein Geheimnis. Ebenso wie das Neugeborene geistiger-
weise ein Geheimnis ist, ist auch das soziale Neugeborene ein Geheimnis. Jedesmal wenn wir uns vor dem Geheimnis einer Schöpfung befinden, müssen wir diese Schöpfung als eine göttliche betrachten. Sie hängt nicht von dem Willen des Kindes ab. Es ist also eine entscheidende, empfindliche und Rücksicht heischende Periode,
die unserer Verantwortung anheimgegeben ist. Was ist sie? Wir wissen es nicht, wir müssen uns beeilen, sie kennenzulernen. Aber es ist
notwendig, daß das Kind selbst uns offenbart, was in ihm vorgeht
während dieser Zeit des Wachsens, die die wirkliche und wahrhafti-
ge Schöpfung des sozialen Menschen ist. Folglich muß man ihm solche Bedingungen verschaffen, die es notwendig braucht, um seine
Offenbarungen zu machen. Bis jetzt blieb das Kind in seiner Familie
und seiner Schule. Wir haben bemerkt, daß es nicht freiwillig arbeitete, daß es schnell ermüdete und daß sich eine Menge von Mängeln in
dieser Zeit einstellten.

Weil sich hier eine radikale Umwandlung seiner Person vollzieht,
muß auch eine radikale Wandlung seiner Erziehung stattfinden.

Es gibt zwei Arten von Schwierigkeiten, die man beachten muß:

1. Die Schwierigkeiten, die der augenblicklichen Struktur der Gesellschaft anhängen.

2. Die Schwierigkeiten, die sich aus den vitalen Bedürfnissen des Pu-
bertierenden ergeben.

Es darf nicht sein, daß das Leben eine „Unbekannte" bleibt, in der
sich die Waise verloren fühlt, in der der Emigrant daran verzweifelt,
sein Heil zu finden, weil die Anwendung seiner Fähigkeiten unmöglich bleibt. Der Erfolg hängt vom Selbstvertrauen ab, von der Kenntnis seiner eigenen Fähigkeiten und deren vielerlei Anwendungs-

möglichkeiten. Das Bewußtsein seiner eigenen Nützlichkeit und das
Gefühl, daß man der Menschheit durch vielerlei Mittel helfen kann,
erfüllen das Herz mit einem edlen Vertrauen, mit einer beinahe religiösen Würde. Aber das Gefühl der Unabhängigkeit, das daraus her-
vorgeht, muß aus der Geschicklichkeit, sich selbst zu genügen, geboren werden, und nicht aus einer vagen Freiheit, die man der gnädigen
und großzügigen Hilfe der Erwachsenen verdankt.

Zwei „Glauben" können den Menschen erheben: Der Glaube an Gott
und der Glaube an sich selbst. Und diese beiden Glauben müssen beide zugleich da sein. Der erste betrifft das Innenleben des Menschen,
der zweite betrifft den sozialen Menschen.

1. Reformen in bezug auf die augenblickliche Struktur der Gesellschaft

Die wesentliche Reform besteht also darin, den jungen Menschen in
den Stand zu versetzen, seine wirtschaftliche Unabhängigkeit zu gewinnen. Es geht darum, eine „Erfahrungsschule des sozialen Lebens" („École experlmentale de vie sociale") zu schaffen.

Diese „Unabhängigkeit" hat überdies einen mehr erzieherischen als
praktischen Wert. Sie ist der Psychologie des jungen Menschen nütz-
licher als seinem materiellen Leben. Ein Junge, dessen Vermögen eine
materielle Sicherheit gegenüber den Wechselfällen des Lebens zu geben scheint, muß trotz dieser Situation einen großen Gewinn aus der
Einführung in die wirtschaftliche Unabhängigkeit ziehen. Seine Persönlichkeit wird gewinnen aus der Tatsache, daß er auf der einen Seite sich fähig fühlt, im Leben durch seine eigenen Anstrengungen und
seine eigenen Verdienste zu bestehen, und daß er andererseits mit der
höchsten Realität des Lebens in Berührung steht.

Es geht also darum, den jungen Menschen in den Stand zu versetzen,
dank seiner eigenen Arbeit Geld zu verdienen. Da wir ja meinen, daß
die Mildtätigkeit den Armen in seiner Würde verletzt und daß wir
darauf sinnen, ihm die Möglichkeit zu verschaffen, sich das zu verdienen, was er bekommt, warum wenden wir dann nicht das gleiche
Prinzip bei denen an, die zu erziehen uns übertragen sind?

Die Arbeit, von der wir sprechen, muß ohne die Idee eines Wettbe-
werbs bewirken, daß die Qualitäten des Individuums eine Steigerung erfahren, man muß ihm eine Lehrzeit geben, die es den Talenten
erlaubt, sich außerhalb einer Spezialisierung zu offenbaren.

Diese Konzeption schließt ein allgemeines Prinzip ein: zu erwägen, daß die Arbeit an sich eine viel größere Bedeutung hat, als die Art von Arbeit, der man sich widmet. Jede Arbeit hat Adel. Die einzige unwürdige Sache ist es, ohne Arbeit zu leben. Man muß unumgänglich den Wert der Arbeit in all ihren Formen begreifen, seien sie manueller oder intellektueller Art. Die praktische Erfahrung läßt einen begreifen, daß die beiden Arten sich einander ergänzen und daß sie in gleicher Weise in einer zivilisierten Welt wesentlich sind.

Diese Konzeption einer direkten Erziehung birgt eine gewisse Analogie zu dem, was man seit 1837 in bestimmten modernen Schulen Amerikas – höheren Schulen und Universitäten – praktiziert und was man der Mary Lyon verdankt: Die „Self-Help". Aber das Ziel der „Self-Help" besteht ausschließlich darin, armen Studenten die Möglichkeit zu vermitteln, ihr Studium durch eigene Arbeit zu verdienen, anstatt sie von notwendigerweise begrenzten Stipendien abhängig zu machen. Diese Organisation wurde von den Schulen selbst in die Praxis umgesetzt. Das heißt, es ist die Schule, die die „Self-Help" vermittelt, bezahlt, sie überwacht und beschützt. Die Arbeit erlangt man, sei es in der Schule selbst, was in den Internaten leicht möglich ist, oder sei es draußen, jedoch ständig in Beziehung zur Organisation der Schule. Diese Gewohnheit hat sich in den USA weit entwickelt, und die Erfahrung war mit Erfolg gekrönt.

Die „Self-Help" hat zwei Beweise erbracht:

1. Ihre große moralische Bedeutung, indem sie das Bewußtsein der Trägheit nimmt, das man gewöhnlich bei den jungen Leuten findet, die in ihren Familien passiv gehalten werden, indem sie ihnen praktisch den Wert der Zeit und ihrer eigenen Fähigkeiten zeigt und indem sie sie dahin bringt, sich Rechenschaft darüber abzulegen, daß sie fähig sind, am sozialen Leben teilzunehmen.

2. Den Beweis, daß die materielle Arbeit das Studium nicht verzögert, sondern im Gegenteil noch hilft, es zu intensivieren. In der Tat sind es gewöhnlich die Studenten, die dazu gezwungen sind, zur „Self-Help" ihre Zuflucht zu nehmen, die die größten Schulerfolge aufweisen.

Dieser Erfolg mag unsere Behauptung stützen, daß eine produktive Arbeit, die dem jungen Menschen eine wirtschaftliche Unabhängigkeit sichert, oder genauer gesagt, ihm den ersten Begriff dieser Unabhängigkeit vermittelt, vorteilhafterweise zum allgemeinen Prinzip für eine soziale Erziehung werden kann.

Heutzutage entläßt man das Kind in die Gesellschaft ohne jede vorherige Vorbereitung. Sie müssen ohne Hilfe ihre Erfahrungen
sammeln, und das ist ein gefährlicher Verlust an Energie. Während,
wenn die Erfahrung mit Hilfe der Schule gesammelt wird, die Kinder
durch eine Reihe von einfachen und leichten Erfahrungen geführt
werden. Sich einer angenehmen Arbeit hingeben ist eine Erholung;
und jede Arbeit muß mit einem Ziel angeboten werden.

Man kann überdies diesen Plan als eine Entwicklung aus den Übungen des praktischen Lebens betrachten, die ihre Probe mit den kleinen Kindern bestanden haben, angefangen bei den ganz Kleinen der
Kinderstube.

In unseren „Kinderhäusern" lernen die Dreijährigen Staubwischen,
Trocknen, Aufräumen, Tischdecken, bei Tisch servieren, Aufwaschen
usw. ... Zu gleicher Zeit lernen sie, sich ganz allein zu waschen, zu du-
schen, sich zu kämmen, zu baden, sich an- und auszuziehen, ihre
Kleider in ihren Schrank aufzuhängen oder sie in eine Schublade einzuordnen, ihre Schuhe zu putzen usw. Diese Übungen sind Teil der
Erziehungsmethode und nicht von der sozialen Lage der Schüler abhängig. Die Kinder aus wohlhabenden Familien, die gewohnt sind,
von den Hausangestellten umgeben zu sein, machen ihren Teil der
„Übungen des praktischen Lebens", wenn sie in unsere „Kinderhäuser" kommen. Diese Arbeiten verfolgen ein erzieherisches Ziel und
keinen nützlichen Zweck. Und die Kinder reagieren durch eine wahr-
hafte Explosion von Unabhängigkeit betreffs jeder unnützen Hilfe,
die ihre Aktivität unterdrückt und sie daran hindert, von ihren eigenen Mitteln Gebrauch zu machen. Es sind genau diese „unabhängi-
gen Kinder" die mit $4\,1/2$ Jahren das Schreiben und spontan das Lesen
lernen und deren Fortschritte in der Arithmetik erstaunlich sind.

Die frühe intellektuelle Entwicklung dieser Kinder beweist sehr gut,
daß die Arbeit sie nicht ermüdet. Sie haben uns das wesentliche Bedürfnis ihrer Entwicklung offenbart, indem sie uns sagten: „Hilf mir,
es ganz allein zu machen!"

2. Reformen bezüglich der vitalen Bedürfnisse der Heranwachsenden

Während der schwierigen Periode der Reifezeit ist es wünschenswert, das Kind fern von seinem gewohnten Milieu, seiner Familie,
auf dem Lande leben zu lassen, in einer ruhigen Umgebung, im Scho-
ße der Natur. Dort müssen ein Leben in frischer Luft, individuelle
Sorgfalt und gesunde Ernährung die ersten Bedingungen für die Organisation eines Studien- und Arbeitszentrums sein.

Diese Theorie basiert übrigens auf einem Rezept, das bereits ausgiebig in der ganzen Welt ausprobiert wurde. Die Gründung von höheren Schulen, die weit von den Großstädten entfernt auf dem Lande oder in kleinen Städten liegen, geht sehr weit zurück. Diese Institutionen gediehen sehr zahlreich in England zur Nutznießung aller Klassen der Gesellschaft, sogar der privilegiertesten (Eton, Harrow usw.), und das gleiche Prinzip findet man bei den Universitäten von Oxford, Cambridge usw. wieder. Solche Schulen erfreuen sich in England und in den USA eines solchen Erfolges, daß man Städte um die Universitäten errichtete, die zuvor isoliert waren. Das ist bei einem großen Teil der modernen Universitäten Amerikas der Fall.

Das Leben in frischer Luft, in der Sonne und eine an Vitaminen reiche Nahrung, die von den benachbarten Feldern besorgt wird, sind kostbare Hilfen für den Körper des Heranwachsenden, während die ihn umgebende Ruhe, die Stille und die Wunder der Natur die Bedürfnisse seines Geistes befriedigen, indem sie sein Nachdenken und seine Meditation begünstigen. Außerdem kann sich in einem College der Rhythmus des täglichen Lebens am besten mit den Erfordernissen des Studiums und der Arbeit in harmonischen Einklang bringen, während die familiäre Atmosphäre sich mehr den Erfordernissen des Lebens der Eltern anpassen muß.

Dennoch ist unser Plan nicht nur eine simple Wiederholung dieser Universitäten auf dem Lande oder in einer kleinen Stadt. Denn es ist nicht das Land an sich, dem eine solche Kraft innewohnt, sondern die Arbeit auf dem Lande und die „Arbeit" im allgemeinen mit dem sozialen Empfinden, das die Produktion und der Gewinn mit sich bringen.

Die Beobachtung der Natur ist nicht nur eine Bereicherung des Geistes in philosophischer und wissenschaftlicher Hinsicht. Sie legt auch den Grundstein für viele soziale Erfahrungen, die das Studium der Zivilisation und des menschlichen Lebens hervorbringen.

Bei der „Arbeit auf dem Lande" handelt es sich nicht darum, Studenten in Bauern umzuwandeln: Die intensiven Methoden der modernen Landwirtschaft hängen nicht nur allein von der manuellen Tätigkeit des Menschen ab, sondern in gleicher Weise auch von seiner Erfindungskraft. Dank der Naturwissenschaft – einem Produkt der Kultur – hat er in gewisser Weise eine „Superkonstruktion" (superconstruction) geschaffen.

Also bedeutet die Arbeit mit der Erde gleichzeitig eine Einführung in die Natur und in die Kultur. Die Arbeit mit der Erde ist der Zutritt zum unbegrenzten Studienweg der Naturwissenschaft und Geschichte. Was die Ernte betrifft, die darauf folgt, so stellt sie eine Einführung in den fundamentalen sozialen Mechanismus der Produktion und des wahren Austausches dar, auf dem die ökonomische Basis der Gesellschaft ruht.

Diese Art der Arbeit führt die Kinder mitten ins soziale Leben hinein, gleichzeitig durch Erfahrung und durch Studium.

Wenn wir diese Organisation „die Erdkinder" (les Enfants à la Terre), oder „Landkinder" (Enfants Champêtres) genannt haben, so deshalb, weil es sich tatsächlich um Kinder handelt, die von den Ursprüngen her in die Kultur eindringen; d.h. in einem Stadium, in dem die Völker, als sie seßhaft wurden, eine Ära des Friedens und des Fortschritts eröffneten, während die Nomaden Barbaren und Krieger blieben.

Die Schule dieser Kinder, oder vielmehr ihr Haus auf dem Lande oder in einer kleinen Stadt, muß ihnen die Gelegenheit zur sozialen Erfahrung sein, weil hier ihr Leben nach einem größeren Maßstab eingerichtet ist und ihnen eine Möglichkeit zur größeren Freiheit als in ihren Familien bietet.

Zu dieser Organisation müssen noch verschiedene Arten von Beschäftigungsmöglichkeiten hinzukommen. Eine teilweise Verwirklichung würde nur einen Mißerfolg nach sich ziehen. Gleichzeitig gehören ein Gasthaus, ein Geschäft und ein Bauernhof dazu, indem alles sich ergänzt.

Ein moderner Bauernhof, der eine ganze Menge an wissenschaftlicher und manueller Arbeit nötig macht, bietet die Möglichkeit, zu produzieren, auszutauschen und mit der Gesellschaft in direkten Kontakt zu treten mittels eines Geschäftes oder eines Geschäftsraumes.

Wenn man noch ein Gasthaus zufügt, ein „Gasthaus der Landkinder", dann würde der Schule die Möglichkeit verliehen, die Kinder in alles einzuführen, was ein solches Unternehmen umfaßt.

Da dieses Haus gleichzeitig Jungen und Mädchen aufnimmt, muß es von einem Ehepaar geleitet werden, das außer seinen materiellen Aufgaben noch einen moralischen und schützenden Einfluß ausübt. Das würde ein familiäres Haus sein.

Indem die jungen Menschen an der Verwaltung dieses Hauses teilhaben, erwerben sie sich Erfahrung in all den verschiedenen Zweigen, die ein Gasthausunternehmen bietet, von der Beschaffung des Komforts angefangen bis zur materiellen und sozialen Organisation, bis zur Aufsicht und zur finanziellen Kontrolle.

Wenn die kleinen Kinder uns bewiesen haben, daß sie fähig waren, ihr Haus sauber und ordentlich zu halten, bei Tisch zu servieren, die Teller zu spülen oder für das Tischgeschirr verantwortlich zu sein, dann wird es für Heranwachsende leicht sein, zu lernen, wie man ein Hotel führt. Das ist ein Gewerbe, für dessen Vorbereitung übrigens spezielle Schulen geschaffen wurden.

Dieses Gasthaus kann sich mit seinen vielen Beschäftigungen über das „Wohn-Hotel" (l'habitation-hôtel) der Kinder hinaus ausbreiten. Es kann, obwohl es ganz einfach und ländlich bleibt, dazu bestimmt sein, kurze Besuche der Familie der Schüler aufzunehmen, indem es ihnen erlaubt, sich über die Lebensweise ihrer Kinder im Heim Rechenschaft abzulegen und zum ökonomischen Ausgleich der Einrichtung beizutragen.

Das Gasthaus, das nach einem modernen Plan in einer kunstvollen Einfachheit entworfen ist und durch die von künstlichem Zwang befreiten Kinder belebt wird, muß eine ganze Skala von Beschäftigungsmöglichkeiten liefern, die dazu angetan sind, den künstlerischen Sinn in der Wohngestaltung zu entfalten.

Schließlich ist eine andere soziale Einrichtung erfahrungsgemäß eine sehr bedeutsame, nämlich das „Geschäft", das hier das soziale Haus sein wird.

Ein Laden oder Kontor, die in der benachbarten Stadt errichtet sind, erlauben den „Landkindern" die Produkte ihrer Felder und Gärten hierhin zu bringen und zu verkaufen, ebenso andere Produkte ihrer Arbeit und eventuell die Arbeiten anderer Menschen. Auch können sie hier solche von armen Nachbarn oder Handwerkern, die im gewöhnlichen Handel keinen Platz finden, absetzen.

Dennoch muß dieser Handel besondere und eigene Züge aufweisen und die Tradition der Vergangenheit bewahren, wo sich das persönliche Talent durch jedes Stück ausdrückte.

Dieser Laden kann vielleicht als eine historische Wiedererweckung des mittelalterlichen Ladens betrachtet werden, der ein Zentrum für Zusammenkünfte und, um es so auszudrücken, ein Symbol der Geselligkeit war. Er eröffnete ebenso einen künstlerischen Aspekt. Einer gewissen religiösen Idee geweiht und gewidmet, diente er zum Kaufen und Verkaufen mit einer rechtschaffenen Einfachheit. Schließlich bildete er eine Art öffentliche Einrichtung für den kleinen Handel, wo sich tatsächlich der individuelle „Tauschhandel" der Dinge vollzog, der den Austausch von Neuigkeiten und Gedanken mit sich brachte. Er war ein Teil des sozialen Lebens.

Die alte Sitte, Geschäfte mit Freundschaft zu verbinden und persönliche Kontakte herzustellen, ist eine Reminiszenz der Vergangenheit.
Dieser Brauch verdient es, bei der fröhlichen, enthusiastischen und
nach Abwechslung begierigen Jugend wiederbelebt zu werden.

Das Geschäft macht darüber hinaus eine sinnreiche Einführung in
Handel und Umsatz notwendig. Es muß die Kunst lehren, Wünsche
zu befriedigen und Worte und Gedanken mit dem Mann auf der
Straße auszutauschen, ebenso wie eine genaue und strenge Buch-
führung.

Quellentext

Maria Montessori: Studien- und Arbeitsplan. In: Maria Montessori: Von der Kindheit zur Jugend. Hrsg. und eingeleitet von Paul Oswald. Freiburg, Basel, Wien 1966, S. 107–118.

Studien- und Arbeitsplan
Von Maria Montessori

Es ist unmöglich, a priori ein detailliertes Studien- und Arbeitsprogramm festzulegen. Wir können hier lediglich einen allgemeinen Rahmenplan aufstellen. Das Programm muß sich ganz natürlich aufbauen, durch die Erfahrung begründet.

Die Studien sind nicht notwendigerweise schon von Anfang an mit dem heutigen Programm der höheren Schulen verbunden. Noch weniger dürfen sie sich der üblichen „Methoden" bedienen. Es handelt sich übrigens darum, das Wissensgebiet zu erweitern und nicht darum; es einzuengen. Die Reform muß sich hauptsächlich auf die *Art und Weise*, das Wissensgebiet einzuteilen, und auf die „Unterrichtsmethoden" erstrecken.

Unser Plan zielt vor allem darauf, die Wertschätzung der Personalität unter den augenblicklichen sozialen Bedingungen zu ermöglichen. Eine solche Erziehung hat also nicht das Recht, die Unterweisung auf eine Spezialisierung einzuengen, die eine „gute Stellung" für die Zukunft zu sichern vermag. Die Notwendigkeit einer Spezialisierung ist sehr unheilvoll, und man darf sie nur als ein „praktisches Mittel" ansehen, um in die Gesellschaft einzutreten und nicht als ein „Ziel", dem man gleichzeitig die Werte des Individuums und sein Verantwortungsgefühl für das Gemeinwesen opfern müßte.

Zwei Prinzipien sind wesentlich:

1. Um sich zu erholen, ist es nicht notwendig, zu den „Ferien" Zuflucht zu nehmen, die einen Zeitverlust darstellen und die Kontinuität des Lebens unterbrechen. Die Erholung liegt in der *Abwechslung der Beschäftigungen*; man verschafft sich also seine Ferien durch die Abwechslung der Betätigungen und durch die Mannigfaltigkeit der Interessen.

2. Das Studium entspricht einem „Bedürfnis der Intelligenz". Wenn man es folglich so einrichtet, daß es der psychischen Natur des Individuums entspricht, dann stellt es nicht nur allein keine „geistige

Ermüdung" dar, sondern es entspricht sogar diesem Bedürfnis, indem es die geistige Entwicklung stärkt und regeneriert.

Die Beweisführung dieser zwei Prinzipien haben wir schon in unseren „Kinderhäusern" durchgeführt. Die Studien und die Arbeit, die
dort keine Ermüdung herbeiführen, stärken die Willenskraft der Kinder dermaßen, daß diese – unermüdlich – mit ihrer Arbeit fortfahren,
wenn sie nach Hause zurückgekehrt sind.

Zur Zeit unseres ersten Versuches kamen die Kinder morgens um 8
Uhr und gingen wieder abends um 6 Uhr. Um ihre Arbeit nach dem
Heimgang dennoch fortsetzen zu können, nahmen sie das Material
aus der Schule mit. Bei den Heranwachsenden trifft man sicherlich
ebensolche Begeisterung.

Um aber ein solches Ergebnis zu erzielen, ist es notwendig, der Natur
„beizustehen", indem man den besonderen Bedürfnissen eines jeden
Alters entspricht. Die Erfahrung muß der Führer dabei sein.

A. Moralische Pflege

Unter moralischer Pflege verstehen wir die herzustellenden Beziehungen zwischen den Kindern, den Lehrern und der Umgebung. Die
Lehrer müssen den jungen Personen gegenüber eine sehr große Achtung bewahren: In der kindlichen Seele sind große Werte verborgen.
Auf dem Geist dieses Jungen und Mädchens ruht unsere ganze Hoffnung des Fortschritts für die Zukunft. Außerdem werden sie die
Richter der Gegenwart sein.

Im *Geheimnis des Jugendlichen* liegt die innerste Berufung des
Menschen.

Wenn sich durch Generationen hindurch ein sozialer Fortschritt verwirklicht, wird die Entwicklung dieser Kinder, wenn sie einst Erwachsene geworden sind, derjenigen ihrer augenblicklichen Lehrer
überlegen sein.

In jedem Jugendlichen kann man das Symbol Jesu wiederfinden, der
sich einem Vater verbunden fühlte, der ihn seine irdischen Eltern vergessen ließ und der die Weisen und Ältesten durch seine Weisheit er-
staunte. Vergessen wir jedoch nicht, daß „Jesus seinen Eltern unter-
tan war und gehorsam arbeitete, während er sich auf seine zukünfti-
ge Mission vorbereitete".

Diese Achtung vor den jungen Menschen ist wesentlich. Niemals
darf man Jugendliche wie Kinder behandeln: Sie haben dieses Stadi-

um verlassen, und es ist besser, sie so zu behandeln, als ob ihre Tüchtigkeit größer wäre als sie tatsächlich ist und nicht ihre Verdienste zu bagatellisieren und zu riskieren, das Gefühl ihrer Würde zu verletzen.

Man muß der Jugend genügend Freiheit lassen, damit sie nach einer individuellen Initiative handeln kann. Verschaffen wir ihr also die Mittel, indem wir ihr die Freiheit lassen, schöpferisch zu wirken. Damit aber das individuelle Handeln sowohl frei als auch fruchtbar sei, muß es auf bestimmte Grenzen beschränkt und bestimmten Regeln unterworfen sein, die in eine notwendige Richtung weisen. Diese Grenzen und Regeln müssen von der gesamten Institution beachtet werden; man darf bei den Jugendlichen nicht den Eindruck erwecken, als ob sie ahnungslos und unfähig seien, sich selbst zu disziplinieren.

So wie das Material der kleineren Kinder müssen die Regeln „notwendig und ausreichend" sein, um die Ordnung aufrechtzuerhalten und einen Fortschritt zu sichern. Die Organisation muß derartig konzipiert werden, daß sich die Jugendlichen später keineswegs fremd vorkommen und daß sie sich in jede Umgebung eingewöhnen können.

Diese Eingewöhnung wird sich dann durch eine „Zusammenarbeit" manifestieren, Quelle einer sozialen Harmonie, die den individuellen Fortschritt beschleunigt.

Die Umgebung muß „die freie Wahl" erleichtern. Aber es muß vermieden werden, daß das Kind Zeit und Energie nutzlos verliert, indem es ungewissen und unbestimmten Vorlieben nachgeht.

Aus der Gesamtheit dieser Voraussetzungen wird nicht nur die Disziplin entstehen, sondern auch der Beweis dafür, daß diese Disziplin eine Seite der individuellen Freiheit darstellt, einen wesentlichen Faktor des Erfolges im Leben.

Es ist unabdingbar, für die Ordnung zu sorgen, nach der die Beschäftigungen im Laufe des Tages aufeinander folgen, und gut den Augenblick zu wählen, wann gewechselt wird. D. h., man muß sich der Gelegenheiten bedienen, die sich anbieten und die zur Organisation beitragen.

Außerdem muß man neben den aktiven Beschäftigungen dem Bedürfnis nach Einsamkeit und Ruhe Rechnung tragen: Das sind zwei Notwendigkeiten beim Jugendlichen.

B. Die Leibespflege

Die Leibespflege erfordert eine ganz besondere Aufmerksamkeit, die durch die physiologischen Bedingungen des Jugendlichen gegeben ist. Es ist eine Krisenperiode, während welcher alle Hormondrüsen (toutes les glandes endocrines) sich in Bewegung befinden und durch sie der gesamte Organismus. Der Körper wächst schnell, aber er wächst nicht in einem gleichförmigen Rhythmus; daher das funktionelle Mißverhältnis. Während der ersten Periode des Reifens wachsen die Beine viel schneller als der Oberkörper und folglich schneller als der Brustkorb. Daraus resultiert eine Unzulänglichkeit des Herzens und der Lunge, die Herzklopfen und eine Herabminderung der Widerstandskraft der Lunge verursacht. Die Muskelkraft wächst ebenfalls nicht im Verhältnis zur Statur und gemäß der Streckung der Beine. Man kann die körperliche Reifung in drei Perioden einteilen:

1. Streckung der Beine,
2. Entwicklung des Oberkörpers, speziell des Brustkorbes.
3. Entwicklung der Muskelkraft.

Und da diese Umbildungen sich in kurzen Intervallen, in etwa 2 Jahren vollziehen, ist es gut, das Wachsen des Jugendlichen zu überwachen, Körpermessungen durchzuführen und periodisch sein Herz und seine Lunge zu überprüfen, selbst wenn er vollkommen gesund zu sein scheint.

Besondere Aufmerksamkeit verdient seine Ernährung. Sie muß reichlich und nahrhaft sein, aber ohne Fleisch während dieser Periode. Auf dem Lande, wo Gemüse, Früchte, Eier- und Milchspeisen ihren vollen Wert behalten, müssen rohe Pflanzenkost und besonders Früchte mit Milch, gefolgt von Milch und Eiern, reichlich in den Mahlzeiten vorkommen. Frisch gepflücktes Gemüse und Früchte, die bis zur vollen Reife auf den Bäumen blieben, sind wahre Schätze. Welkes Gemüse und künstlich gereifte Früchte, wie man sie häufig in den Städten kauft, haben einen ungenügenden Nährwert.

Die gewöhnlichen Gifte, wie Alkohol und Tabak, müssen vom Jugendlichen verbannt sein. Man muß sie durch Süßes ersetzen; denn der Zucker ist für ihn ein Nährstoff von großer Notwendigkeit, beinahe von gleicher Bedeutung wie für den Säugling. Das Leben in freier Luft und in der Sonne, Bäder und Schwimmsport müssen so viel wie eben möglich getrieben werden, beinahe wie in einem Sanatorium. Ein flaches Gelände, wo große Wanderungen unbeschwerlich sind, am Meeresstrand oder im Walde gelegen, ist dem Hochgebirge vorzuziehen, wo die Gefahr besteht, daß die Wanderungen das Herz in diesem Stadium des Wachstums, in dem der Brustkorb ungenügend entwickelt ist, überanstrengen.

C. Programm und Methoden

Das Rahmenprogramm für die Studien kann in drei Abschnitte eingeteilt werden. Es muß:

1. Den Weg zu den Möglichkeiten eines persönlichen Ausdruckes des Jugendlichen öffnen, d. h. durch Übungen und durch äußere Mittel die Entwicklung seiner inneren Personalität erleichtern.

2. Auf das antworten, was wir als die schöpferischen Elemente des psychischen Seins beim Menschen allgemein betrachten.

3. Den Jugendlichen mit der augenblicklichen Kultur in Beziehung setzen, indem man ihm eine umfassende Bildung vermittelt, und ebenfalls mit dem Mittel der Erfahrung.

Zu 1. Den Weg zu den Möglichkeiten eines persönlichen Ausdruckes öffnen:

Die Übungen zu diesem Zweck sind künstlerischer Natur in freier Wahl, sowohl was die Art der Übung betrifft als auch den Zeitpunkt ihrer Vollendung. Bestimmte Kinder werden eine individuelle Arbeit wählen, andere hingegen eine Gruppenarbeit. Diese Übungen stehen in Beziehung zur Kunst, zur Sprache und zur Vorstellungskraft. Sie umfassen die Musik, die dramatische Kunst, den Vortrag und bildnerische Arbeiten.

a) *Die Musik:* Ausführung von Werken, durch die die Kinder lernen, den Komponisten und seine Zeit zu erkennen, wie man es gewöhnlich mit den Werken der Literatur macht, Chorgesang, Studium der Instrumente für Soli und Orchester.

b) *Die Sprache:* Vortrag, Ausdrucksweise, dramatische Darbietungen und Gedichte. Die Kunst kultivieren, logisch zu sprechen, Ideen vorzutragen, zu begründen und zu diskutieren. Lesen mit lauter Stimme, das fähig ist, die Aufmerksamkeit der Zuhörer zu erhalten, freie Vorträge über persönliche Ideen.

c) *Bildnerische Arbeiten:* Zeichnen, Gestalten, Plastilin usw. mit verschiedenen Zielen: ornamentales Zeichnen, Malen nach der Natur, Schöpfungen der Einbildungskraft usw. Es handelt sich nicht darum, diese Arbeiten als ein echtes künstlerisches Studium zu betrachten; sie sind lediglich dazu bestimmt, den persönlichen künstlerischen Ausdruck der Empfindungen zu erleichtern, verbunden mit einer manuellen Tätigkeit, um die modernen Techniken zu erlernen.

Zu 2. Auf das antworten, was wir als die schöpferischen Elemente des psychischen Seins beim Menschen allgemein betrachten:

Das Kind hat das Bedürfnis, zur Geltung gebracht zu werden. Sein Instinkt läßt es alles schön finden, ermutigt es, alles zu bewundern. Wir müssen diese Neigung begünstigen. Seine Personalität bedarf der Beobachtung und Hilfe unter der Bedingung, daß die Hilfe sich auf den Bedarf beschränkt. Wenn wir eine religiöse Erziehung, die diesem Alter angemessen ist, geben wollen, muß sie sich in Kontakten vollziehen. Gott liebt sein Geschöpf, schaut es immerfort, läßt es niemals fallen. Und wenn wir eine religiöse Anschauung von der Natur vermitteln wollen, müssen wir immer von *dem* Individuum und von *dem* Tier in der Einzahl sprechen; damit alles wirklich klar und deutlich sei, könnte man abgehackt, getrennt, analysiert sprechen: *Das* Kind, *der* Vater, *die* Mutter, *die* Menschen, *die* Tiere. Während dieser Periode handelt es sich darum, den Aufbau der Personalität zu erleichtern. Versuchen wir ebenfalls dadurch zu erklären, daß wir alles verstofflichen und selbst die abstrakten Dinge handlich machen.

Die „Schöpferin" Bildung, bestimmt zur eigentlichen Grundlegung der Personalität, teilt sich in drei Zweige: in die moralische Erziehung, die Mathematik und die Sprachen.

a) *Die moralische Erziehung* legt den Grundstein dieser geistigen Ausgeglichenheit, auf der alles übrige beruht und die mit dem körperlichen Gleichgewicht verglichen werden kann, ohne welches man sich unmöglich aufrecht halten, noch sich irgendeiner motorischen Tätigkeit hingeben kann.

b) *Die Mathematik:* Heute ist die menschliche Intelligenz keine natürliche mehr, sondern eine mathematische Intelligenz; und ohne mathematische Erziehung und Entwicklung kann man unmöglich den Fortschritt unserer Epoche begreifen noch daran teilnehmen. Ein Geist ohne mathematische Bildung ist heute dem Menschen zu vergleichen, der das Alphabet nicht kannte zu der Zeit, als alles aus der literarischen Bildung hervorging. Schon im Naturzustand ist der menschliche Geist ein mathematischer: Er tendiert zur Genauigkeit, zum Maß und zum Vergleich. Er ist fähig, in bestimmten Grenzen zahlreiche „Wirkungen" zu begreifen, die die Natur den Menschen darbietet, während sie ihm die Welt der „Ursachen" verbirgt.

Also muß die Schule aufgrund dieser vitalen Bedeutung der Mathematik „besondere Methoden" anwenden, um sie zu unterrichten, und muß deren Elemente klar und verständlich machen mit Hilfe der Konkretisierung.

c) *Die Sprachen:* Die Sprachentwicklung ist ein Teil der Personalität selbst. In der Tat sind Worte das natürliche Mittel, um Gedanken auszudrücken und folglich die Verständigung unter den Menschen herbeizuführen. Wenn früher eine einzige Sprache ausreichte, so ist es heute dringend notwendig, verschiedene Sprachen zu lehren. Das Latein, dessen Bedeutung entscheidend war, als die Hauptbildung eine literarische war, ist in unserer Zeit nicht mehr so wesentlich. In keinem Fall darf sein Unterricht „aufgezwungen" werden, da diese Sprache praktisch ohne Nutzen ist, außer wegen eines Berufszieles für die klassischen Studien. Trotzdem hat das Latein eine so große historische Bedeutung, daß allen, die es wünschen, seine Aneignung möglich gemacht werden muß. Es muß also als Wahlfach vorhanden sein. Die Lateinlehrer haben so die Möglichkeit, mitzureißen und sich durchzusetzen, indem sie Interesse gewinnen und die Sprache, mit der die Ursprünge unserer Kultur verknüpft sind, anziehend zu machen.

Zu 3. *Den Jugendlichen mit der augenblicklichen Kultur in Beziehung setzen, indem man ihm eine umfassende Bildung vermittelt, und ebenfalls mit dem Mittel der Erfahrung:*

a) *Studium der Erde und der lebendigen Natur:* d. h. die Geologie (mit Zeugnissen des prähistorischen Zeitalters), die Biologie, die Kosmographie, die Botanik, die Zoologie, die Physiologie, die Astronomie und die vergleichende Anatomie.

b) *Studien, die sich auf den menschlichen Fortschritt und auf den Aufbau der Zivilisation durch die Physik und Chemie usw. beziehen:* Diese Studien müssen ganz genau sein und praktischen Experimenten Raum lassen, um den Kindern immer die Möglichkeit zur eigenen Beobachtung und zum eigenen Experiment zu geben. Dank dieser Grundlage können sie sich die schwierigsten Stoffe aneignen, die man unmöglich in der Schule erläutern kann. Das praktische Wissen, das die Theorie veranschaulicht, macht sie viel anziehender und veranlaßt dazu, immer weiter zu forschen.

Die Schule muß also ihre „Gerätesammlung" besitzen: manipulierbare Maschinen, die den Kindern erlauben, sie auseinander- und wieder zusammenzubauen, sich ihrer zu bedienen und sie bei Gelegenheit zu reparieren. Die schiefe Ebene, das Getriebe, die Winde, das Rad und alle Elemente, die dazu helfen, eine größere Leistung mit geringer Kraft zu erzielen; und selbst die Linsen und Prismen für die Sammlung und Zerstreuung des Lichtes können ein „Material" für das Studium der wesentlichen Gesetze der Physik mit ihren Formeln und ihren mathematischen Berechnungen abgeben. Das gleiche gilt für die Statik: Ein einfaches Material kann ersonnen werden, das dazu hilft, die Gesetze zu verstehen, die das Gleichgewicht der Gebäude und Brücken regieren.

„Das Landkind" muß gewohnt sein, sich der Maschinen zu bedienen, der Schreibmaschine, der Strick- und Webmaschine, der Rechenmaschine, der Druckmaschine und der fotografischen Einrichtungen; des Filmvorführgerätes, des Mikroskopes, des Grammophons, des Radios und elektrischer Maschinen. Es muß morsen und die Maschinen für das tägliche Leben handhaben können; nicht nur allein das Fahrrad, „um sich schneller fortzubewegen", sondern auch die kleinen vertrauten Gebrauchsmaschinen, wie Gemüseputzer, Pürree-, Staub-, Wasch- und Bügelmaschinen usw. Sie sind ein vielgestaltiges Organ des modernen menschlichen Lebens.

Hier zwingt sich ein Gedanke auf: Die Zivilisation hat den Menschen im Mittel der Maschinen eine Macht gegeben, die seiner eigenen weit überlegen ist. Damit sich aber das Werk der Zivilisation entwickle, muß sich auch der Mensch entwickeln. Das Übel, an dem unsere Zeit krankt, kommt aus dem gestörten Gleichgewicht, das aus dem unterschiedlichen Entwicklungsrhythmus des Menschen und der Maschine resultiert. Die Maschine hat sich beschleunigt entwickelt, während der Mensch im Rückstand verharrte. So lebt der Mensch in Abhängigkeit von der Maschine, obwohl er sie beherrschen müßte. Der Fortschritt muß nicht den Triumph des Materialismus bedeuten. Er muß im Gegenteil den Menschen „auf eine höhere Stufe heben". Es ist erhebend, sein Ideal dareinzusetzen, immer höher zu steigen. Man muß die Jugendlichen unsere Aufgabe auf Erden lehren. Aber diese Macht, die den Menschen durch die Maschine gegeben ist, muß ihm auch neue Pflichten auferlegen, eine immer höher entwickelte Moral.

Der Mensch mit „supernatürlichen" Kräften kann durch Gläser unendlich kleine oder sehr entfernte Dinge erkennen. Er kann mathematische Aufgaben lösen, die dem natürlichen Menschen vollkommen unerreichbar und selbst unbegreiflich sein würden. Heute kann er Stimmen hören, die aus beträchtlichen Entfernungen kommen. Er kann die Wellen messen, die diese Verbindungen möglich machen. Er reist mit immer größer werdenden Geschwindigkeiten, fliegt in der Luft und hält sich auf der Oberfläche der Meere. Die Maschine verleiht ihm also eine ungeheure Macht, eine Macht, beinahe ebenso phantastisch wie die der Helden und Feen der Märchenwelt; und der Fortschritt der sozialen Umgebung entspricht ihr. Wenn aber die Erziehung dem Menschen nicht hilft, an dieser Welt teilzunehmen, wird er „außerhalb der Gesellschaft" bleiben. Der Mensch dieser „Supernatur" ist der König der Erde, der sichtbaren und der unsichtbaren Dinge. Er durchdringt die Lebensgeheimnisse, indem er einer

Fauna und Flora das Leben gibt, die diese Supernatur begründen, indem er mit Hilfe der Chemie die natürlichen Erzeugnisse der Erde sich weiterentwickeln läßt und die Stoffe wie mit Hilfe eines Zauberstabes ändert. Das ist ein Beweis der Größe der gesamten Menschheit; jeder Mensch kann dazu beitragen. Aber auch gerade deswegen wird der Mensch, der eine solche Macht innehat, gefährlich. Eine neue individuelle und soziale Moral muß in dieser neuen Welt zutage treten: eine Moral, die neue Richtlinien für das Gute und Böse bringt, für die schwere Verantwortung, die die Individuen der gesamten Menschheit gegenüber übernehmen, von dem Augenblick an, wo sie die Macht über ihre eigene Natur hinaus vergrößern. Die Maschine darf in der neuen Zivilisation lediglich die *Sklaven ersetzen.*

c) *Die Geschichte der Menschheit:* Ihre Kenntnis muß so umfassend wie möglich sein. Man muß einen Überblick vermitteln, aus dem man bestimmte Perioden für die individuellen Studien auswählen kann. Eine spezialisierte Bibliothek mit geographischen Atlanten, ein Geschichtsmuseum, d. h. Bilder und Reproduktionen historischer und prähistorischer Dokumente, würden ein wertvolles Material abgeben.

Der bedeutungsvollste Abschnitt der Geschichte für die Jugendlichen ist derjenige, der die Entdeckungen und Erfindungen behandelt. Es ist gut, die Geschichte durch Bilder des sozialen Lebens vor und nach den in Frage kommenden Entdeckungen zu illustrieren, um das Leben der Menschen in den verschiedenen Entwicklungsstufen der Zivilisation vergleichen zu lassen.

Ein anderer Aspekt der Geschichte, der insbesondere der folgenden Epoche zukommt, ist das Studium der menschlichen Entwicklung im Verhältnis zu geographischen Gegebenheiten, der Kontakt zwischen den verschiedenen Völkern, die Kreuzungen und die Angleichungen der verschiedenen Rassen und Kulturen, die Kriege und die Eroberung der Imperien; das Ganze soll von einem Blick auf die Empfindungen und Sitten, auf den Einfluß der Religion, auf das Vaterlandsgefühl und das Verhalten des Menschen begleitet sein.

Spezielle Themen: Neben diesen allgemeinen Überlegungen ist es interessant, sich einem detaillierten Studium einer Epoche, eines Ereignisses oder des Lebens irgendeiner Persönlichkeit, die bei den Schülern ein besonderes Interesse hervorgerufen hat, hinzugeben. Hier ist die Gelegenheit, Dokumente, Artikel und Beschreibungen zu sammeln, zu befragen und zu vergleichen bis zum vollkommenen Verständnis des Gegenstandes.

Auch soll man auf die augenblickliche Lage des eigenen Landes einen Blick werfen, auf seine Verfassung, seine Gesetze, seine Besonderheiten und seine moralischen Eigenschaften. Ein Bild, das reichlich durch Beispiele veranschaulicht werden und das Besuche an hi-
storisch bedeutungsvollen Orten enthalten muß.

Die Methoden

Die besten Methoden sind diejenigen, die beim Schüler ein Maximum an Interesse hervorrufen, die ihm die Möglichkeit geben, allein
zu arbeiten, selbst seine Erfahrungen zu machen und die erlauben,
die Studien mit dem praktischen Leben abzuwechseln.

Eine in großen Lettern geschriebene und weithin sichtbare Tafel, die
klar die von den Richtlinien der höheren Schulen geforderten Bil-
dungsinhalte angibt, stellt einen außerordentlichen Anreiz dar und
bringt Direktiven, aber keine Verpflichtungen mit sich. Außerdem
muß man denen, die zu arbeiten wünschen, die Möglichkeit lassen,
das von den offiziellen Vorschriften geforderte Niveau zu erreichen
oder sogar zu überschreiten. Diese Schule der „Landkinder", die sich
auf die ganze Periode der Pubertät erstreckt, d.h. bis zu 18 Jahren,
muß während der letzten zwei Jahre den Schülern helfen, zum Uni-
versitätsstudium reif zu werden oder die Examina zu machen, die
zur Erlangung von Diplomen notwendig sind. [...]

Quellentext

Maria Montessori: Einige chemische Versuche. In: Maria Montessori: Von der Kindheit zur Jugend. Hrsg. und eingeleitet von Paul Oswald. Freiburg, Basel, Wien 1966, S. 67–72.

Einige chemische Versuche
Von Maria Montessori

Als wir die Karte der Meeresströmungen untersuchten, haben wir eine Vorstellung davon vermittelt, daß es Flüssigkeiten gibt, die schwerer sind als andere und daß die leichteren sich über die schwereren legen. Geben wir hier einige Bestimmungen durch Übungen, die uns technische oder wissenschaftliche Begriffe lehren, auch ohne Bezug zu denen, die für die Strömungen dienen. Es sind dies Übungen parallel zu den Übungen des täglichen Lebens, dank deren die kleinen Kinder geordnete Bewegungen gelernt haben. Ebenso konstituiert der Gebrauch von Probiergläsern und Trichtern eine neue manuelle Tätigkeit für dieses neue Stadium. Gewisse Tätigkeiten sind denen vergleichbar, denen das Kind sich hingab, als es Wasser in ein Glas goß. Hier ist aber eine noch größere Sorgfalt vonnöten, da das Glas kleiner ist.

Gießen wir also Flüssigkeit von verschiedenem Gewicht in ein Reagenzglas; und an dieser Stelle führen wir das Wort „spezifisches Gewicht" ein. Das beste Mittel, um dieses Wort zu verstehen, besteht darin, die verschiedenen Flüssigkeiten sich übereinander lagern zu sehen. Auf dem Boden des Glases haben wir Quecksilber. Darüber gießen wir Wasser, dann Öl und schließlich Methylalkohol. Um die Flüssigkeit besser zu erkennen, färben wir sie verschieden.

Dann nehmen wir zwei Reagenzgläser. In das eine geben wir Wasser und kristallinen Zucker und in das andere: Wasser und Stärke.

Unser kristalliner Zucker löst sich nur langsam auf, und man könnte an seiner Löslichkeit im Wasser zweifeln. Aber wenn man es erwärmt, wird er bald ganz verschwinden. An Stelle einer *kalten Lösung* erhalten wir eine *warme Lösung*.

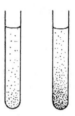

Diese Tätigkeit ist für die Kinder sehr anziehend, erfordert von ihnen jedoch eine gewisse Aufmerksamkeit. Auch vermitteln wir ihnen eine praktische Erkenntnis – zu wissen, daß der kristalline Zucker sich im warmen Wasser auflöst und nicht in kaltem – und erziehen gleichzeitig ihre Geduld.

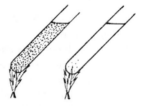

Was unsere Stärke anbelangt, so ist sie noch immer nicht aufgelöst, selbst wenn wir unser Glas schütteln. Sie macht das Wasser undurchsichtig, sie ist in „in der Schwebe".

Eine gefärbte Lösung kann also durchsichtig bleiben, während die Flüssigkeit undurchsichtig wird, wenn sie einen Stoff in der Schwebe enthält. Die zwei präparierten Reagenzgläser zeigen das klar.

Nehmen wir nun eine blaue Lösung von Kupfersulfat und Wasser, und versuchen wir, ob es möglich ist, das Wasser von dieser Substanz zu befreien. Um zu filtern, müssen wir vorher sehen, wie man einen

Filter in einem Trichter zurichtet, wie man das Papier miteinander verbindet und wie man Maß nimmt, um zu verhindern, daß das Papier für den Trichter zu groß sei, da der Filter unter dem Rand des Trichters bleiben muß. Damit unser Experiment eindrucksvoll sei, filtern wir vorher das Wasser, das Stärke enthält. Wir sehen, daß es wieder klar wird. Wir haben so gezeigt, mit welcher Leichtigkeit sich das Wasser von einem Stoff in der Schwebe befreien kann. Widmen wir uns nun dem gleichen Vorgang mit der Kupfersulfatlösung. Wir werden feststellen, daß das Wasser gefärbt bleibt, obwohl wir es gefiltert haben; das bedeutet, daß diese Lösung eine Flüssigkeit darstellt, die selbst eine neue Substanz geworden ist.

Wir haben gesehen, daß man eine Flüssigkeit, die einen Stoff in Schwebe enthält, durch Filtern klar bekommt, daß man dagegen eine Substanz, die sich in Lösung befindet, nicht auf diese Weise entfernen kann. Um sie auszuscheiden, muß man mit der Flüssigkeit eine andere Operation vornehmen: Man muß sie zum Kochen bringen. Wenn wir keinen Destillationsapparat haben, können wir kein reines Wasser wiederherstellen. Aber wir können sehen, was von dem aufgelösten Stoff im Wasser übrigbleibt, wenn wir das Wasser verdunsten lassen. Dieser Vorgang nennt sich „Verkalkung" (Calcination). Und wir denken an das Kalziumkarbonat, das auf dem Meeresboden zurückbleibt, wenn das Wasser verdunstet. Wenn dagegen ein Niederschlag in einem Reagenzglas zurückbleibt, können wir praktisch, wenn nicht sogar vollkommen, die Flüssigkeit vom Niederschlag durch die „Abklärung" (Decantation) trennen. Diese neuen Ausdrücke sind genaue Begriffe, die wir in ein Heft oder auf einzelne Blätter schreiben können, indem wir jeden Begriff kommentieren.

Machen wir darauf aufmerksam, daß wir immer ein Gitter zwischen die Flamme und die Schale schieben, um diese Flüssigkeiten zu kochen, und daß wir sehr darauf achten, nichts verbrennen zu lassen, wenn die Flüssigkeit ganz verdampft ist.

Dieser Versuch zeigt uns, daß das Wasser verschwunden ist, ohne etwas mit sich ziehen zu können. Das Kupfersulfat, das zurückbleibt, ist ein ein fester Stoff, den wir sammeln und wieder in Wasser tun können, um von neuem eine solche blaue Lösung wie die vorherige zu erhalten. So konnten wir den Stoff herausbekommen, der sich anfangs im Wasser befand und ihn wieder in neues Wasser tun.

Das sind sehr einfache Verrichtungen, die aber Zeit in Anspruch nehmen, weil man geduldig abwarten muß, bis sich die Flüssigkeiten niederschlagen, sich auflösen oder verdampfen. Außerdem erfordern sie Ruhe und Aufmerksamkeit. Die seelische Wirkung, die man mit diesen Übungen auf die Kinder in diesem Alter erreicht hat, kann man mit der vergleichen, die bei den viel jüngeren Kindern durch die Leiseübung entstand. Die kleinen Kinder hielten ängstlich alle Bewegungen zurück. Nun müssen die Bewegungen dagegen abgemessen sein und erfordern eine konzentrierte Aufmerksamkeit.

Dann können wir eine andere Übung angeben, die weder an sich kompliziert noch schwer zu verstehen ist; sie erfordert aber Geduld, Sorgfalt und eine ruhige Hand. Sie besteht darin, ein Reagenzglas mit Wasser zu füllen. Wenn das Glas bis zum Rande voll ist, so bemerkt man, wenn man es genau beobachtet, daß die Oberfläche des Wassers konkav ist, weil das Wasser dem Glas an anhängt. Diese Verbindung nennen wir die „Kohäsion"[1]. Es ist nun schwierig, noch etwas Wasser in das schon volle Glas hineinzuschütten. Man sieht dann, daß die Oberfläche des Wassers konvex wird. Dieses Phänomen entsteht durch die starke Kraft der Kohäsion des Wassers selbst. Aus diesem Grunde nimmt das herabfallende Wasser die Form von Tropfen an, d.h. eine sphärische Form. Ein Tropfen ist zugleich konvex und konkav.

Wir können die Kinder auch daran erinnern, wie sich die Stalaktiten und die Stalagmiten bilden. Das sind alles Dinge, die ihre Aufmerksamkeit auf das Wasser lenken.

Bringen wir sie dann dahin, durch Versuch das Prinzip der kommunizierenden Röhren zu entdecken.

Nehmen wir ein Reagenzglas mit einer U-Form, und erklären wir mit seiner Hilfe, wie das Wasser vom Erdboden verschwinden kann, weil es danach trachtet, auf das gleiche Niveau zu gelangen wie ein Wasserspiegel unter der Erde. Viele Quellen verdanken diesem Phänomen ihr Dasein. Auch genügt es, um Wasser auf einem Hügel zur Verfügung zu haben, das sich auf einem anderen Hügel in gleicher Höhe befindet, die beiden Hügel zu verbinden. Wenn die Römer dieses Prinzip gekannt hätten, so hätten sie nicht die ungeheuren Aquädukte gebaut, die unsere Bewunderung erregen. Es hätte ausgereicht, von einem Punkt zum anderen eine Verbindung herzustellen.

Lassen wir außerdem die Kinder feststellen, daß die Oberfläche der Flüssigkeiten eine horizontale Fläche bildet. Um das zu demonstrieren, nehmen wir ein Rohr in der Form eines V. Im schrägen Arm hat die Oberfläche eine Ellipsenform. Im anderen senkrechten Arm ist

---

[1] Verf. meint wohl „Adhäsion" (der Herausgeber).

das Wasser kreisförmig. Das ist der Beweis dafür, daß die Oberfläche von Flüssigkeiten immer eine waagerechte Lage einnimmt. Wenn die Flüssigkeit in absoluter Ruhe ist, genügt das, um damit die waagerechte Richtung festzulegen. Aus all diesen Demonstrationen ergeben sich Prinzipien, die es erlauben, anschließend mathematische Begriffe einzuführen, wenn man mit dem Studium wissenschaftlicher Instrumente beginnt.

Sprechen wir nun von der *chemischen Zusammensetzung* des Wassers. Es ist nötig, daß das Kind etwas von dieser Wissenschaft weiß, die in unseren Tagen eine solche Bedeutung angenommen hat. Zwar kann man ihm weder große Theorien noch die exakte Wissenschaft der Chemie vermitteln; das ist für später; aber in diesem Alter muß es in einfacher Form den Samen erhalten, der später keimen soll. Das Kind braucht einen Eindruck, eine Idee, die vornehmlich das Interesse wachruft. Wenn es sich dieses Interesse erwirbt, wird es später fähig sein, diese Materie zu studieren und schnell zu verstehen. Wenn das Interesse nicht geweckt wird, werden ihm diese Wissenschaften obskur erscheinen, die eine solche Entwicklung durchgemacht und einen so großen Einfluß auf unsere heutige Zivilisation gehabt haben.

Man muß also alles suchen, was dem kindlichen Geiste zugänglich sein kann, um Grundlagen zu schaffen. Das heißt, man muß einige Eindrücke vermitteln, ehe man die Wissenschaft heranbringt. Auch hier müssen wir zunächst auf die Phantasie zurückgreifen, um Eindrücke hervorzurufen und nach und nach zu einigen Begriffen zu kommen. Deswegen müssen wir Symbole suchen, die dem Kinde zugänglich sind, und die einfache Logik hervorrufen, die das Kind zum Urteilen bringt. Nichts kann besser zu seiner Vorstellungskraft sprechen als die Wissenschaft, weil es hier eine Art Magie findet. Die Tatsache, daß ein Stoff, den man einem anderen Stoff hinzufügt, wie es beim Wasser der Fall ist, daraus sozusagen unsichtbar einen dritten Stoff bildet, erweckt tatsächlich den Anschein der Magie. Und der Geist erwacht angesichts der Schöpfung, die sich da vollzieht.

Wir alle, sogar die Fische im Wasser, atmen das leichte und unsichtbare Gas Wasserstoff, das danach trachtet, zu entweichen, und das andere Gas Sauerstoff, das immer ausreichend in der Luft enthalten ist und das wir niemals sehen, von dem wir aber so viel brauchen und von dem die Kinder so viel haben reden hören. Dieser Sauerstoff ist ein wunderbares Gas. An ihm liegt es, daß die Dinge brennen.

Die Luft besteht aus diesem Sauerstoff, der viermal soviel wie ein anderes Gas darin enthalten ist, der Stickstoff, der den Sauerstoff

abschwächt. Ohne den Stickstoff würde der Sauerstoff alles verbrennen. Wir kennen den Stickstoff. Oft hören wir von Stickstoffen reden.
Während des Krieges bediente sich Deutschland des Stickstoffes aus
der Luft, um Sprengstoffe zu erhalten. Es ist erstaunlich, zu bemerken, daß ein Gas, das in der Zusammensetzung der Luft ist, brennt
und daß das andere explodiert. Andererseits ergibt Sauerstoff vereint
mit Wasserstoff das Wasser.

HELGA L. SCHATZ

Aktionsgemeinschaft Deutscher Montessori-Vereine e.V., ADMV, Sitz Köln

Für das Recht aller Kinder auf bessere Bildung **ADMV**

Aktionsgemeinschaft
Deutscher
Montessori-Vereine e.V.

Die Aktionsgemeinschaft Deutscher Montessori Vereine e.V. wurde am 4.2.1971 gegründet.

Ausgangslage

Seit 1952 gab es die Deutsche Montessori-Gesellschaft, DMG, Sitz Frankfurt/Main, als deutsche Landesgruppe der Association Montessori Internationale, AMI, Amsterdam, mit den Sektionen in Berlin und Hamburg, und mit Arbeitskreisen an Orten mit mehreren Montessori-Pädagogen.

Schon 1954 etablierte sich aus dem Umkreis von Helene Helming[1] in Köln eine kath. Arbeitsgemeinschaft mit Mitgliedern aus NRW (Pädagogen aus Essen, Köln, Aachen, Düsseldorf, Oberhausen). Diese Gruppe suchte den Weg zu ganzheitlicher Erziehung aus dem religiösen Ansatz Montessoris heraus zu verwirklichen.

Der Präsident der DMG, Prof. Scheid, pflegte viele internationale Kontakte, u.a. mit Indien, Schwarzafrika, Asien, Nordamerika usw. Möglicherweise aufgrund der so gewonnenen globaleren Sicht sah sich die DMG nicht in der Lage, die Tendenz der kath. Arbeitsgemeinschaft zu unterstützen. Sie verfolgte eher die Richtung, Montessoris Gedankengut auf liberaler Ebene in die Praxis umzusetzen.

---

[1] Helene Helming war noch von Maria Montessori unterwiesen worden und war Gründungsmitglied der Deutschen Montessori-Gesellschaft e.V.

Die weltanschaulichen Unterschiede führten 1961 zur Gründung der „Montessori-Vereinigung für Kath. Erziehung e.V.,
Sitz Aachen". Sie benannte sich mit Satzungsänderung vom
7.11.1968 um in „Montessori-Vereinigung e.V., Sitz Aachen".
Sie erhielt die Zustimmung der AMI mit der Erlaubnis, Lehrgänge durchzuführen. Die von vielen Montessori-Anhängern
als Spaltung empfundene Trennung führte durch die Vermittlung Mario Montessoris und nach einem Treffen am 9.3.62 zwischen Frau Prof. Helming und Herrn Prof. Scheid zur Besin-
nung auf das gemeinsame Ziel und zu gegenseitiger Respektie-
rung und Koexistenz.

Bei diesem Gespräch wurde übrigens erstmalig über eine über-
geordnete deutsche Dachorganisation nachgedacht mit dem
Arbeitstitel „Arbeitsgemeinschaft deutscher Montessori-Vereinigungen (A.G.D.M.)." (M. Günnigmann, 1979, S. 116)

Hat einerseits die Arbeit der Montessori-Vereinigung viele Bedenken gegen den unkonventionellen Erziehungsstil im katholischen Raum abgebaut, darf man nicht außer acht lassen, daß
sich in anderen Sozialstrukturen, wie z.B. im Ruhrgebiet, Vorbehalte verfestigten. Noch heute tut sich die Montessori-Pädagogik dort schwer, Fuß zu fassen.

Beiden Vereinigungen kommt das Verdienst zu, im Nachkriegs-
deutschland unter heute nicht mehr vorstellbaren Bedingungen, Montessoris Pädagogik bekannt gemacht zu haben. Es
konnte eine neue Einstellung – eine Erziehung vom Kinde aus
– deutlich gemacht werden; eine andere Schule, weg vom Lek-
tionsunterricht hin zur Selbstunterrichtung der Kinder in freier
Arbeit. Erst der Abbau von Vorurteilen durch sichtbares Beispiel brachte eine Wiederbelebung der Montessori-Pädagogik
und den Durchbruch.

Sowohl die DMG als auch die Montessori-Vereinigung fanden
den Schwerpunkt ihrer Tätigkeit in Ausbildung und Praxis, Forschung und Lehre.

Inzwischen taten sich neue Perspektiven für die Eltern und Erzieher behinderter Kinder auf: die Integrationspädagogik.

Seit den 60er Jahren entwickelte der Pädiater Prof. Hellbrügge
in München seine Konzepte zur systematischen gemeinsamen

Erziehung von behinderten und nichtbehinderten Kindern auf der Basis der Montessori-Pädagogik. 1970 wurde die erste Grundschulklasse[2] des Münchner Schulversuchs gestartet und erfreute sich starker Beachtung im In- und Ausland.

Mehr Öffentlichkeit, zunehmende Akzeptanz, aber vor allem die Mundpropaganda einer zufriedenen Elternschaft trugen zur Verbreitung der Ideen Montessoris in der Praxis bei und halfen, Vorurteile zu verringern.

Zur Unterstützung einer stetig wachsenden Anzahl von Einrichtungen, für ihren weiteren Ausbau, für die Fortführung ihrer Erziehungsvorstellungen in weiterführenden Institutionen oder aus dem Wunsch nach einer intregrativen Betreuung, engagierten sich Eltern und Pädagogen gemeinsam und gründeten mehr und mehr Arbeitskreise, Träger- oder Fördervereine. Ohne diese in jeder Hinsicht *unabhängige* Elternschaft gäbe es viele Kinderhäuser, Schulen und Schulzweige nicht. Manche Montessori-Schule wäre aus Unverständnis willkürlichen, politischen oder verwaltungstechnischen Entscheidungen zum Opfer gefallen.

Die ehrenamtlichen Vorstände dieser Montessori-Vereine sahen sich zunehmend Aufgaben gegenüber, zu denen ihnen Kenntnisse oder Informationen fehlten, wie Einblicke in bildungs- und schulpolitische Zusammenhänge, juristische und verwaltungsjuristische Vorgänge und Wege, Kenntnisse zur Verwaltung von Personal und Budgets, Gewinnung von Ressourcen und Ermittlung der gesetzlich garantierten Finanzierungsmittel. Sie stellten fest, daß es an Kontakten untereinander fehlte, daß jeder Verein isoliert für sich die Aufgaben anging, daß viele Initiativen unkoordiniert mehrfach begonnen wurden, wo man die Kräfte hätte bündeln müssen. Es gab so gut wie keine Kommunikation zwischen den Vereinen. Professionelle Hilfe und der Austausch von Erfahrungen mit Behörden wurden dringend nötig.

Zwischen den Ausbildern und den praktizierenden Pädagogen bestanden enge und vielfältige Beziehungen (z. B. bei der

---

[2] Sie galt als Montessori-Modellsonderschule.

Montessori-Vereinigung über die Dozentenkonferenz[3]). Über Schulorganisatorisches tauschten sich die Kollegen aus. Ihre pädagogischen, methodischen und didaktischen Belange konnten aufgegriffen werden, die o. a. Anliegen der Eltern-Vereine nicht. Die Ausbilder waren keine adäquaten Ansprechpartner.

Der Montessori-Kreis Düsseldorf e. V. knüpfte erste Kontakte zu benachbarten Vereinen, und der Vorsitzende der Montessori-Vereinigung half, indem er im Frühjahr 1970 zu einem Sondierungsgespräch einlud. Die Schilderung der Gründungsphase durch den jahrelagen stv. Vorsitzenden der ADMV, Gerh. Nitschke, gibt einen Einblick darin, welche Bedenken und Widerstände zu überwinden waren und welche Schwierigkeiten sich für die Zukunft eines Dachverbandes abzeichneten:

„[…] es dauerte ein ganzes Jahr, bis endlich die Geburtsstunde des neuen Vereins schlug. In mehreren dazwischen stattfindenden Sitzungen in Bonn, Köln und Düsseldorf wurde intensiv um das grundsätzliche Konzept und die Einzelheiten der Satzung gerungen. Im besonderen ging es darum, die anfängliche, im ersten Satzungsentwurf enthaltene Intention, daß die Montessori-Vereinigung e. V., Sitz Aachen, in der Neugründung eine dominierende Position haben sollte, grundsätzlich zu verändern. Das führte zwar mit einigen von deren führenden Mitgliedern zu harten Auseinandersetzungen, letztlich jedoch zur heilsamen Einigung. Ziel sollte es nach Meinung der Mehrheit der Gründervereine sein, der 'Aktionsgemeinschaft' von Anfang an einen Status zu geben, der bestehende Hegemonien überwand und die Chance bot, daß sich jede Montessori-Initiative in Deutschland, die sich den satzungsbedingten Forderungen unterwarf, gleichberechtigt mit ihrer Arbeit einbringen konnte. Denn nur eine solche weitgehend offene Struktur bot auch die Möglichkeit, beide großen Verbände in die Arbeit einzubeziehen und auf Dauer bestehende Divergenzen auszugleichen." (G. Nitschke, in: Holtstiege et al. 1997, S. 10)

Zur 1. Düsseldorfer Montessori-Woche, 11.–17.10.1970, trafen sich anläßlich der Feier zum 100jährigen Geburtstag Maria

---

[3] S. Beitrag zur Montessori-Vereinigung e. V., Sitz Aachen.

Montessoris zahlreiche Vertreter der Montessori-Gemeinde, was zur Klärung der anstehenden Fragen beitrug. Mario und Ada Montessori (Maria Montessoris Sohn und Schwiegertochter) waren ebenfalls Gäste. Das Konzept der Aktionsgemeinschaft wurde mit ihnen erörtert und von ihnen gutgeheißen.

Der Verein
– Gründung, Rahmenbedingungen und Ziele –

Als es schließlich am 4.2.1971 zur Gründungsversammlung kam, vereinte sie sechs örtliche Vereine (Montessori-Arbeitskreis Hessen e. V., Bonner Montessori-Arbeitskreis e. V., Elternverein Kölner Montessori-Schulen e. V., Montessori-Kreis Bocholt e. V, Montessori-Kreis Düsseldorf e. V., Arbeitskreis für Montessori-Pädagogik Göttingen e. V.) und einen überregionalen: die Montessori-Vereinigung, e. V., Sitz Aachen. Damit war klar, wer Interesse an einer übergeordneten Institution hatte. Man einigte sich auf den Namen:

Aktionsgemeinschaft Deutscher Montessori-Vereine e. V., ADMV
– Für das Recht aller Kinder auf bessere Bildung –
mit Sitz in Köln.

Des weiteren legte die Satzung fest:

„*Mitglied des Vereins* kann sein:

a) jede rechtsfähige örtliche oder regionale Vereinigung von Eltern, Pädagogen und sonstigen Interessierten, die die Förderung und Verbreitung der Montessori-Pädagogik anstrebt,

b) jede rechtsfähige Vereinigung von Montessori-Pädagogen, sofern diese Vereinigungen bereit sind, den Verein und seine Aufgaben gem. § 2 nach Kräften zu fördern." (Satzung, § 3)

(Anmerkung: Die Entwicklung gab dem Sinn dieser Bestimmung Recht. Noch vor Ende des Jahres 1971 beantragte die DMG mit ihren Sektionen den Beitritt zur ADMV und wurde aufgenommen).

Der Vorstand wird von der Mitgliederversammlung für die Dauer von zwei Jahren gewählt und besteht aus vier Personen. „Die Vorstands-Mitglieder müssen einer Mitglieds-Vereinigung des Vereins angehören. Dem Vorstand des Vereins müssen jeweils zwei Angehörige von Mitgliedsvereinigungen der Gruppen a) und b) gemäß § 3 angehören. Der Vorstand besteht aus dem Vorsitzenden, seinem Stellvertreter, dem Kassierer und dem Schriftführer." (ADMV 1971)

Der gewählte Vorstand erfüllte diese Bedingung. Seine Mitglieder waren:

Dr. Hans Pabst, Erkelenz, *OStdir.*, Vorsitzender,
Gerhard Nitschke, Düsseldorf, *Dipl.Ing.*, Stv. Vorsitzender,
Christa Cochius, Obererlenbach, *Lehrerin*, Schriftführerin,
Albert Büscher, Köln, *Kassierer.*

Diese Parität wurde bis zum Jahre 2000 streng beibehalten. Jetzt haben einige Vorstandsmitglieder die Doppelfunktion, sowohl Pädagogen als auch Eltern zu sein.
Der Vorstand arbeitet *ehrenamtlich.*

Der Verein verfolgt ausschließlich und unmittelbar *gemeinnützige Zwecke.* Er ist selbstlos tätig. Die „Mittel dürfen nur für die satzungsmäßigen Zwecke verwendet werden" und „keine Person darf durch Verwaltungsausgaben, die den Zwecken des Vereins fremd sind, oder durch unverhältnismäßig hohe Vergütungen begünstigt werden." (Satzung § 2)

Diese Bestimmungen und der in § 2 festgelegte Vereinszweck s. u. gelten unverändert bis heute:

„Der Verein will das Recht des Kindes auf kontinuierliche und bessere Bildung verwirklichen. [...] insbesondere

a) die Öffentlichkeit über die Möglichkeiten einer basalen Bildungsförderung nach den Prinzipien der Montessori-Pädagogik informieren;

b) die Spezialausbildung von Erziehern entsprechend den Grundsätzen der Association Montessori Internationale fördern;

c) bei der praktischen und theoretischen Entfaltung der von Montessori entworfenen Bildungsprinzipien helfen;

d) die Gründung und Erhaltung von Forschungs- und Ausbildungsstätten, Kindergärten und Schulen unterstützen,
welche die Bildungsförderung in Sinne der Montessori-
Pädagogik verfolgen." (Satzung 1971)

Alle gesetzten Aufgaben und späteren Aktivitäten der ADMV
standen und stehen unter dieser Prämisse.

Aufgaben

Schon bei der Sitzung am Gründungstage wurde der Vorstand
mit dringenden Problemen konfrontiert. Deren Auflistung läßt
etwas von der Vielfalt und Qualität der anstehenden Obliegenheiten ahnen, wie sie auch heute dem Verein angetragen
werden:

„– Sicherung des Einsatzes von Montessori-Lehrkräften an ihrem Arbeitsplatz und deren Schutz vor willkürlichen Ver-
setzungen.

– Der Schutz von Montessori-Einrichtungen vor Schließung,
falls sie nicht zweizügig sind.

– Die Herausgabe eines Informationsblattes und die Errichtung einer Kartei von Montessori-Pädagogen.

– Die Einrichtung einer Geschäftsstelle in Köln.

– Die Zulassung von Hilfskräften mit Montessori-Diplom
aus dem Kreis der Eltern in Kinderhäusern.

– Die Koordination der Montessori-Lehrgänge." (G. Nitschke, in: Holtstiege et al. 1997, S. 12)

Dazu kamen die Regularien einer Vereinsgründung, die Publi-
zierung letzterer, das Gewinnen von Mitgliedern und eine
gründliche Bestandsaufnahme möglichst aller stattfindenden
Montessori-Aktivitäten in der Bundesrepublik.

Die 1. Tagung der ADMV am 9.6.1972 in Düsseldorf widmete
sich der Erstellung eines Arbeitsprogramms und der Bildung
von Arbeitsausschüssen, um durch Verteilung der Aufgaben
effektiv zu Ergebnissen zu kommen.

„1. Politische Arbeitsaufgaben

   a) Gegenseitige Information über alle Vorgänge und Ent-
       wicklungen im öffentlichen Schulwesen und privatem
       Bildungsbereich.
   b) Verdeutlichung der Ziele für die Öffentlichkeit.
   c) Jedwedem Einheitsstreben in unserer pluralistischen
       Gesellschaft entgegentreten.
   d) Lokale Probleme von Schulen erfassen.

   e) Montessori-Schulsituation auf Landesebene absi-
       chern.
   f) Juristische Wege zur Durchsetzung der Ziele suchen.

2. Pädagogische Arbeitsaufgaben

   a) Vorhandene Erfahrungs- und Arbeitsberichte sam-
       meln.
   b) Weiterentwickeltes Material katalogisieren und
   c) Katalog erstellen zur Verwendung für alle Mitglieder.
   d) Herausgabe einer Zeitschrift (zunächst Merkblatt-
       form) als Basis für Diskussionsbeiträge, Erfahrungs-
       austausch etc., Stellenvermittlung, Bekanntgabe von
       M.-Schulen und -Kinderhäusern.

3. Organisatorische Arbeitsaufgaben

   a) Karteianlage über alle M.-Vereine, M.-Einrichtungen,
       M.-Pädagogen, auch z. Z. nicht tätige dipl. M.-Kräfte,
       Seminarteilnehmer, Seminare, Kurse.
   b) Verlage und Redaktionen vorhandener Informations-
       oder Mitteilungsblätter der Vereine sammeln.
   c) Sammlung aller interessierten Öffentlichkeitsstellen
       von Presse, Funk, Fernsehen.
   d) Sammlung / Zusammenstellung aller Dia- und Film-
       streifen.

4. Wissenschaftliche Arbeitsaufgaben

   a) Forschungsbereich festlegen.
   b) Finanzielle Unterstützung aus öffentlichen Mitteln
       oder privaten Stiftungen erreichen.

c) Mitarbeiter und Experten aus dem öffentlichen Bereich gewinnen.

d) Erstellung von Analysen / Vergleichen (Bildungspläne, Gesamtschulkonzeption).

e) Erstellung eigener Bildungspläne (Kinderhaus, Primar-, Sekundarstufe).

f) Repräsentativumfragen über die Weiterentwicklung von Abgängern aus Montessori-Einrichtungen bis hin zur Berufswahl, bei Verbleiben in der M.-Umgebung oder bei Wechsel, Förderung behinderter Kinder, Elternmeinungen." (ADMV, 1972, S. 1)

1973 konnten erste Ergebnisse vorgestellt werden. Eine Fragebogenaktion ergab einen Überblick über Art und Orte von Montessori-Einrichtungen (s. Tabelle 1), Lehrgangsaktivitäten wurden erfaßt und ab 2/73 erschien in unregelmäßigen Abständen ein Informationsdienst. Montessori-Arbeit wurde transparenter.

Im Großen und Ganzen bilden die damals deklarierten Arbeitsfelder auch heute noch die Grundlage für das Handeln der ADMV. Manches überholte die Praxis, einiges mußte durch politische und gesellschaftliche Umwälzungen geändert oder modifiziert werden. Der Impetus ist geblieben.

ADMV heute
(Stand 1.10.2000)

Die Aktionsgemeinschaft ist heute ein Zusammenschluß von 75 Vereinen, örtlichen wie regionalen, den autorisierten Ausbildern, einschließlich 8 Landesverbänden[4].

Der Vorstand tagt regelmäßig 4–5mal jährlich. Seit 20 Jahren wird ehrenamtlich eine Geschäftsstelle unterhalten (de facto Schriftführerin = Geschäftsführerin).

---

[4] Nicht jedes Bundesland hat einen Montessori-Landesverband.

Die ADMV verfolgt ihre Ziele

durch Öffentlichkeitsarbeit:

– als Informationszentrum für Interessierte, Studenten, Hochschulen, Presse und Medien;

– durch Erstellung und Pflege von Karteien über Vereine, Einrichtungen, Referenten und ausländische Dachorganisatio-
  nen;

– durch Abgabe von Listen zur Literatur, zum Materialerwerb,
  über Film- und Videomaterial (Ausleihe);

– durch Herausgabe einer Schriftenreihe[5] und des Anschrif-
  tenverzeichnisses derzeit bekannter Einrichtungen und dem
  Vertrieb der Hefte;

– durch Päd. Tagungen[6];

– durch Benutzung eines Logos (s.o.);

– als Koordinationsstelle für überregionale Anfragen und für
  gemeinsame Stellungnahmen;

durch Arbeitsschwerpunkte:

– wie dem Nachweis von Lehrgängen zum Erwerb des Montessori-Diploms (überregional) und der Vermittlung zu regionalen Info-Veranstaltungen;

– wie die Einrichtung von Arbeitskreisen für besondere päd.
  Anliegen, z.B. Integration, Sekundarstufe;

– wie die Initiierung und Koordinierung einer jetzt jährlich ta-
  genden Standardkommission, die Montessori-Ausbildung
  und den Qualitätsanspruch an Montessori-Einrichtungen
  (Kinderhaus und Schule) vergleichbar machen soll;

– wie die Zusammenarbeit mit den Landesverbänden[7];

– wie Innovationen: Beratung und Unterstützung bei der Neugründung von Vereinen und Einrichtungen, durch Vermitt-

---

[5] Eine aktuelle Angebotsliste kann über die Gesch.-Stelle angefordert wer-
     den.

[6] Die Tagungen finden im jährlichen Rhythmus in der ganzen Bundesrepu-
     blik statt zu Themen aus der Montessori-Pädagogik oder zur Bildungspo-
     litik.

[7] Die Landesverbände haben lt. Satzung § 10 durch den im Länderrat ge-
     wählten Sprecher Sitz und Stimme im Vorstand der ADMV.

lung von Kontakten, Referenten und wenn möglich Pädagogen, Bereitstellung von Info-Material und Medien;

– wie Hilfe zum Erhalt von Montessori-Ausbildungs- und -Forschungsstätten und für von der Schließung oder Arbeitseinschränkung bedrohten Einrichtungen durch Eingaben, Koordinierung von Aktionen, Presse-Information.

Die deutsche Wiedervereinigung und die Öffnung des Ostblocks stellten neue Anforderungen an die Aktionsgemeinschaft. Ein immenses Informationsbedürfnis war zu befriedigen. Info-Veranstaltungen hatten zur Folge, daß Hilfen zu Organisationsstrukturen und zur Ausbildung nötig wurden.

Es fehlte besonders an Grundsatzliteratur und an Material. Den neuen Bundesländern konnte auf viele Weise geholfen werden, den Ländern Osteuropas nicht genug. Dennoch kam es u. a. in Zusammenarbeit mit der Bez.-Regierung Düsseldorf zur Unterstützung des Aufbaus eines Montessori-Zentrums in Belgorod, Russland. Die ADMV übernahm die Lizenzgebühr für die Übersetzung des Buches „Grundgedanken der Montessori-Pädagogik" (Oswald / Schulz) ins Russische. 1990 wurde schon die Übersetzung von ADMV-Schriften ins Slowakische und Tschechische beschlossen, weitere Übersetzungen ins Französische, Lettische und Russische folgten.

Vertreter aus den neu gegründeten nationalen Montessori-Vereinen, Ausbildungsstätten und auch Kindergärten oder Schulen drängten nach Austausch mit dem Westen. Diese Entwicklung und die in der Europäischen Union läßt für die Zukunft unbedingt eine Annäherung im Bildungswesen erwarten. Den Anforderungen eines zusammenwachsenden Europas wird sich in Zukunft auch die Montessori-Pädagogik stellen müssen.

Diese Überlegungen führten dazu, daß die ADMV im Milleniumsjahr im Rahmen des 75jährigen Jubiläums Aachener Montessori-Arbeit europaweit zu einem Treffen in die Stadt des Karls-Preises einlud.

Das Leitthema dieser Pädagogischen Tagung vom 1.–3.9.2000 lautete „Die Europäische Dimension der Montessori-Pädagogik – Schritte zu einer gemeinsamen Arbeit".

Das Ende der Veranstaltung mit Teilnehmern aus sieben europäischen Ländern (3 aus Osteuropa) gipfelte in der Gründung eines *„Europäischen Forums für Montessori-Pädagogik"*, an der sich ca. 40 Teilnehmer beteiligten. Vier Sprecher wurden gewählt aus Polen, Österreich und Deutschland.

„Das *Forum* sieht seine Aufgabe in der Vernetzung aller in der Montessori-Pädagogik engagierten Initiativen in Europa, und zwar sowohl im Hinblick auf die Abstimmung der Methoden und Kriterien der Montessori-Arbeit in den Einrichtungen und in der Ausbildung der Pädagogen, als auch besonders auf die Koordinierung und Vertretung gemeinsamer bildungspolitischer Anliegen im zusammenwachsenden Europa[8]."

Bis zum nächsten Treffen im September 2001 in Budapest sollen Arbeitsgruppen Vorschläge zur Erweiterung des Forums, seiner Struktur, zum Arbeitsprogramm und zu bildungspolitischen Grundpositionen vorlegen.

Unerledigte Aufgaben – Zukünftige Ziele

Einige seit Jahren anstehende Aufgaben konnten nicht angegangen, andere nicht befriedigend zu Ende gebracht werden.

Eine *Materialsammlung* wurde als Fragebogenaktion begonnen, als unergiebig abgebrochen. – Es sollte in Kinderhaus und Schule entwickeltes Material, das nicht zum klassischen Montessori-Material zählt, aber es ergänzt oder für sonderpäd. Zwecke verändert wurde, auf seine Brauchbarkeit getestet, an Montessoris Materialkriterien gemessen, gesammelt und katalogisiert werden. Eine Liste sollte interessierten Pädagogen als Quellennachweis dienen[9].

Ein zweiter Versuch stützte sich auf Besuche in Einrichtungen. Das erwies sich für die ADMV als zu kostspielig und mußte nach einem Jahr ebenfalls eingestellt werden. Da es inzwischen auch kommerzielle Auswertungen gibt, müßte überlegt werden, ob und in welcher Form diese Bemühung weiter verfolgt werden sollte.

---

[8] Aus der Pressemitteilung der ADMV vom 4.9.2000.

[9] Bezugsquellennachweise für klassisches Montessori-Material ist über die Gesch.-Stelle zu erhalten.

Der *Informationsdienst* ist unregelmäßig bis 1986 erschienen. Die Mehrkosten für die laufenden Portoverteuerungen waren seinerzeit ein Grund, den Versand einzustellen.

Die ADMV versucht einen neuen Weg über die Nutzung der neuen Medien. Sie verfügt über eine Internet-Adresse und hat ihrer web-site Links zu anderen Montessori-Verbänden eingeräumt. Weitere sollen folgen. Nach Fertigstellung der „Baustelle" sollen Informationen zu Maria Montessori, zu ihrer Pädagogik, zu Neuentwicklungen, Lehrgängen, Veranstaltungen, Literatur und Broschüren, Videos und Filmen, zu Jobs, Materialerwerb und möglicherweise auch Einrichtungsnachweise abrufbar sein.

Eine umfangreiche Vernetzung dient nicht nur der Information und dem allgemeinen Austausch, sondern kann im Bedarfsfall helfen, schnell zu reagieren, Absprachen und deren Durchführung effizient zu koordinieren. Es sollte auch darüber nachgedacht werden, was in den Periodika von DMG und Montessori-Vereinigung zu veröffentlichen wäre und was besser ins Internet gestellt werden sollte. Ein weiterer Schritt wäre die Erwägung des Zusammenlegens beider Zeitschriften usw. So erhielte man evt. Mittel für Modellvorhaben oder eine gemeinsame Geschäftsstelle.

Zu den *Zukunftsaufgaben* zählen einmal die o. a. noch zu einem Abschluß zu führenden Aufgaben, zum andern neben theoretischen Arbeitsfeldern wie Integration, Sekundarstufe und Hochbegabtenförderung unbedingt auch die Fortführung der Standardkommission und des Europäischen Forums, Foundraising und ein juristisches Netz für den Bestandsschutz des bisher Erreichten, soweit es sich nicht um Ländersache handelt und damit von den Landesverbänden zu beobachten wäre.

Wie man sieht, scheitern wichtige Vorhaben, die der Gesamtheit der Montessori-Interessierten zugute kämen, an der Finanzausstattung der ADMV. Zwar sind ein Teil der an die ADMV gerichteten wissenschaftlichen Aufträge in die Verantwortung der Hochschulen genommen worden, das kann aber nicht darüber hinwegtäuschen, daß es sinnvoll wäre, wenn die großen Vereine ihre Ressourcen bündeln würden, damit die

Zukunftsaufgaben schneller und gründlicher angegangen werden könnten. Zusätzliche Mittel über die bisherigen Möglichkeiten hinaus werden schwerlich zu bekommen sein [10].

Die institutionelle Verbreitung der Montessori-Pädagogik

Eine immmer wiederkehrende Fehleinschätzung ist es, Montessori-Einrichtungen seien überwiegend *privat*. Ein straff or-
ganisiertes System mit einer Dachorganisation betreue Kinderhäuser, Schulen und Ausbildungsstätten (ähnlich Waldorf), übe
über die Gesamtheit eine Aufsicht aus, berate in juristischen
Fragen und solchen der Verwaltung und sei in der Lage, neue
Bildungsstätten zu initiieren oder auch finanziell und personell
zu stützen.

Das ist nicht so!

Kommunen, Kirchengemeinden, kirchliche oder private
Schulwerke, Privatpersonen, Elterninitiativen, Vereine, Ge-
sellschaften unterschiedlicher Rechtsformen, Reha-Zentren,
alle können Träger von Montessori-Einrichtungen sein und
sind es. Es ist kaum möglich, auf solche Körperschaften unmittelbar Einfluß hinsichtlich qualitativer Standards oder Einstel-
lungsentscheidungen auszuüben. Es liegt in der Verantwortung
von Vereinen und Ausbildern, durch eine gründliche Ausbildung, durch die Wachsamkeit der Eltern und durch freiwillige
Solidarität gegenüber dem Kind und der Idee für Kontinuität in
der Arbeit zu sorgen.

Ihrer Intention als ganzheitliches Erziehungsmodell entspricht, daß sich die Montessori-Pädagogik über alle Bildungs-
bereiche erstreckt: Elternkreise, Spielgruppen, Krippen, Kindergärten jeder Ausprägung (das Kinderhaus entspricht

---

[10] Die Finanzierung der ADMV speist sich aus Mitgliedsbeiträgen, dem
Verkauf der Broschüren und Adressenlisten. Die Gebühren für Tagungen
reichten bisher zur Kostendeckung, weil die Referenten ihre Beiträge ko-
stenlos zur Vefügung stellten. Erfahrungsgemäß kann eine überwiegend
administrativ arbeitende Organisation wie die ADMV nicht mit größeren
Spenden oder Stiftungsgeldern rechnen.

verwaltungsrechtlich dem Kindergarten), Horte, Schulen und Schulen der Sekundarstufe. Zu allen Systemen existieren differenzierte Integrationsangebote. Sonderschulen, heilpädagogische Institute und Praxen greifen auf die Anregungen der Montessori-Pädagogik zurück. Die Hochschulen nehmen zunehmend von der Strömung Notiz.

Weil die Montessori-Pädagogik keine Weltanschauung, sondern ein Erziehungsstil ist, genießt sie auch nicht die gründungsrechtlichen Vorteile und Finanzierungshilfen, die z. B. verfassungsrechtlich weltanschaulich geprägten Schulen gewährt werden. Im Vorschulbereich sind Elterninitiativen (der eingetragene Verein als privater Träger) nicht mehr wegzudenken.

Aufgrund der Kulturhoheit der Länder ist die Behandlung von Privatschulen sehr unterschiedlich. In den meisten Bundesländern ist die Gründung freier Schulen außerordentlich schwer, wenn nicht, wegen der finanziellen Belastung durch Vor- oder Eigenfinanzierung der Personal- und Betriebskosten, nahezu unmöglich. Deshalb gibt es fast überall auch kommunale Schulen, die im Rahmen der Methodenfreiheit nach Montessori arbeiten. Das bedeutet, es gelten die Richtlinien und Einstellungskriterien der Länder, und es bedeutet für die Elternschaft, die Schule finanziell mit Montessori-Material zu unterstützen und sich bei Behörden einzusetzen, damit Lehrer mit Montessori-Diplom zugewiesen werden. Für die Vereine bedeutet es auch, daß die mehr als üblich belasteten Eltern (Schulgeld und/oder Material), entgegen ihrer Einsicht in die Notwendigkeit einer Mitgliedschaft, damit zögern, zumal in öffentlichen Schulen in der Regel Werbung untersagt ist.

In Bayern sind z. Z. alle Montessori-Schulen „*privat*", weil der Freistaat im Vergleich zu anderen Bundesländern relativ günstig Personal- und Betriebskosten erstattet. Es hat sich bisher *keine* bayrische kommunale Schule der Montessori-Pädagogik geöffnet.

Trotz aller Widrigkeiten sehen viele Erziehungsberechtigte in der Montessori-Pädagogik die Möglichkeiten, die sie sich für ihr Kind erhoffen. Die Entwicklung zeigt es.

Ein Blick auf die Statistik

Die früheren und jetzigen Erhebungen zu Art und Verbreitung
der Montessori-Einrichtungen in Deutschland sind nicht vergleichbar. Die Erhebungskriterien waren abweichend. Dennoch wird die Wachstumsrate deutlich.

Tab. 1

	Verein	KH.	GS.	HS.	Gymn.	Realsch.	Ges.Sch.	Sondersch.	Sonstige
1973	16	55	25	–	–	–	–	–	–
1977	26	87	25	3	4	–	1	–	–
1987	68	169	56	8	1	–	1	8	–
1992	150	278	128	....	...... 33....			11	–
2000	280	477	242	41	16		6	9	22	32

Quelle: ADMV-Erhebungen. Veröffentlicht: 1973 in ID von 3/73, 1977,
1987, 1992 H.L.Schatz 1992, S. 172–173 in H. Helming, 1992, 2000 –
ADMV-Erhebung 1998–2000.
[KH = Kinderhaus, GS = Grundschule, HS = Hauptschule, Gym. = Gym-
nasium, Realsch. = Realschule, Ges.Sch. = Gesamtschule, Sondersch. =
Sonderschule]

Der folgende Überblick gibt Auskunft zur Verteilung über die
Bundesländer. (Siehe Tabelle 2 nächste Seite)

Tab. 2 Verbreitung der Montessori-Institutionen in Deutschland
Stand: 1.10.2000

Bundesländer	Vereine	Vorschule	Grundschule	Haupt-schule	Sonder-schule	Gym-nasium	Real-schule	Gesamt-schule	Sonstige
Berlin *	2	22 () 8	27 (2) 3		4 () 0				1
Schl.-Holstein	6	14 (6) 4 (1	5 (2)					1 (1)	
Hamburg	1	11 (5) 2	2 (2)		2 () 1				
Bremen	1	4 () 3	1 ()						
Niedersachsen	10	12 (2) 7	11 (2) 1	1 ()	2 () 0				
NRW	54	154 (43) 38 (1	60 (13) 2	8 ()	3 () 0	12 () 2	2 () 1	6 (2) 2	5
Hessen	17	38 (8) 16	9 (2) 7	1 ()	1 () 0	1 () 0			2
Rhld.-Pfalz	5	18 (5) 2	6 (4) 2	1 ()					2
Saarland	1	5 (1)	1 ()						1
Baden-Württ.	33	39 (12) 23 (1	29 (4) 6	3 () 3	6 () 0	1 () 1	3 () 3		5
Bayern	105	102 (22) 51	46 (2) 46	25 (3) 25	4 () 0				11
Meckl.-Vorp.	7	13 (8) 5	7 (2) 4	1 ()				1 () 1	
Brandenburg *	15	11 () 3	19 (5) 8	1 ()					
Sa.-Anhalt	2	3 (1) (1	4 (3) 4			1 () 0		1 (1)	
Thüringen	4	9 (4) 1	6 (4) 5						3
Sachsen	17	22 (15) 4 (1	9 (5) 7			1 () 0	1 (1)		2
Insgesamt	280	477 (132) 172 (5	242 (58) 92	41 (3) 28	22 () 1	16 () 3	6 (1) 4	9 (4) 3	32

Quelle: ADMV, Zusammenstellung H.L. Schatz

Zum Verständnis der Tabelle 2 ist zu beachten:

Unter *Verein* befinden sich nur eingetragene Vereine.

Unter *Vorschule* sind neben Kinderhäusern und Horten[11] auch
Vorschuleinrichtungen aufgeführt, in denen mehrere oder einzelne Gruppen nach Montessori arbeiten.

Unter *Schulen* sind auch Schulzweige oder Montessori-Klassen
einer Schule erfaßt.

Sonstige können sein: private päd. Praxen, Arbeitskreise, di-
verse Freizeitangebote für Kinder und Jugendliche, Montesso-
ri-Studios in Hochschulen, Gruppen in Rehabilitations-Ein-
richtungen usw.

Die Klassifizierung für Berlin und Brandenburg konnte nicht
spezifiziert werden, weil Angaben fehlten. Dort gibt es die
6jährige Grundschule.

Die Montessori-Privatschulen Bayerns setzen sich oft unmittelbar nach der Grundschule in den Hauptschulklassen fort. Bisher war keine gymnasiale Sek.-Stufe in Bayern durchzusetzen.

Die Reihenfolge der Länder ist nicht willkürlich; so kann an
der Grafik leichter ein etwaiges Ost-West- oder Nord-Süd-Ge-
fälle abgelesen werden.

In den Spalten bedeuten die senkrechten Reihen:

1. Reihe – Gesamtzahl,
2. Reihe – ( ) arbeiten integrativ,
3. Reihe – haben priv. Träger,
4. Reihe – Sonderkindergärten.

Es ist bemerkenswert, daß der Nordwest-Vorsprung allmählich
zurückgeht, und daß die Bundesländer Mitteldeutschlands im
Vergleich zu den Altbundesländern, berücksichtigt man Fläche
und Bevölkerungsdichte, gut aufgeholt haben.

---

[11] Horte, weil sie meistens Kindergärten angegliedert sind und wie diese
der Aufsicht der Jugendämter unterstehen.

Die ADMV ist zu erreichen unter:

Aktionsgemeinschaft Deutscher Montessori-Vereine e. V., ADMV

Bundesgeschäftsstelle

Friedenstr. 1

59872 MESCHEDE

Tel. 0291-2000712, Fax 0291-2000713

www.montessori-deutschland.de

Literatur

Günnigmann, Manfred: Montessori-Pädagogik in Deutschland. Freiburg 1979.

Helming, Helene: Montessori-Pädagogik. Freiburg, 16. Auflage 1992.

Holtstiege, Hildegard / Meisterjahn-Knebel, Gudula / Nitschke, Gerhard / Pabst, Hans: 25 Jahre ADMV – Eine Dokumentation –, ADMV, Bonn 1997.

Schatz, Helga L.: Neue Entwicklungen. In Helene Helming: Montessori-Pädagogik. Freiburg, 16. Auflage 1992, S. 171–186.

Quellen

Satzung der ADMV, 1. Fassung vom 4.2.1991
    3. Fassung vom 19.9.1997.

Protokoll der ADMV vom 10.7.72 über die 1. Tagung der Aktionsgemeinschaft Deutscher Montessori-Vereine e. V. am 9.6.1972.

Protokolle und Geschäftsberichte der ADMV aus den Jahren 1978–2000.

RAYMUND DERNBACH

Montessori-Vereinigung e. V. – Sitz Aachen

Der erste Anstoß zur Gründung der Montessori-Vereinigung erfolgte beim Internationalen Montessori-Kurs 1954 in Frankfurt a. M. Es war der erste Kurs seit 1933 in Deutschland und stand unter der Leitung von Mario Montessori. Eine Gruppe meist ehemaliger Schüler von Helene Helming beschloß, eine katholische Arbeitsgemeinschaft für Montessori-Pädagogik einzurichten. Die Leitung übernahm Helene Helming.

Zunächst fand diese Gruppe ihren Platz in der kurz zuvor wiedergegründeten Deutschen Montessori-Gesellschaft. 1955 führte die Arbeitsgemeinschaft eine sehr fruchtbare Veranstaltung über „Montessoris Beitrag zur religiösen Erziehung" durch. Die Ergebnisse wurden in einem Sonderheft der Zeitschrift „Kinderheim" veröffentlicht.

1961 verselbständigte sich der Arbeitskreis und wurde unter dem Namen „Montessori-Vereinigung für katholische Erziehung" ins Vereinsregister eingetragen. Erste Vorsitzende war Helene Helming. Bald darauf wurde die Vereinigung Mitglied der Association Montessori Internationale (AMI). Mario Montessori befürwortete von Anfang an die Gründung einer katholischen Montessori-Vereinigung, weil dies ganz dem Sinne seiner Mutter entsprochen hätte. 1962 erteilte Mario Montessori dem neuen Verein die Erlaubnis, Montessori-Kurse durchzuführen. Darüber wurde ein Vertrag geschlossen.

Anläßlich der Gründung der Vereinigung schreibt Helene Helming in einem Rundschreiben: „Die nunmehr erfolgte Gründung einer selbständigen Vereinigung kommt dem Wunsch nach, im katholischen Raum mehr Vertrauen zur Pädagogik Montessoris zu gewinnen, die von ihr neu gesehen und mit unserer Epoche in enger Verbindung stehenden pädagogischen Prinzipien allgemein menschlicher Art von katholischer Sicht aus voller zu sehen und zu vertreten und ihre Anregungen für eine religiöse, besonders liturgische Erziehung des Kindes zu verwirklichen." (Helming 1962)

Seit der Gründung einer katholischen Montessori-Organisation unterstützt das Bistum Aachen unsere Vereinigung. Viele Kindergärten in kirchlicher Trägerschaft übernahmen die Montessori-Pädagogik, und einige Fachschulen in gleicher Trägerschaft boten ihren Schülern eine Montessori-Ausbildung an. Zuletzt wurde 1977 in NRW in Krefeld eine Bischöfliche Maria-Montessori-Gesamtschule eingerichtet. Dort kann man nun vom Kinderhaus bis zum Abitur von der Montessori-Pädagogik begleitet werden.

Mehrfach fiel schon der Name Helene Helming. Sie war die führende Persönlichkeit der Vereinigung und bestimmte ihren Geist. Geprägt war sie von den großen geistigen Strömungen zu Beginn des 20. Jh.: Jugendbewegung, Frauenbewegung und liturgische Bewegung. Sie spielte eine wichtige Rolle in den führenden Kreisen. Mit Romano Guardini verbanden sie enge Kontakte.

Auf Montessori aufmerksam geworden, nahm Helene Helming 1926 an einem Kurs in Berlin teil. 1930 ging sie nach Rom, um bei Maria Montessori selbst das Diplom zu erwerben. Ihre Erkenntnisse setzte sie in Aachen im Fröbelseminar in Wort und Tat um. Diese Einrichtung leitete sie von 1923 bis 1935, dann wurde sie von den Nazis aus dem Amt gejagt.

Nach 1945 wurde Helene Helming die Leitung der ersten Pädagogischen Akademie in NRW angetragen und ein Lehrstuhl für Pädagogik angeboten. Hier warb sie erfolgreich für die Ideen Montessoris, was zur Folge hatte, daß ihre Schüler etliche Montessori-Schulen im Rheinland aufbauten und darüber hinaus auf die Bildungspolitik Einfluß nahmen. Auch die späteren Professoren Paul Oswald und Günter Schulz-Benesch stammten aus diesem Kreis. Sie waren es vor allem, die in der Nachfolge Helmings die geistige Führung übernahmen, was auch die zahlreichen Veröffentlichungen über Montessori beweisen und die Herausgabe der meisten Bücher Montessoris in deutscher Sprache.

1969 stimmte die Mitgliederversammlung einer Änderung des Namens zu. Seitdem trägt der Verein den Namen: Montessori-Vereinigung e. V. Sitz Aachen. Anlaß war die veränderte Bildungsauffassung und die veränderte Schulgesetzgebung. Die Konfessionsschulen waren nicht mehr die Regel. Montessori-Angebotsschulen wurden per Gesetz in Gemeinschaftsschulen umgewandelt. Damit änderte sich zugleich die Zusammensetzung der Lehrerschaft. Der bisherige Name war nicht allen zumutbar, und es bestand die Gefahr der Isolierung. Mit der Änderung stellte sich die Vereinigung der eingetretenen Situation, ohne jedoch ihre Grundauffassung zu ändern. Im Werkbrief schrieb Helene Helming dazu: „Der neue Name bedeutet keine Abwendung von der christlichen Haltung, die Montessori-Prinzipien verlangen geradezu danach, sachlich richtige Pädagogik mit christlichem Glauben in Verbindung zu bringen, um dadurch zu ihrer vollen Fruchtbarkeit zu kommen." (Helming 1969, S. 21) Entsprechend geändert wurde auch die Satzung der Vereinigung, die aber der Grundströmung treu bleibt. Es heißt nun im § 2 der Satzung: „Die Aufgaben der Vereinigung bestehen insbesondere darin:

a) die pädagogische Arbeit Maria Montessoris in der Erziehung aus dem Geiste des Evangeliums zu pflegen und zu entwickeln.

b) Die Ausbildung und Weiterbildung von Montessori-Lehrkräften und Erziehern durchzuführen und dazu die geeigneten Einrichtungen zu schaffen.

c) Die Einrichtung von Montessori-Kinderhäusern, -Schulen und sonstigen Stätten der Erziehung anzuregen und zu fördern.

d) Träger einer solchen Einrichtung zu sein." (Satzung 1969)

Die Arbeit der Vereinigung wirkt sich inzwischen in ganz Deutschland aus. Die Neugründung von Montessori-Einrichtungen und Ortsvereinen in den neuen Bundesländern ist beachtlich. Aber auch über die Grenzen hinaus leistete die Vereinigung Aufbauhilfe, so in Österreich, der Schweiz, Japan, Polen und einigen Ländern aus dem ehemaligen Ostblock. Die Mitgliederzahl beträgt 1.200.

Eine wesentliche Aufgabe des Vereins besteht in der Durchführung von Montessori-Kursen. Das Ziel ist, Erzieher, Lehrer und Sozialpädagogen für eine qualifizierte Arbeit nach Montessori-Prinzipien auszubilden. Gelehrt wird die Praxis in den Bereichen Sinneserziehung, Übungen des täglichen Lebens, Sprache, Mathematik, Geometrie und kosmische Erziehung. Hinzu kommt eine umfangreiche Einführung in die Theorie der Montessori-Pädagogik. Die Kurse schließen nach bestandener schriftlicher und mündlicher Prüfung mit einem Diplom ab. Das Diplom gilt als Befähigungsnachweis, um in einer Montessori-Einrichtung arbeiten zu können. Das Kursprogramm hält sich eng an den Lehrplan und die Verfahrensweise internationaler Kurse der AMI. Es ist gedacht für die Betreuung von Kindern bis zu 12 Jahren. Die Ausbildung erstreckt sich über eine Zeitraum von 18 bis 24 Monaten und ist berufsbegleitend. Es handelt sich um eine Zusatzausbildung und ersetzt nicht eine normale Berufsausbildung.

Das Dozententeam wird von Lehrenden aus der Hochschule, der Sekundarschule, der Grundschule und dem Kinderhaus gestellt. Durch mehrjährige praktische Erfahrung und eine Zeit der Assistenz haben die Dozenten ihre Qualifizierung bewiesen. Alle Dozenten gehören der Dozentenkonferenz an, wo bei regelmäßigen Treffen Fragen im Zusammenhang mit Kursen besprochen und Entscheidungen getroffen werden.

Die Fortbildung von ausgebildeten Montessori-Pädagogen geschieht in Arbeitstreffen und mit Vorträgen. Jährlich wird in Verbindung mit einer Mitgliederversammlung eine mehrtägige Veranstaltung durchgeführt. Sie steht unter einem bestimmten Thema, z. B. Friedenserziehung, kosmische Erziehung u. a. In Vorträgen und Arbeitsgemeinschaften wird das Hauptthema in Theorie und Praxis angegangen. Es findet ein wichtiger Gedankenaustausch statt. Die dort gehaltenen Vorträge werden oft in der Zeitschrift „Montessori" veröffentlicht. Seit zwei Jahren erscheinen die Vorträge und die Ergebnisse der Arbeitsgemeinschaften in Tagungsbänden.

Außer der großen Tagung werden im Umkreis von Montessori-Einrichtungen Arbeitsgemeinschaften angeboten, die ebenfalls dem Gedankenaustausch und der Fortbildung dienen.

Seit 1963 gibt die Vereinigung hauptsächlich für ihre Mitglieder eine Fachzeitschrift heraus. Bis 1992 hieß sie „Montessori-Werkbrief". 1993 erfolgte eine Namensänderung. Seitdem trägt die Zeitschrift den Titel: „Montessori. Zeitschrift für Montessori-Pädagogik." Dabei wurde die Zählung der Jahrgänge beibehalten, um die Kontinuität zu dokumentieren. Die Broschüre erscheint viermal im Jahr. Ihre ISSN Nr. lautet: 0944-2537. Die Veröffentlichungen befassen sich mit neuen Ergebnissen aus der Montessori-Forschung, Übersetzungen aus internationaler Montessori-Arbeit sowie Buchbesprechungen. Aber auch die Praktiker kommen zu Wort mit Hinweisen auf Materialien, mit Beobachtungen und Erfahrungen. Ebenso werden neu entwickelte Materialien vorstellt. In unregelmäßigen Abständen werden auch Beihefte mit längeren Abhandlungen herausgegeben.

Es besteht eine enge Kooperation mit dem wissenschaftlichen Montessori-Zentrum am Institut für Schulpädagogik und Allgemeine Didaktik der Universität Münster.

Die gute Zusammenarbeit mit der AMI wirkt sich darin aus, daß immer wieder Mitglieder aus unserem Dozententeam in die international besetzten Gremien gewählt werden.

Literatur

Helming Helene: Zur Namensänderung unserer Vereinigung in: Werkbrief 20, 1969, S. 18–20.

Rundbrief: „An die Freunde der Pädagogik Montessoris", vom 07.04.1962, gez. Helene Helming.

Satzung der Montessori-Vereinigung in den Fassungen vom: 23.09.1961, 07.11.1968 und 08.11.1969.

Wachendorf, Maria: Über die Anfänge der Montessori-Vereinigung in: Werkbrief Nr. 3, 1985, S. 111–113.

MONTESSORI-VEREINIGUNG e. V. – Sitz Aachen
Geschäftsstelle
Xantener Str. 99
50733 Köln

Verzeichnis der Autorinnen und Autoren

Raymund Dernbach, geb. 1928, Lehramtsstudium an der Pädagogischen Akademie in Essen-Kupferdreh, u. a. bei Helene Helming; Lehrer an Volksschulen; 1954 Erwerb des Internationalen Montessori-Diploms bei Mario Montessori; Montessori-Arbeit in wenig gegliederten Volksschulen; ab 1960 an der Montessori-Schule Gilbachstraße in Köln, danach Schulleiter der Montessori-Grundschule im Montessori-Zentrum Rochusstraße in Köln.
Dozent für Theorie, Sprache und Kosmische Erziehung der Montessori-Vereinigung.

Inge Hansen-Schaberg, Dr. phil., geb. 1954, Privatdozentin für Erziehungswissenschaft mit besonderer Berücksichtigung der Historischen Pädagogik an der Fakultät 1 der Technischen Universität Berlin und Lehrbeauftragte am Fachbereich 12 der Universität Bremen.
Arbeitsschwerpunkte: Reformpädagogik, Mädchenbildung und Koedukation, pädagogische Biographien, Pädagogik im Exil.

Waltraud Harth-Peter, Dr. phil., Diplompädagogin, geb. 1952, Akademische Oberrätin an der Universität Würzburg.
Arbeitsschwerpunkte: Geschichte der Pädagogik einschließlich Geschichte des französischen Schulwesens, Frühkindliche Erziehung, Reformpädagogik (vor allem Maria Montessori und französische Reformpädagogik), Klassiker der Pädagogik.

Michael Klein-Landeck, Dr. phil., geb. 1959, ist Tutor einer integrativen Montessori-Klasse an der Gesamtschule Hamburg-Bergstedt.
Redaktionsmitglied der Zeitschrift „MONTESSORI", Dozent in der Montessori-Ausbildung (Diplom- und Zertifikatskurse) und Lehrerfortbildung. Herausgeber, Buchautor und Verfasser zahlreicher Beiträge zur Reformpädagogik,

Montessori-Pädagogik,   Fachdidaktik   Pädagogik   und Fremdsprachendidaktik.

Helga L. Schatz, geb. 1933, ist Leiterin einer Versicherungsgeschäftsstelle gewesen, als ca. 1975 ihre ehrenamtliche Tätigkeit im Bonner Montessori Arbeitskreis begann. Erwerb des Montessori-Diploms 1988, Ausbildung zur staatlich anerkannten Erzieherin, pädagogische Arbeit im Kinderhaus.
Sie ist ab 1978 im Vorstand und bis 2000 die Geschäftsführerin der Aktionsgemeinschaft Deutscher Montessori-Vereine gewesen.

Horst Speichert, Dr. phil., geb. 1941, Publizist mit Schwerpunkt pädagogischer Themen, u. a. Herausgeber der Reihe „Neuer Elternrat" im text-o-phon Verlag Wiesbaden.

Abbildungsnachweis

Im 1. Beitrag von Inge Hansen-Schaberg:

Rosa Turm. Katalog des Lehrmittelhauses Riedel: die Montessori Kollektion. Reutlingen 1995/96, S. 13.

Im Beitrag von Horst Speichert:

Abb. 1: Maria Montessori mit der Neuauflage ihres Werks „Il metodo", 1913, entnommen aus: Helmut Heiland: Maria Montessori. Reinbek bei Hamburg 1991, S. 68.

Abb. 2: Einsatzzylinder. Katalog des Lehrmittelhauses Riedel: die Montessori Kollektion. Reutlingen 1995/96, S. 14.

Abb. 3: Knabe, die Buchstaben aus Sandpapier berührend, unter Anleitung von Dottoressa Montessori im Kinderheim von Rom, entnommen aus: Maria Montessori: Selbsttätige Erziehung im frühen Kindesalter. Stuttgart 1913, Frontispiz.

Im Beitrag von Waltraud Harth-Peter:

Clara Grunwald, Foto im Besitz von Frau Buchholz, Persona-Verlag.

Im 2. Quellentext von Clara Grunwald:

Alle Fotos aus: Clara Grunwald: Montessori-Erziehung in Familie, Kinderhaus u. Schule. Hrsg. zusammen mit Elsa Ochs: Erziehung ist Hilfe, erschienen im Verlag der Deutschen Montessori Gesellschaft e. V. Berlin o. J. (1927).

Im Beitrag von Michael Klein-Landeck:

Abb. 1: Konzentrierte Arbeitsruhe in der Freiarbeit, Privatfoto Michael Klein-Landeck.

Abb. 2: Englisch macht Spaß, Privatfoto Michael Klein-Landeck.

Abb. 3: Die „vorbereitete Umgebung" mit attraktiven Lernangeboten, Privatfoto Michael Klein-Landeck.

Inhaltsverzeichnisse der weiteren Bände
Band I: Reformpädagogik – Geschichte und Rezeption

Band II: Landerziehungsheim-Pädagogik

Band III: Jenaplan-Pädagogik

Band V: Freinet-Pädagogik

Band VI: Waldorf-Pädagogik

Basiswissen Pädagogik
Teilbereich: Aktuelle Schulkonzepte
Hrsg. von **Hans Döbert** und **Christian Ernst**

Im Rahmen einer Buchreihe „**Basiswissen Pädagogik**" wollen die sechs Bände zu „Aktuellen Schulkonzepten" neuere Erkenntnisse und Entwicklungen in Erziehungswissenschaft und Pädagogik zur Schule in ihrem pädagogischen Anspruch und in ihrer Bedeutung für die Schulpraxis entfalten. Jeder Band für sich sowie die sechs Bände insgesamt sollen Überblick, Querschnitt und Vertiefung in leicht zugänglicher, handlicher und verständlicher Form in einem bieten. Die Beiträge in den sechs Bänden wurden um die folgenden Themenbereiche versammelt: Neue Schulkultur, Finanzierung und Öffnung von Schule, Schulen in staatlicher und freier Trägerschaft, Schulen mit besonderem pädagogischen Profil, Flexibilisierung von Bildungsgängen sowie Schule und Qualität.

Band 1

Neue Schulkultur

....

2001. VI, 207 Seiten. Kt. ISBN 3896764624. FPr. € 12,30

Der vorliegende Band „**Neue Schulkultur**" beleuchtet die Thematik aus der Perspektive von zehn Beiträgen, in denen jeweils auch internationale Trends Berücksichtigung fanden. Aus Praxis, Verwaltung und Wissenschaft konnten für den Band folgende Autoren gewonnen werden: Horst Wollenweber, Gerhard de Haan, Dorothee Harenberg, Hans Döbert, Joachim Thoma, Pit Spieß, Christian Ernst, Gerhard Hüfner, Klaus Wenzel, Hans Peter Füssel, Christoph Burkard und Botho von Kopp.

Band 2

Finanzierung und Öffnung von Schule
2001. VI, 205 Seiten. Kt.
ISBN 3896764632. FPr. € 12,30

Der vorliegende Band „**Finanzierung und Öffnung von Schule**" beleuchtet die Thematik aus der Perspektive von elf Beiträgen, in denen jeweils auch internationale Trends Berücksichtigung fanden. Aus Praxis, Verwaltung und Wissenschaft konnten für den Band folgende Autoren gewonnen werden: Manfred Weiß, Jens-Uwe Böttcher, Ulrike Lexis, Gerhard H. Duismann, Helmut Meschenmoser, Norbert Rixius, Zita Götte, Annette Czerwanski, Volker Esch-Alsen, Peter Herrmann, Sabine Lilienthal, Bob van de Ven und Wolfgang Mitter.

Band 3

Schulen in staatlicher und freier Trägerschaft
2001. VI, 219 Seiten. Kt.
ISBN 3896764640. FPr. € 12,30

Der vorliegende Band **Schulen in staatlicher und freier Trägerschaft** beleuchtet die Thematik aus der Perspektive von zehn Beiträgen, in denen jeweils auch internationale Trends Berücksichtigung fanden. Aus Praxis, Verwaltung und Wissenschaft konnten für den Band folgende Autoren gewonnen werden: Horst Weishaupt, Lutz R. Reuter, Gerhard Heck, Dietmar J. Bronder, Horst Wollenweber, Hans-Werner Fuchs, Matthias Heinrichs, Detlef Hardorp, Maria Canisia Engl und Bob van de Ven.

Band 4: **Schulen mit besonderem Profil**
2001. VI, 204 Seiten. Kt.
ISBN 3896764659. FPr. € 12,30

Der vorliegende Band **Schulen mit besonderem Profil** beleuchtet die Thematik aus der Perspektive von neun Beiträgen, in denen jeweils auch internationale Trends Berücksichtigung fanden. Aus Praxis, Verwaltung und Wissenschaft konnten für den Band folgende Autoren gewonnen werden: Wolff Fleischer-Bickmann, Agnes Raucamp, Sergio Ziroli, Johannes Mackensen, Hans-Jürgen Lambrich, Wilfried Steinberg, Bernhard Thomas Streitwieser, Eva-Maria Hartmann, Helge Sandner und Gisela Führing.

Band 5:
Flexibilisierung von Bildungsgängen
2001. VI, 202 Seiten. Kt.
ISBN 3896764667. FPr. € 12,30

Der vorliegende Band **Flexibilisierung von Bildungsgängen** beleuchtet die Thematik aus der Perspektive von acht Beiträgen, in denen jeweils auch internationale Trends Berücksichtigung fanden. Aus Praxis, Verwaltung und Wissenschaft konnten für den Band folgende Autoren gewonnen werden: Bernd Frommelt, Hans Döbert, Diemut Kucharz, Katrin Liebers, Elvira Waldmann, Karlheinz Burk, Margitta Kuty und Rosemarie Beck.

Band 6: **Schule und Qualität**
2001. VI, 219 Seiten. Kt. ISBN 3896764675. FPr. € 12,30

Der vorliegende Band **Schule und Qualität** beleuchtet die Thematik aus der Perspektive von acht Beiträgen, in denen jeweils auch internationale Trends Berücksichtigung fanden. Aus Praxis, Verwaltung und Wissenschaft konnten für den Band folgende Autoren gewonnen werden: Matthias von Saldern, Hermann Pfeiffer, Jürgen Markstahler, Guido Steffens, Pit Spieß, Michael Becker, Ferdinand Eder, Josef Thonhauser, Edwin Radnitzky, Petra Stanat und Cordula Artelt.

Alle 6 Bände zusammen zum Sonderpreis von € 50,30; ISBN 3896764683.

 Schneider Verlag Hohengehren
D-73666 Baltmannsweiler

Basiswissen Pädagogik

Teilbereich: **Reformpädagogische Schulkonzepte**

Der Teilbereich **Reformpädagogische Schulkonzepte** wird herausgegeben von Inge Hansen-Schaberg, Erziehungswissenschaftlerin mit Lehrtätigkeit an der TU Berlin sowie an der Universität Bremen, und Bruno Schonig, Professor für Historische Pädagogik, Berlin.

Die sechs Sammelbände geben den jetzigen Forschungsstand wieder und ermöglichen durch die Auswahl repräsentativer Quellentexte eine Einarbeitung in die unterschiedlichen reformpädagogischen Ansätze:

Bd. 1: **Reformpädagogik – Geschichte und Rezeption**
Bd. 2: **Landerziehungsheim-Pädagogik**
Bd. 3: **Jenaplan-Pädagogik**
Bd. 4: **Montessori-Pädagogik**
Bd. 5: **Freinet-Pädagogik**
Bd. 6: **Waldorf-Pädagogik**

Band 1: **Reformpädagogik – Geschichte und Rezeption**
2002. IV, 257 Seiten. Kt. ISBN 3896764985. FPr. € 16,—

Der Sammelband „**Reformpädagogik – Geschichte und Rezeption**" befaßt sich mit der Entwicklung und gleichzeitigen Rezeption pädagogischen Handelns in Deutschland seit der Weimarer Republik bis heute und mit den Besonderheiten in der DDR, mit der Institutionalisierung von reformpädagogischer Praxis in Gestalt der Versuchsschulen in den Städten sowie auf dem Land und mit der Bedeutung der Mädchenbildung und der Koedukation. In den Beiträgen von Inge Hansen-Schaberg, Reiner Lehberger, Jörg-W. Link, Christine Lost und Bruno Schonig werden die Grundlagen des Denkens, der Planung und schulpraktischen Umsetzung in der pädagogischen Reformbewegung der Weimarer Republik und darüber hinaus vorgestellt.

Band 2: **Landerziehungsheim-Pädagogik**
2002. IV, 284 Seiten. Kt. ISBN 3896764993. FPr. € 16,—

Der Sammelband „**Landerziehungsheim-Pädagogik**" befaßt sich mit der Geschichte und Entwicklung der Landerziehungsheimbewegung im 20. Jahrhundert. In den Beiträgen von Hartmut Alphei, Hildegard Feidel-Mertz, Inge Hansen-Schaberg, Wolfgang Harder und Ulrich Schwerdt sind neben der Gründerzeit mit ihren bürgerlich-liberalen und konservativen Erziehungsansätzen pädagogische Konzepte der Weimarer Republik ebenso vertreten wie die Geschichte der Landerziehungsheime während des Nationalsozialismus und im Exil sowie die Entwicklung nach 1945 und die Perspektiven der Landerziehungsheime.